应用型本科金融学十二五规划系列教材

周江银 ◆ 编著

外汇会计

WAIHUI KUAIJI

厦门大学出版社 国家一级出版社
XIAMEN UNIVERSITY PRESS 全国百佳图书出版单位

图书在版编目(CIP)数据

外汇会计/周江银编著.—厦门：厦门大学出版社,2018.1
应用型本科金融学十二五规划系列教材
ISBN 978-7-5615-6732-6

Ⅰ.①外… Ⅱ.①周… Ⅲ.①银行-外汇业务-高等学校-教材 Ⅳ.①F830.73

中国版本图书馆 CIP 数据核字(2017)第 254393 号

出 版 人	蒋东明
责任编辑	许红兵
封面设计	蒋卓群
技术编辑	朱 楷

出版发行 **厦门大学出版社**

社　　址	厦门市软件园二期望海路 39 号
邮政编码	361008
总 编 办	0592-2182177　0592-2181406(传真)
营销中心	0592-2184458　0592-2181365
网　　址	http://www.xmupress.com
邮　　箱	xmupress@126.com
印　　刷	虎彩印艺股份有限公司

开本　787mm×1092mm　1/16
印张　16
字数　375 千字
版次　2018 年 1 月第 1 版
印次　2018 年 1 月第 1 次印刷
定价　48.00 元

本书如有印装质量问题请直接寄承印厂调换

厦门大学出版社
微信二维码

厦门大学出版社
微博二维码

前 言

随着改革开放的进一步深化,我国金融业面临着前所未有的机遇与挑战,各商业银行之间的竞争也愈发激烈。外汇业务因为其高效益和巨大的发展潜力成为各家银行争夺市场业务的焦点之一。在竞争日趋激烈的外汇业务领域,外汇银行如何提高金融服务、做好国际结算业务以及培养高素质的外汇会计人员显得尤为重要。

外汇会计是金融学专业的专业方向选修课之一。本教材在编写过程中以教学和实际工作需要为目的,理论联系实际,结合外汇银行主要外汇业务核算的特点,以新的《企业会计准则——基本准则》、38项具体准则、《企业会计准则——应用指南》、《金融企业财务规则》为指导,依据金融管理机构颁布的最新规章制度,参考国际惯例,全面阐述了外汇会计的基本原理和基本方法,介绍外汇银行主要外汇业务的会计核算程序,突出了实用性和操作性。

本教材由周江银编著,主要内容包括外汇银行基本核算方法,外汇存款业务、外汇买卖业务、联行外汇往来业务、出口贸易结算业务、进口贸易结算业务、国际汇兑业务、非贸易外汇业务、外汇贷款业务的会计处理方法。第一章和第二章概述外汇会计及其基本核算方法;第三章至第十章介绍外汇银行主要外汇业务的会计处理方法,也是本教材的重点;最后一章介绍外汇银行的年度决算,是一个会计年度外汇会计的总结。教材中外汇银行主要业务核算章(节)都附有配合理论部分的举例,用实例阐释原理,便于学生理解和巩固所学的理论知识;每章末均附有练习题,书末配有练习题参考答案,以便学生自行测试掌握知识的情况。

本教材在编写中参考、借鉴了有关著作、教材和文献,在此向这些作者表示衷心的感谢。由于本教材内容非常专业,银行外汇会计实务变化也快,再加上编写时间仓促,编者学识水平有限,虽然经过认真审阅,但在内容安排和表述中错、漏之处在所难免,恳请学界专家、同仁和读者批评指正,以便我们在再版时更正。

编者

2017年10月

目　录

第一章　总论…………………………………………………………………… 001
　　第一节　外汇业务概述…………………………………………………… 002
　　第二节　外汇会计概述…………………………………………………… 009
第二章　外汇会计基本核算方法……………………………………………… 019
　　第一节　外汇会计科目…………………………………………………… 019
　　第二节　外汇会计记账方法……………………………………………… 023
　　第三节　外汇会计凭证…………………………………………………… 026
　　第四节　账务组织与账务处理…………………………………………… 035
第三章　外汇存款业务的核算………………………………………………… 050
　　第一节　外汇存款业务概述……………………………………………… 050
　　第二节　个人外汇存款业务的核算……………………………………… 052
　　第三节　单位外汇存款业务的核算……………………………………… 056
第四章　外汇买卖业务的核算………………………………………………… 064
　　第一节　外汇买卖业务概述……………………………………………… 064
　　第二节　外汇买卖业务的核算…………………………………………… 066
第五章　联行外汇往来业务的核算…………………………………………… 075
　　第一节　国内联行外汇往来业务概述…………………………………… 075
　　第二节　国内联行外汇往来业务的核算………………………………… 076
　　第三节　港澳及国外联行往来业务概述………………………………… 085
　　第四节　港澳及国外联行往来业务的核算……………………………… 086
第六章　出口贸易结算业务的核算…………………………………………… 095
　　第一节　信用证结算方式下出口业务的核算…………………………… 095
　　第二节　出口托收结算方式下出口业务的核算………………………… 104
　　第三节　汇款结算方式下出口业务的核算……………………………… 108
第七章　进口贸易结算业务的核算…………………………………………… 116
　　第一节　信用证结算方式下进口业务的核算…………………………… 116
　　第二节　进口代收结算方式下进口业务的核算………………………… 127

第八章 国际汇兑业务的核算 …… 133
第一节 国际汇兑业务概述 …… 133
第二节 汇出汇款业务的核算 …… 136
第三节 汇入汇款业务的核算 …… 141
第四节 侨汇业务的核算 …… 146

第九章 非贸易外汇业务的核算 …… 154
第一节 买入非贸易外币票据业务的核算 …… 154
第二节 非贸易外汇托收业务的核算 …… 161

第十章 外汇贷款业务的核算 …… 166
第一节 外汇贷款业务概述 …… 166
第二节 短期外汇贷款业务的会计核算 …… 170
第三节 押汇和票据贴现业务的会计核算 …… 174

第十一章 年度决算 …… 188
第一节 年度决算概述 …… 188
第二节 年度决算的准备工作 …… 190
第三节 年度决算工作 …… 193
第四节 决算日后的工作 …… 206

附录一 练习题参考答案 …… 210
附录二 新会计准则会计科目 …… 232
附录三 中华人民共和国外汇管理条例 …… 235
附录四 个人外汇管理办法实施细则 …… 241
附录五 银行办理结售汇业务管理办法 …… 246

参考文献 …… 249

第一章 总论

学习目的

通过本章的学习,学生应了解外汇与汇率的含义,了解银行开办的主要外汇业务,掌握外汇会计的特点、外汇会计核算的基本前提和一般原则,了解外汇会计的任务及主要职责。

外汇是以外国货币表示的、在国际上可以自由兑换且能被各国普遍接受与使用的一系列金融资产。这些金融资产可用来充当国际支付手段、外汇市场干预手段和国际储备手段等,充分发挥外汇的多功能作用。外汇已成为各国从事国际经济活动及其他事务不可缺少的媒介和工具。

商业银行是外汇市场的主要参与者,而外汇业务也是商业银行业务范围中的重要内容之一。外汇业务与本币业务的区别,并不仅仅是币种的区别。从业务操作上来看:外汇业务有汇与钞的区别,有现汇与期汇的区别,而本币则没有;外汇业务是多币种、多账户的业务,其账户与本币的不同之处在于,各商业银行的人民币账户在中央银行,而外汇的账户则在国外的商业银行,并且同一币种往往不止一个账户,甚至一个币种在不同的国家都可有账户;目前,人民币资金的管理基本上是简单的头寸管理,至多在单一的国内拆借市场上做些拆借业务,而外汇业务的资金管理,完全是一种经营性管理,面对的是国际货币市场和资本市场;人民币的清算主要是系统内的应收应付的联行清算,而外币资金的清算则是借助于账户行的实收实付的清算;本币业务的授信,主要考虑企业的经营风险,而外币业务的授信,除了考虑企业的经营风险外,还要考虑利率、汇率风险,国际政治、经济风险,代理行风险等。

由于外汇会计的核算对象主要是外汇与外汇业务,因此在学习商业银行外汇业务会计核算之前,首先需要了解外汇、汇率等基本的概念。

第一节 外汇业务概述

一、外汇与汇率

(一)外汇

1. 外汇的概念

要准确地把握外汇的内涵,应从两个方面理解,即外汇有动态外汇和静态外汇之分。动态含义指一种活动或行为,即清算国际债权债务所需的货币兑换的交易过程。从历史上看,外汇最早是指国际汇兑,即通过银行等金融机构把一国货币换成另一国货币,实现资金转移或债权债务清算的一种专门性经营活动或行为。它强调的是"汇""兑"的过程或行为。"汇"指资金的移动,"兑"指通过金融机构进行的货币的兑换。外汇的静态含义指以外币表示的用于国际结算的支付手段,即国际债权债务清算过程中使用的支付手段或工具。静态外汇强调的是国际汇兑过程中所使用的支付手段,是外汇以物质形式本身而存在的。其具体内容包括:外国货币(包括外币现钞和铸币);外币有价证券(政府债券、公司债券、股票等);外币支付凭证(汇票、本票、支票、银行存款凭证、邮政存款凭证等);其他外汇资产。广义的静态的外汇是具有普遍意义的外汇的概念,即我们通常所指的外汇。对于一国或地区而言,一国的货币要成为外汇,除了货币发行国的经济实力雄厚、融合于世界经济体系、币值相对稳定外,还应具备完全可自由兑换、普遍接受性和可偿性特征。虽然外汇是以外国货币表示的,但并不是所有的外国货币或外币资产都是外汇。事实上,只有能自由兑换并且被国际社会普遍接受的外国货币才是外汇。

在经济全球化的趋势下,虽然许多国家正朝着这一目标努力,但真正具备上述特征的主要是发达国家或地区的货币。目前,世界上已有60多个国家或地区的货币被认为是可自由兑换的,但受普遍接受性限制,作为外汇的外币种类并不多,主要有美元(USD)、日元(JPY)、英镑(GBP)、瑞士法郎(CHF)、丹麦克朗(DKK)、加拿大元(CAD)、澳大利亚元(AUD)、港元(HKD)、新加坡元(SGD)、欧元(EUR)等。而越南盾、朝鲜币、缅甸元等货币不能自由兑换其他国家货币,因此不能称之为外汇。

2. 外汇的种类

(1)按照外汇的来源和用途分类,有贸易外汇和非贸易外汇。贸易外汇是指由商品的输出入引起收付的外汇。一个国家的商品输出,可以赚取外汇,商品输入则支付外汇。这种由商品输出入而引起的外汇收支,就是贸易外汇收支。贸易外汇收入是一个国家最主要的外汇来源,贸易外汇支出则是外汇的主要用途。非贸易外汇是指由非贸易往来而引起收付的外汇,即经常项目中进出口贸易外汇以外的外汇,如劳务外汇、旅游外汇、投资收益和侨汇等。这种外汇,随着国际经济贸易和其他事务往来的发展,对某些国家已日显重要。

(2)按照外汇买卖交割期限分类,有即期外汇和远期外汇。即期外汇(spot foreign exchange),又称现汇,是指外汇买卖成交后在两个营业日内办理实际交割的外汇。交割是买卖双方钱货两清,外汇交割是指一方付出本币,一方付出外币。即期交割有三种情况:①T+0,即买卖成交后立即交割;②T+1,即买卖成交后第一个营业日交割;③T+2,在买卖成交后第二个营业日交割。远期外汇(forward foreign exchange),又称期汇,是指买卖双方先按商定的汇率签订合同,并预约在未来某一天办理实际交割的外汇。远期外汇的期限一般为1~6个月,也可长达1年。

(3)按持有者的不同分类,有官方外汇和私人外汇。官方外汇指国家财政部、中央银行或其他政府机构以及国际组织所持有的外汇。各国政府持有的外汇主要用来稳定本国货币汇率,平衡国际收支,偿付到期债务,是一国国际储备的主要部分。国际组织所持有的外汇主要用于对会员国的贷款。私人外汇是指具有自然人地位的居民和非居民所持有的外汇。在不实行外汇管制的国家中,私人对外汇有自行支配的权利。

(4)按外汇形态分类,可分为现钞和现汇。现钞是指各种外币钞票、铸币等。现汇又称转账外汇,是指用于国际汇兑和国际非现金结算的、用于清偿国际债权债务的外汇。

3.外汇的作用

(1)节约流通费用,便利国际结算;
(2)实现购买力在国际上的转移;
(3)调节国际资金供求的不平衡;
(4)作为国际储备平衡各国的国际收支;
(5)促进国际贸易与资本流动的迅速发展;
(6)作为衡量一国经济实力和经济地位的标准。

(二)汇率

1.汇率的概念

所谓外汇汇率(foreign exchange rate,简称汇率),是两国货币交换时量的比例关系,即用一定数量的一国货币去交换一定数量的另一国货币。有了货币的兑换率,一种货币才能顺利地兑换成另一种货币,从而实现国际货币收支及债权债务的清偿。例如:USD 100=CNY 665.90,即100美元可以兑换665.90元人民币。

2.汇率的标价方法

确定汇率的标价方法,首先要区分"基准货币"和"标价货币"两个概念。按国际惯例,凡在汇率标价中,其数量固定不变的货币称为基准货币,其数量会发生变动的货币叫作标价货币或报价货币。在外汇交易中,这两种货币经常要进行换算,换算公式如下:

(1)已知基准货币数,则报价货币数=基准货币数×汇率。
(2)已知报价货币数,则基准货币数=报价货币数÷汇率。

目前,国际上常用的标价方法有:直接标价法、间接标价法以及美元标价法和非美元标价法。

(1)直接标价法。又称应付标价法(giving quotation),即用若干数量的本币表示一定单位的外币,或是以一定单位(如1,100,1 000,10 000等)的外币为标准,折算成若干单位本币的一种汇率表示方法。我国采用的是直接标价法。在人民币与各种外币的比价中,英镑、港元、美元、日元和欧元均为基准货币,单位为100,人民币为标价货币。人民币外汇牌价表见表1-1。

表 1-1 人民币外汇牌价表

报价时间:2017-07-21

货币名称	交易单位	现汇买入价	现钞买入价	卖出价	中间价
美元 USD	100	675.42	669.88	678.13	676.78
日元 JPY	100	6.0423	5.8541	6.0847	6.0635
欧元 EUR	100	784.20	759.78	789.71	786.96
英镑 GBP	100	874.45	847.22	880.59	877.52
港元 HKD	100	86.49	85.79	86.81	86.65

(2)间接标价法。间接标价法又称应收标价法(receiving quotation),是用若干数量的外币表示一定单位的本币,或是以一定单位的本币为标准,折算成若干单位外币的一种汇率表示方法。目前只有英、美、欧元区的外汇市场等少数国家和地区采用该标价法。例如在欧元区外汇市场上,EUR/USD=1.2588/91,欧元是基准货币,美元是标价货币。

(3)美元标价法与非美元标价法。美元标价法是指以一定单位的美元为标准来计算应兑换多少其他货币的汇率表示方法,即美元作为基准货币,其他货币是标价货币。非美元标价法是指以一定单位的其他货币为标准来计算应兑换多少美元的汇率表示方法。其他货币作为基准货币,美元是标价货币。随着外汇市场的迅速发展和外汇交易的全球化,对于外汇交易的双方来说,一笔交易所涉及的两种货币可能没有一种属于本币,传统的用于各国的直接标价法和间接标价法已无法适应国际外汇市场的发展,全球化的外汇交易需要一种统一的汇率表示方法,即美元标价法和非美元标价法。

按国际市场惯例,外汇汇率的标价通常由 5 位有效数字组成(日元通常为 3 位有效数字),从右往左数,第一位称为"几个点",它是构成汇率变动的最小单位;第二位称为"几十个点",如此类推。如假设:美元兑人民币汇率为 USD 1=CNY 6.2330,若汇率变为 USD 1=CNY 6.2310,就称汇率下降了 20 个点;若汇率变为 USD 1=CNY 6.2350,就称汇率上升了 20 个点。

3.汇率的种类

汇率的种类很多,从不同的角度,一般可将汇率进行如下分类:

(1)按银行买卖外汇的价格不同,分为买入汇率、卖出汇率、中间汇率、现钞汇率

买入汇率,也称"买入价",即银行向同业客户买入外汇时所使用的汇率。一般而言,银行总是低汇价买入外汇。

卖出汇率,也称"卖出价",即银行向同业客户卖出外汇时所使用的汇率。一般而言,银行总是高汇价卖出外汇。

中间汇率是买入汇率和卖出汇率的平均数。报刊报道汇率消息时常用中间汇率。

现钞汇率,又称"现钞买卖价",是指银行买入或卖出外币现钞时所使用的汇率。从理论上讲,现钞买卖价同外币支付凭证、外币信用凭证等外汇形式买卖价应该相同。但现实中,现钞买入价一般低于现汇买入价的 2%～3%,而现钞卖出价则与现汇卖出价相同。这是因为一般国家都规定,不允许外国货币在本国流通,需要把买入的外币现钞运送到发

行国或能流通的地区去,这需要花费一定的保管费、运费和保险费,这些费用需要由客户承担。而银行买入现汇只要做相应的账务处理。因此,银行在收兑外币现钞时使用的汇率稍低于其他外汇形式的买入汇率,而银行卖出外币现钞时使用的汇率则与外汇卖出价相同。

在银行公布的外汇牌价中,买卖差价顺序排列为:

现钞买入价＜现汇买入价＜中间价＜卖出价

目前,我国外汇储蓄账户按性质划分可分为现钞账户(钞户)和现汇账户(汇户)。存入外币现钞而开立的账户就是现钞账户,从境外汇入或持有外汇汇票则只能开立现汇账户。在符合外汇管理规定的前提下,汇户中的外汇可以直接汇往境外或进行转账,而钞户则要经过银行的"钞变汇"手续后才可办理,无形中增加了手续费。此外,如果兑换成人民币,钞户汇率要低于汇户汇率。

(2) 按银行外汇汇付方式划分,分为电汇汇率、信汇汇率和票汇汇率

电汇汇率是经营外汇业务的本国银行在卖出外汇后,以电报委托其国外分支机构或代理行付款给收款人所使用的一种汇率。目前国际支付绝大部分用电讯传递,因此电汇汇率是外汇市场的基本汇率,其他汇率都以电汇汇率作为计算标准。一般外汇市场上所公布的汇率多为电汇买卖汇率。在国际金融市场上,由于汇率很不稳定,各国的进出口商为了避免外汇风险,一般都会在贸易合同中规定交易采用电汇汇率。

信汇汇率是以信函方式买卖外汇时所用的汇率。银行卖出外汇后,通过信函通知分支行或代理行支付。由于这种付款方式所需的邮程较长,银行可以在一定时间内占用顾客的资金,因此信汇汇率比电汇汇率要低一些。信汇汇率除香港和东南亚以外,其他地区很少采用。

银行卖出外汇收到本币后,开立以其国外分行或代理行为付款人的银行汇票,交给汇款人,由汇款人自行寄给或亲自携带交给国外收款人,收款人凭该银行汇票向汇入行提取款项,这种方式下所使用的汇率称为票汇汇率。因汇票有即期和远期之分,所以票汇汇率分为即期票汇汇率和远期票汇汇率。即期票汇汇率一般等于信汇汇率,但是低于电汇汇率。对于远期汇票而言,票汇支付期限越长,票汇汇率越低。这是因为收款人未从汇入行提取汇款之前,汇出行都可以利用汇款人的资金获取利息收益,期限越长,获得的收益也就越多。

(3) 按外汇买卖交割期限划分,分为即期汇率和远期汇率

即期汇率也称现汇汇率,是指买卖外汇双方成交后在当日或两个营业日内进行交割的汇率。

远期汇率也称期汇汇率,是指买卖外汇双方事先约定,在将来一定日期进行外汇交割的汇率。即期汇率与远期汇率通常是不一样的,它们之间存在一定差额,这种差额称为远期差价。远期差价有升水、贴水和平价之分。当某种外汇的远期汇率高于即期汇率时,我们称为该外汇的远期汇率升水;反之,当某种外汇的远期汇率低于即期汇率时,我们称为该外汇的远期汇率贴水;当两者相等时,则称为平价。

(4) 按外汇银行营业起讫时间划分,分为开盘汇率和收盘汇率

开盘汇率又称开盘价或开盘行市,是指外汇银行在每日开市后首次交易时所报出的汇率。开盘汇率通常是由报价银行根据正在营业的异地外汇市场的汇率报出的。

收盘汇率亦称收盘价或收盘行市,是指外汇银行在一个营业日的外汇交易结束时报出的汇率。它通常是外汇市场交易结束前 30 秒或 60 秒的汇率。在这一时间内,市场上的某种货币往往会有几种价格,把几种价格加权平均后即为收盘汇率。

(5)按汇率计算方法划分,可分为基本汇率和套算汇率

基本汇率是指一国选择一种国际经济交易中最常使用、在外汇储备中所占比重最大的可自由兑换的关键货币,本国货币与其对比制定出的汇率。各国多选择本国货币与美元之间的汇率作为基本汇率。

套算汇率又称交叉汇率,是指两国货币通过各自对关键货币的汇率套算出来的汇率。目前在国际金融市场上,一般都报各国货币对美元的汇率,而美国以外的其他国家之间的货币汇率,则由它们对美元的汇率套算出来。

(6)按汇率是否适用于不同的外汇来源与用途划分,可分为单一汇率和多重汇率

单一汇率是指一国货币对某一外国货币只规定一种汇率,各种不同来源和用途的外汇收支和买卖都按这一汇率结算。

多重汇率是指一国货币对某一外国货币的比价因用途及交易种类的不同而规定有两种或两种以上的汇率,也叫复汇率。比较常见的复汇率,是按外汇资金的用途和性质不同实行贸易汇率和金融汇率并存的状态。贸易汇率是指用于进出口贸易及其从属费用支付、结算方面的汇率。金融汇率是指用于国际资本流动、旅游和其他非贸易收支支付、结算方面的汇率。一般来说,一国实行这种复汇率制度有两个目的:一方面是鼓励出口,限制进口,改善贸易收支;另一方面是防止国际资本流动,尤其是短期投机资金移动给本国国际收支和经济发展造成冲击。

(7)按外汇管理的宽严程度不同来分,可分为官方汇率和市场汇率

官方汇率是指一国的货币金融管理机构如中央银行或外汇管理当局所公布的汇率,是外汇管制较严格的国家授权其外汇管理当局制定并公布的本国货币与其他各种货币之间的外汇牌价。官方汇率由于具有法定性质,所以又称法定汇率,它规定了凡进行外汇交易都要以官方公布的汇率为准,一般没有外汇市场。官方汇率一经制定,往往不能频繁变动。这么做虽然保证了汇率稳定,但由于汇率缺乏弹性,不能真正反映市场供给关系。

市场汇率是指在自由外汇市场买卖外汇的实际汇率,它一般存在于市场机制较发达的国家和地区。市场汇率是由市场上外汇供求关系所决定的,随外汇供求关系的变化而自由波动。官方机构只能通过参与外汇市场活动来干预汇率的变化,以避免汇率出现过于频繁或大幅度的波动。

(8)按照汇率制度的不同划分,可分为固定汇率和浮动汇率

固定汇率是指一国货币同另一国货币的汇率基本保持固定,汇率的波动被限制在一定幅度以内,当汇率波动超出规定的界限时,货币当局有义务对外汇市场进行干预以维持汇率稳定。固定汇率是金本位制和布雷顿森林体系下各国货币汇率安排的主要形式。

浮动汇率是指一国不规定本国货币的固定比价,也没有任何汇率波动幅度的上下限规定,汇率随外汇市场的供求关系自由浮动。在这种制度下,货币当局原则上没有义务维持汇率的稳定,但往往会根据经济政策的需要,对汇率施加影响。浮动汇率是自 20 世纪 70 年代初布雷顿森林体系崩溃以来各国汇率安排的主要形式。

(9)按衡量货币价值的角度划分,可分为名义汇率、实际汇率和有效汇率

名义汇率是指在社会经济生活中被直接公布和使用的表示两国货币之间比价关系的汇率,没有剔除通货膨胀因素的影响。影响名义汇率变动的因素很多,其中主要包括两国的相对价格水平、相对利率水平和贸易平衡情况。名义汇率既可能由市场决定,也可能由官方决定。

实际汇率是指在名义汇率的基础上剔除通货膨胀因素影响后的汇率,用来反映去除两国货币相对购买力变动的影响后,汇率变化对两国国际竞争力的实际影响。实际汇率可以表示为:

$$实际汇率 = 名义汇率 \times \frac{外国价格指数}{本国价格指数}$$

有效汇率是一种加权平均汇率,即报告期一国货币对各主要贸易伙伴国货币的汇率以选定的变量为权数计算出的与基期汇率之比的加权平均汇率之和。通常以一国与样本国双边贸易额占该国对所有样本国全部对外贸易额的比重为权数。有效汇率又称汇率指数,以贸易比重为权数计算的有效汇率更能综合地反映一国货币汇率的基本走势和一国商品贸易的国际竞争力。

4.汇率的作用

汇率作为一种交换或兑换比率,实质上反映的是不同国家货币之间的价值对比关系,它在国际经贸往来中发挥着重要的作用。

(1)作为外汇买卖的折算标准,没有汇率,交易就无从谈起;

(2)作为联系国内外货币价格之间的桥梁,汇率可将以本国货币表示的国内商品、劳务价格转化成以外币表示的价格,反之亦然;

(3)作为调节本国经济的一种经济杠杆,通过适时调整实现某一时期的经济目标;

(4)作为反映经济状况的指示器,提供一国经济发展、贸易及资本往来等方面的信息。

二、外汇业务的主要内容

银行的外汇业务是指以记账本位币以外的货币进行收付、结算的业务。目前银行经营的外汇业务主要有外汇存款、外汇贷款、外汇汇款、外币兑换、国际结算、同业外汇拆借、外汇票据的承兑和贴现、外汇借款、外汇担保、结汇、售汇、发行或者代理发行股票以外的外币有价证券、买卖或者代理买卖股票以外的外币有价证券、自营外汇买卖或者代客外汇买卖、外汇信用卡的发行和代理国外信用卡的发行及付款、资信调查、咨询、见证业务、国家外汇管理局批准的其他外汇业务。上述外汇业务由国家外汇管理局界定。这里所说的银行是指经中国人民银行批准在中华人民共和国境内设立的中资银行及其分支机构,包括政策性银行、国有独资商业银行、股份制商业银行和城市合作银行等银行及其分支机构。银行经营外汇业务以效益性、安全性、流动性为经营原则,实行自主经营、自担风险、自负盈亏、自我约束的自律机制。

符合下列条件的银行可以申请开办外汇业务:

(1)遵守法律、行政法规、金融规章的有关规定,没有损害国家利益、社会公共利益的行为,未发生任何重大违规事项及经济损失的。

(2)具有规定数额的外汇实收资本金或者营运资金。

政策性银行总行、国有独资商业银行总行和股份制商业银行总行在资本总额中应当含有不少于5 000万美元或者其他等值自由兑换货币的实收外汇资本金;城市合作银行总行在资本总额中应当含有不少于2 000万美元或者其他等值自由兑换货币的实收外汇资本金。

银行的一级分行应当具有不少于500万美元或者其他等值自由兑换货币的营运资金;银行的二级分行应当具有不少于200万美元或者其他等值自由兑换货币的营运资金;银行的支行应当具有不少于100万美元或者其他等值自由兑换货币的营运资金。

(3)具有经外汇管理局确认资格的、与申报外汇业务相应数量的外汇业务人员。

50%的外汇业务人员应当具有2年以上从事外汇工作经历。外汇业务主管人员应当具有大专以上学历、5年以上从事金融工作经历或者3年以上外汇业务工作经历且经营业绩良好,无不宜从事金融工作的不良行为和较大工作失误。

(4)具有适合开展外汇业务的场所和设备。

(5)国家外汇管理局要求的其他条件。

银行总行经营外汇业务应当符合下列比例或者指标管理的规定:

(1)外汇负债总额与外汇担保余额之和不得超过其自有外汇资金(包括实收外汇资本金、各项外汇准备金、未分配外汇利润)的20倍;

(2)外汇流动资产占外汇流动负债的比例不得低于60%;

(3)外汇存贷款比例不得高于85%;

(4)外汇逾期贷款余额与各项外汇贷款余额的比例不得高于8%;

(5)外汇呆滞贷款余额与各项外汇贷款余额的比例不得高于5%;

(6)外汇呆账贷款余额与各项外汇贷款余额的比例不得高于2%;

(7)存放同业外汇款项和库存外币现金之和与各项外汇存款余额比例(备付金比例)不得低于5%;

(8)境外外汇资金运用比例(境外贷款、境外投资、存放境外等资金运用期末余额与外汇资产期末余额之比)不得高于30%;

(9)国际商业借款指标[自借国际商业借款(含出口信贷)和境外发行债券(不含地方、部门委托)与资本净额之比]不得高于50%;

(10)中长期外汇贷款比例[余期一年以上(不含一年期)中长期外汇贷款期末余额与各项外汇贷款期末余额之比]不得高于60%;

(11)国家外汇管理局规定的其他比例或者指标。

银行未经批准擅自经营外汇业务的,由外汇管理局责令改正,没收违法所得,并取消外汇业务经营资格;构成犯罪的,依法追究刑事责任。银行擅自扩大外汇业务范围的,或者在外汇管理局已经取消其部分外汇业务后仍继续经营被取消的外汇业务的,由外汇管理局责令改正,有违法所得的,没收违法所得,并处以违法所得1倍以上5倍以下的罚款;没有违法所得的,处以人民币10万元以上50万元以下的罚款;情节严重或者逾期不改正的,由外汇管理局责令整顿或者取消经营外汇业务资格;构成犯罪的,依法追究刑事责任。

第二节 外汇会计概述

外汇会计是反映一个特定的经济实体即银行的资金及其运动过程的信息系统。它以货币为主要计量单位，连续、系统、全面、综合地对经营活动进行反映和监督。对处于信息时代和信息社会中的外汇银行来说，外汇会计在管理中的作用显得尤为重要。

一、外汇会计的定义

(一)以货币为主要记账单位

外汇银行业务经营的对象是特殊的商品即货币，除了本币外，还有大量外汇资金的收付。外汇银行会计是分货币来核算的。目前，外汇银行经营的主要有六种货币：

1.美元(USD)

目前流通的美元纸币是自1929年以来发行的各版钞票，于1792年美国《铸币法案》通过后出现。当前美元的发行是由美国联邦储备系统控制的。自1913年起，美国建立联邦储备制度，发行联邦储备券。现行流通的钞票中99%以上为联邦储备券。美元的发行主管部门是国会，具体发行业务由联邦储备银行负责办理。在二战以后，欧洲大陆国家与美国达成协议，同意使用美元进行国际支付，此后美元作为储备货币在美国以外的国家广泛使用并最终成为国际货币。联邦储备银行发行的纸币面额有1、2、5、10、20、50、100美元等面额，另有1美分、5美分、10美分、25美分、50美分和1美元铸币。美国主币是美元，辅币是美分，1美元等于100美分。

2.日元(JPY)

日元是日本的货币单位名称，创设于1871年5月1日。1897年日本确立金本位制，含金量定为0.75克，1953年5月含金量宣布为0.00246853克，1988年3月31日彻底废除金本位制度。日本的货币发行银行是日本的中央银行——日本银行。日本银行发行的纸币面额有10 000、5 000、1 000日元等面额，另有500、100、50、10、5、1日元铸币。日本主币是日元，辅币是钱，1日元等于100钱。

3.港币(HKD)

港元或称港币，是香港的法定流通货币。按照《香港基本法》和《中英联合声明》，香港的自治权包括自行发行货币的权力。港元的纸币绝大部分是在香港金融管理局监管下由三家发钞银行发行的。三家发钞行包括渣打银行(香港)有限公司、汇丰银行(香港)有限公司及中国银行(香港)有限公司等，另有新款紫色10元钞票，由香港金融管理局自行发行。硬币则由金融管理局负责发行。自1983年起，香港建立了港元发行与美元挂钩的联系汇率制度。发钞银行在发行任何数量的港币时，必须按7.80港元兑1美元的兑换汇率向金管局交出美元，记入外汇基金账目，领取了负债证明书后才可印钞。这样，外汇基金所持的美元就为港元纸币的稳定提供支持。发行的纸币面额有10、20、50、100、500、1 000港元等面额，另有1毫、2毫、5毫、1元、2元、5元、10元铸币。主币是港元，辅币是毫，1

港元等于10毫。

4.英镑(GBP)

英国是世界上最早实行工业化的国家,曾在国际金融业中占统治地位,英镑曾是国际结算业务中的计价结算使用最广泛的货币。一战和二战以后,英国经济地位不断下降,但由于历史的原因,英国金融业还很发达,英镑在外汇交易结算中还占有非常高的地位。英镑上印有具有贡献的人物及皇室。英镑为英国的本位货币单位,由成立于1694年的英格兰银行发行。流通中的纸币有5、10、20和50面额的英镑,另有1、2、5、10、20、50新便士及1英镑、2英镑的铸币。辅币单位原为先令和便士,1英镑等于20先令,1先令等于12便士。1971年2月15日,英格兰银行实行新的货币进位制,辅币单位改为新便士,1英镑等于100新便士。

5.欧元(EUR)

欧元是欧盟中19个国家的货币。欧元的19个会员国是德国、法国、意大利、荷兰、比利时、卢森堡、爱尔兰、西班牙、葡萄牙、奥地利、芬兰、立陶宛、拉脱维亚、爱沙尼亚、斯洛伐克、斯洛文尼亚、希腊、马耳他、塞浦路斯。1999年1月1日在实行欧元的欧盟国家中实行统一货币政策,2002年7月欧元成为欧元区唯一合法货币。另外欧元也是非欧盟中6个国家(地区)的货币,它们分别是:摩纳哥、圣马力诺、梵蒂冈、安道尔、黑山和科索沃地区。其中,前四个袖珍国根据与欧盟的协议使用欧元,而后两个国家(地区)则是单方面使用欧元。欧元由欧洲中央银行发行。欧元纸币共分为5、10、20、50、100、200、500欧元7种面值,尺寸和颜色各不相同。每种面值的纸币都显示一个欧洲建筑时期、一张欧洲地图和欧洲旗帜。票面由窗户、大门和桥梁三个基本建筑要素构成,分别代表欧盟之间的开放、合作与沟通精神。铸币有1欧分、2欧分、5欧分、10欧分、20欧分、50欧分、1欧元、2欧元8种面值。欧元区16个国家的硬币有一面相同的图案,另一面则不相同,1欧元等于100欧分。

另外银行还经营一些别的外币如新加坡元(SGD)、加元(CAD)、澳元(AUD)、瑞士法郎(CHF)等。外汇会计在编制会计凭证和会计分录等会计处理时,金额前面要加上货币符号。

(二)对外汇银行资金的增减变化及其运动结果进行反映和控制

这里的外汇银行资金既包括外汇资金,也包括人民币资金。外汇银行资金并不等于银行外汇资金,外汇银行资金的范畴比银行外汇资金大。只要银行外汇业务涉及外汇银行资金的增减变化,就要用外汇会计进行反映和控制。外汇银行资金的运动结果主要指的是外汇银行年终的利润情况。

另外,银行在业务经营过程中,有些虽未涉及外汇银行资金的增减变化,但对内对外已产生了各种权责关系,如或有资产、或有负债以及未涉及本外币资金运动的重要会计事项,纳入表外科目核算,也是会计所要核算和监督的内容。

(三)进行连续、系统、全面的反映和控制

连续性在外汇会计实务中包含两层含义:一是外汇银行业务记账是按时间的先后顺序的;二是外汇银行业务要及时记账,防止压单压票行为的发生。系统性指的是外汇银行采用科学的、统一的记账方法,外汇会计核算应按照总行规定的会计处理方法进行,做到会计指标口径一致,相互可比;外汇会计处理方法要保持前后一致,不得随意变更,如确有必要变更,应当就变更的情况、原因及对财务状况和经营成果的影响做出说明。全面性指的是对引起银行资金增减变化的业务进行毫无遗漏的反映和控制。

综上所述,外汇会计就是银行以货币为主要计量单位,对外汇银行资金的增减变化及其运动结果进行连续、系统、全面的反映、控制和监督,是外汇银行一切业务工作的基础。

二、外汇会计核算的基本前提

会计核算的基本前提,是人们对那些错综复杂、未经确认认识,或无法明确界定的经济现象,根据客观情况和趋势所做出的合乎情理的推断。我国的《企业会计准则》在总结我国会计工作实践的基础上,既借鉴国际实践经验,又不脱离中国国情,提出了以下会计核算基本前提:

(一)会计主体

会计主体或称会计实体,是指会计工作为之服务的某一特定单位、部门或组织。《企业会计准则》规定:"会计核算应当以企业发生的各项经济业务为对象,记录和反映企业本身的各项生产经营活动。"也就是说。会计人员应当根据"以本单位为主体"来对待和处理一切经济业务,但对于企业的投资者本人的财务活动及其资产负债,不予记录和反映。

会计主体不等同于法律主体,这是两个不容混淆的概念。具有法人资格的企业是法律主体,也是会计主体;不具备法人资格的企业或单位,虽不是法律主体,但可以是会计主体。例如,一个企业内部的某一单位或某一特定的部分,虽然不是法律主体,但可以作为会计主体进行独立核算。一般来说,辨别某个组织是否为会计主体应从以下几个方面来看:

(1)是否拥有独立的资金;

(2)是否进行独立的经营活动;

(3)是否编制独立的会计报告。

企业只有符合以上三点要求,才是一个独立的会计主体。

(二)持续经营

持续经营又称继续经营,是指作为会计主体的企业,其经营活动将按照既定的目标持续下去,在可以预见的将来,不会面临破产与财产清算。它是会计核算前提中一个极为重要的内容。一个企业是继续经营,还是停止营业、破产清算,在会计核算方法上有着很大的区别。

财务会计的一系列方法都是以会计主体的持续经营为前提的。例如,只有在持续经营的前提下,企业的资产才能按历史成本计价,固定资产才可以按其使用年限计提折旧。如果企业不具备持续经营的前提条件,而是已经或即将停止营业、进行清算,则需要处理其全部资产,清理其全部债权债务。

(三)会计分期

会计分期,是指为了定期反映企业的经营管理活动情况及其结果,需要将一个企业的持续经营活动划分为若干个均等的期间。

对于持续经营的企业来说,虽然在可以预见的将来,它不会面临停业清算,但企业也不能等到其结束经营活动时才去进行结算和编制财务报告。为了定期反映企业的经营成果和财务状况,向有关各方提供信息,需要划分会计期间,即人为地把持续不断的企业生产经营活动划分为较短的经营期间。会计期间通常为一年,称为会计年度。

我国《企业会计准则》规定,以日历年度作为企业的会计年度,即以公历1月1日至12月31日止为一会计年度。企业为了及时提供会计信息,满足不同方面对会计信息的需求,还可以将会计年度划分为若干较短的期间,如月、季度。

(四)货币计量

货币计量,是指会计主体在会计核算过程中采用货币作为统一计量单位来记账、算账、报账。会计提供信息要以货币为主要计量单位。企业的经济活动是多种多样的,这就要求有一个统一的计量单位。在商品经济条件下,货币作为一种特殊的商品,最适合充当这种统一的计量单位。

各种物品都具有价值,一旦以货币作为统一计量单位,就可以把这些物资的价值放在一起相加减,从而计算出经营成果。这样一来,企业管理者仅需了解或记住一些数字,便可以掌握企业的财务状况和经营成果。在实际进行会计核算过程中,除了明确以货币作为主要计量单位之外,还需要具体确定记账本位币,即按何种统一的货币来反映企业的财务状况和经营成果。在企业的经济业务涉及多种货币的情况下,需要确定某一种货币作为记账本位币;涉及非记账本位币的业务,需要采用某种汇率折算为记账本位币登记入账。

按照《企业会计准则》的规定,在我国境内的企业应以人民币作为记账本位币。业务收支以外币为主的企业,也可以选定某种外币作为记账本位币,但编制的财务报表应当折算为人民币反映。境外企业向国内有关部门编制财务报表,应当折算为人民币反映。

三、外汇会计核算的一般原则

为了规范外汇会计核算行为,保证会计信息质量,外汇会计核算应严格执行《企业会计准则》明确规定的下列一般原则。

(一)客观性原则

客观性是用来衡量会计记录和会计报告是否真实、客观地反映经济活动的一项重要原则。它包括三层含义,即真实性、可靠性和可验证性。外汇会计记录必须以实际发生的经济业务及证明经济业务的合法凭证为依据,如实反映财务状况和经营成果,做到内容真实,数字准确清晰,项目完整,手续齐备,简明扼要,资料可靠。

(二)相关性原则

会计的相关性是指外汇会计信息要同经济决策相关联,人们可以利用会计信息做出各种决策。外汇会计核算办法的选择和外汇会计工作的组织,应考虑满足各方面的需要。

(三)可比性原则

可比性是指不同行业或同一行业的不同企业之间应使用相类似的会计程序和方法,将不同企业会计报表的编制建立在相同的会计程序和会计方法上,便于报表的使用者进行企业间的比较,据以做出正确决策。

(四)一贯性原则

一贯性是指外汇会计核算应按照总行规定的会计处理方法进行,做到会计指标口径一致,相互可比。外汇会计处理方法要保持前后一致,不得随意变更,如确有必要变更,应当就变更的情况、原因及对财务状况和经营成果的影响做出说明。

(五)及时性原则

及时性包括两层含义:一是要对企业的经济活动及时地进行外汇会计处理,用会计语言把它记录下来;二是要把外汇会计资料及时地传送出去。

(六)明晰性原则

明晰性原则是指外汇会计记录和会计报告要做到清晰、完整、简明扼要,数据记录和文字说明应能一目了然地反映出企业经济活动的来龙去脉。

(七)权责发生制原则

权责发生制是以经济权益和责任的发生即应收应付为标准,来确定本期收益和费用的一种方法。凡是应属于本期的收入和支出,不论款项是否在本期收付,都应当作为本期的收入和支出;凡是不属于本期的收入和支出,即使款项已在本期收付,也不应作为本期的收入和支出;债权、债务一经发生,不论有无实际收付行为,均应记账。

(八)配比原则

经营外汇业务所得的收入与其成本、费用应当相互配比,一个会计期间内的各项收入与其相关联的成本、费用,应当在同一会计期内入账。

(九)谨慎性原则

谨慎性是指外汇会计核算对可能发生的费用或损失,应当合理预计,并予入账。而对可能取得的收入,则不能提前入账。根据谨慎性原则,企业应计提呆账、坏账准备。

(十)历史成本原则

坚持历史成本原则是指用外汇购建或取得的各项财产物资应当按取得时的实际成本折合人民币计价,物价变动时,除国家另有规定者外,不得自行调整其账面价值。

(十一)划分收益性支出和资本性支出的原则

外汇会计核算应当合理划分收益性支出与资本性支出。凡支出的效益仅与本会计年度相关的,应当作为收益性支出;凡支出的效益与几个会计年度相关的,应当作为资本性支出。资本性支出应根据其与以后各期收益的关系,将其价值分摊到以后各会计年度,但应严格控制和管理。

(十二)重要性原则

重要性原则是指外汇会计核算应当全面反映银行外汇财务状况和经营成果。对于影响决策的重要经济业务,应当分别核算,分项反映,并在做财务分析中重点说明。

四、外汇会计的特点

(一)记账方法采用借贷复式记账法

对涉及银行资金增减变化的业务主要采用借贷复式记账法。借贷记账法是根据复式记账原理,以借、贷为记账符号,以有借必有贷、借贷必相等为记账规则,在两个或两个以上相互联系的账户中进行金额相等、方向相反的记录的一种记账方法。凡资产和费用的增加,负债、所有者权益、收入和利润的减少,均记借方;凡资产和费用的减少,负债、所有者权益、收入和利润的增加,均记贷方。任何一笔经济业务或财务收支都必须同时分别记录到两个(或两个以上)方面的账户中去。两个方面的账户,可以是同一性质的,也可以是不同性质的,但两个账户记账的方向必须是相反的,即"此借彼贷"。一笔业务所涉及账户中的借方发生额合计与贷方发生额合计必须相等。

另外,对于不涉及银行资金增减变化的业务采用收付单式记账法,有收不一定有付。

(二)记账方式采用外汇分账制

1.外汇分账制的定义

外汇分账制又叫原币记账法,是按业务发生时的货币记账,不折成本位币入账的一种记账方式。即平时对每一项经济业务,都要按业务的计价货币(原币)填制凭证,登记账簿,编制报表,各货币的账务要自成体系,自求平衡。因为外汇银行经营的货币种类较多,为了完整反映各类外汇资金的增减变化情况,保护各类外汇资金的安全,所以采用外汇分账制。

实行外汇分账制,要求对外汇资金的收付,凡有人民币牌价的货币,均按原币填制凭证,设置并登记账簿,编制报表;对于没有人民币牌价的货币,则通过国际市场买卖之后转化为有人民币牌价的货币,并按转化后的货币处理账务。各种外币在编制凭证、登记账簿时,一般以该种外币的个位为记账单位,计至小数点后两位,其后四舍五入。日元等货币则计算至个位,个位以下舍掉。

2.外汇分账制的内容

外汇分账制的主要内容包括以下三点:

(1)人民币与外币分账。外汇分账制下对有外汇牌价的各类外汇收支要求以原币记账,不折成本位币入账。以原币填制凭证,登记账簿,编制报表,每一种货币各自成立一套完整的账务系统。

(2)专门设置"外汇买卖"科目,起桥梁和平衡作用。当一项银行业务涉及两种或两种以上的货币时,必须通过有关外汇买卖科目核算。外汇买卖科目是外汇分账制的一个特定科目,在不同的货币之间起平衡和联系作用。例如出口结汇、进口售汇、套汇业务核算,均需要通过外汇买卖科目核算。

(3)年终决算时,编制汇总的人民币报表。外汇会计年度自1月1日起至12月31日止,每年12月31日为决算日。年终决算时,各种外币除编制各自的报表外,美元以外的其他外币要按年终决算牌价折成美元报表,合并的美元报表按年终决算牌价折成人民币报表,同人民币报表按会计科目归口合并,编制一张汇总的人民币报表。决算报表的折算牌价为年终决算日外汇牌价的中间价。

(三)记账基础采用权责发生制

权责发生制又称应收应付制,债权债务一经产生,不管有无实际的资金收付行为,都应记账。在外汇会计核算中,它是以应收应付为计算标准来确定本期收益和费用的一种制度。凡是应属于本期的收入和支出,不论款项是否在本期收付,都应当作为本期的收入和支出;凡是不属于本期的收入和支出,即使款项已在本期收付,也不应作为本期的收入和支出。

例如,一笔3年期的美元定期存款到期时外汇银行应支付利息1 800美元,这笔1 800美元的利息虽然是3年到期后才实际支付,但应该属于3个会计年度,需要均衡分摊。银行在第一年、第二年年终都应对当年承担的利息费用列作损失,其会计分录为:

借:利息支出　　　　　　　　　　　　　　　　　　　　USD 600
　　贷:应付利息　　　　　　　　　　　　　　　　　　　　USD 600

通过以上会计分录,每年都要分摊600美元的利息支出。前两年虽然没有发生实际的支出,但也要分摊利息费用。如果全部作为第三年的利息支出,第三年的费用就被扩大,而第一年、第二年的支出则被缩小,显然不能正确反映每年的经营成果。

外汇会计记账基础采用权责发生制,它决定了外汇银行会计在债权债务产生时要记账,债权债务解除时要核销账务。

例如,即期信用证项下出口结算外汇会计核算中,出口商交来全套单据,议付行审单寄单索汇后,议付行就对国外开证行产生了索取出口款项的债权,同时对国内出口商有代收出口款项的义务。虽然在这个结算环节没有发生实际的款项支付,但是债权债务已经产生,外汇会计就要记账,会计分录为:

借:应收即期信用证出口款项　　　　　　　　　　　　　外币××
　　贷:代收即期信用证出口款项　　　　　　　　　　　　外币××

当议付行收到出口款项、向出口商办理出口结汇后,议付行的债权债务就解除了,除了出口结汇要会计记账外,也要对前面的账务进行销账,其会计分录为:

借:代收即期信用证出口款项　　　　　　　　　　　　　外币××
　　贷:应收即期信用证出口款项　　　　　　　　　　　　外币××

五、外汇会计的任务

外汇会计的任务是由外汇会计的性质决定的。它的主要任务为:

(1)组织外汇会计核算。做到正确、及时、真实、完整地反映本外币业务、财务的活动情况,为贯彻政策、指导业务提供正确的数据。

(2)服务和监督。根据国家各项方针政策,办好国际、国内资金的结算,监督本、外币资金有计划地运用,加速资金周转,维护国家和银行的信誉和权益。

(3)加强财务管理。根据经济核算原则和企业化经营的要求,正确核算成本,监督和维护资金、财产的安全,增加收入,节约支出,为社会主义现代化建设事业服务。

(4)开展外汇会计检查。根据国家有关规定,加强对外汇会计工作的检查、辅导、管理,不断提高外汇会计工作的质量和效率,运用外汇会计分析为经营决策提供信息。

六、外汇会计的主要职责

外汇会计的主要职责有:

(1)认真贯彻执行《会计法》和会计制度。

(2)切实做好账务工作,如实反映各项业务活动。

(3)根据国家政策、法令和有关规定,办好国内和国际结算,维护国家和银行的信誉和权益。

(4)根据业务方针政策,监督本、外币资金的组织和运用,加速资金周转,维护银行财产安全,检查和压缩临时性占用资金,杜绝非业务性占款。

(5)按照经济核算原则,编制财务计划和费用预算;检查分析财务活动情况,审核各项开支,挖掘增收节支的潜力。

(6)遵守、宣传和维护国家财经纪律和银行会计制度,同一切违法乱纪行为做斗争。

(7)严格遵守保密制度,做好保密工作。

本章练习

一、单项选择题

1. 我国汇率的标价方法是( )。
   A.直接标价法　　　B.间接标价法　　　C.美元标价法　　　D.非美元标价法

2. 出口商将出口外汇收入 USD 50 万卖给外汇银行,应使用( )。
   A.现钞买入汇率　　B.卖出汇率　　　　C.中间汇率　　　　D.现汇买入汇率

3. 进口商向外汇银行购买 EUR 30 万,应使用( )。
   A.买入汇率　　　　B.卖出汇率　　　　C.中间汇率　　　　D.现钞汇率

4. 银行外汇会计核算的对象是( )。
   A.外汇资金　　　　B.人民币资金　　　C.既有外汇资金,又有人民币资金

5. ( )是外汇市场的基本汇率,其他汇率都以该汇率作为计算标准。
   A.电汇汇率　　　　B.信汇汇率　　　　C.票汇汇率　　　　D.远期汇率

6. 外汇会计处理方法要保持前后一致,不得随意变更,这体现了外汇会计核算的( )。
   A.客观性原则　　　B.可比性原则　　　C.一贯性原则　　　D.谨慎性原则

7. 根据( ),外汇会计核算对可能发生的费用或损失,应当合理预计,并予入账;对可能取得的收入,则不能提前入账。
   A.客观性原则　　　B.可比性原则　　　C.一贯性原则　　　D.谨慎性原则

8. 根据( ),外汇会计核算应当全面反映银行外汇财务状况和经营成果,对于影响决策的重要经济业务,应当分别核算,分项反映,并在财务分析中重点说明。
   A.客观性原则　　　B.重要性原则　　　C.一贯性原则　　　D.谨慎性原则

9. 根据( ),经营外汇业务所得的收入与其成本、费用应当相互配比,一个会计期间内的各项收入与其相关联的成本、费用,应当在同一会计期内入账。
   A.客观性原则　　　B.配比性原则　　　C.一贯性原则　　　D.谨慎性原则

10. 根据( ),不同行业或同一行业的不同企业之间应使用相类似的会计程序和方法,将不同企业会计报表的编制建立在相同的会计程序和会计方法上,便于报表的使用者进行企业间的比较,据以做出正确决策。
    A.客观性原则　　　B.可比性原则　　　C.一贯性原则　　　D.谨慎性原则

二、多项选择题

1. 外汇是指以外币表示的用于国际结算的支付手段,具体包括( )。
   A.外币现钞　　　B.外币有价证券　　C.外币支付凭证　　D.外币铸币

2. 外汇的特点包括( )。
   A.完全可自由兑换　B.普遍接受性　　C.可偿性　　　　　D.限制性可兑换

3. 外汇按照外汇买卖交割期限分类,可分为( )。
   A.贸易外汇　　　　B.即期外汇　　　C.非贸易外汇　　　D.远期外汇

4. 目前银行经营的外汇业务主要有( )。
   A.外汇存款和外汇贷款
   B.外汇汇款和外币兑换
   C.国际结算和同业外汇拆借
   D.外汇票据的承兑和贴现
   E.自营外汇买卖或者代客外汇买卖
   F.发行或者代理发行股票以外的外币有价证券

5. 外汇会计核算的基本前提包括( )。
   A.会计主体　　　　　　　　　　B.持续经营
   C.非持续经营　　　　　　　　　D.会计分期和货币计量

6. 企业只有符合( )要求,才是一个独立的会计主体。
   A.拥有独立资金　　　　　　　　B.进行独立的经营活动
   C.编制独立的会计报告　　　　　D.不编制独立的会计报告

7. 银行外汇会计的核算特点是( )。
   A.采用借贷复式记账法　　　　　B.采用外汇分账制
   C.采用外汇统账制　　　　　　　D.采用权责发生制

8. 外汇会计在借贷复式记账法下,正确的说法是( )。
   A.账户的借方登记资产的增加、负债的减少,贷方登记资产的减少、负债的增加
   B.账户的借方登记资产的减少、负债的增加,贷方登记资产的增加、负债的减少
   C.账户的借方登记损失的增加、收益的结转,贷方登记收益的增加、损失的结转
   D.账户的借方登记收益的增加、损失的结转,贷方登记损失的增加、收益的结转

9. 外汇分账制的主要内容包括( )。
   A.人民币与外币分账　　　　　　B.人民币与外币不分账
   C.专门设置"外汇买卖"科目　　　D.年终决算时编制汇总的人民币报表

10. 外汇会计的任务是由外汇会计的性质决定的,它的主要任务为( )。
    A.组织外汇会计核算　　　　　　B.服务和监督
    C.加强财务管理　　　　　　　　D.开展外汇会计检查

三、判断题

1. 外汇是以外国货币表示的,因此所有的外国货币或外币资产都是外汇。　　　( )
2. 即期外汇又称现汇,是指外汇买卖成交后在两日内办理实际交割的外汇。　( )
3. 在国际金融市场上,由于汇率很不稳定,各国的进出口商为了避免外汇风险,一般

都会在贸易合同中规定交易采用信汇汇率。（　）

4.外汇会计只对外汇银行资金的增减进行反映控制。（　）

5.银行外汇会计就是以货币为主要计量单位，对银行外汇资金的增减变化及其运动结果进行连续、系统、全面的反映、控制和监督。（　）

6.外汇银行在业务经营过程中，有些虽未涉及外汇银行资金的增减变化，但对内对外已产生各种权责关系，如或有资产、或有负债以及未涉及本外币资金运动的重要会计事项，纳入表外科目核算，也是外汇会计所要核算和监督的内容。（　）

7.外汇会计主体等同于法律主体。（　）

8.外汇会计的一系列方法都是以会计主体的持续经营为前提的。（　）

9.外汇银行年终最后以美元统一反映财务状况和经营成果。（　）

10.外汇会计记录必须以实际发生的经济业务及证明经济业务的合法凭证为依据，如实反映财务状况和经营成果。（　）

11.凡是应属于本期的收入和支出，不论款项是否在本期收付，都应当作为本期的收入和支出；凡是不属于本期的收入和支出，即使款项已在本期收付，也不应作为本期的收入和支出。（　）

12.外汇会计核算对可能发生的费用或损失，不能合理预计入账；而对可能取得的收入，则可以提前入账。（　）

13.凡支出的效益仅与本会计年度相关的，应当作为资本性支出；凡支出的效益与几个会计年度相关的，应当作为收益性支出。（　）

14.外汇银行的外汇买卖是外汇分账制下的特定科目，工业企业则没有设置该科目。（　）

15.外汇银行年终公布的美元报表仅反映了银行经营美元业务的情况。（　）

16.外汇银行债权债务一经产生，不管有无实际的资金收付行为，都应记账。（　）

17.根据借贷记账法记账原则，一定时期全部经济业务都已入账后，一个账户的借方发生额合计数必然等于贷方发生额合计数。（　）

18.外汇银行对有外汇牌价的各类外汇收支要求以原币记账，不折成本位币入账。（　）

19.在外汇分账制下，要求以原币填制凭证，登记账簿，编制报表，每一种货币各自成立一套完整的账务系统。（　）

20.当一项外汇银行业务涉及两种或两种以上的货币时，必须通过有关外汇买卖科目核算。（　）

四、简答题

1.什么是外汇会计？它有什么特点？

2.外汇会计核算的基本前提和一般原则是什么？

3.什么是外汇分账制？它的主要内容是什么？

第二章　外汇会计基本核算方法

学习目的

通过本章的学习,学生应了解外汇银行会计的核算方法是保证完成会计核算任务的重要手段,明确外汇银行会计科目的分类及使用,掌握借贷记账法在外汇银行会计中的具体运用,了解外汇银行会计凭证的基本要素、填制要求,掌握会计凭证的使用和复核,掌握外汇银行会计账簿的种类和登记规则,掌握外汇会计常见的错账冲账方法,掌握外汇银行账务组织的构成、账务处理与核算程序。

外汇会计作为银行会计的一个组成部分,在进行核算时要按一定的核算方法进行。外汇会计核算方法是由设置账户和账簿、填制和审核凭证、复式记账、登记账簿、财产清查和编制会计报表等一系列具体方法组成的。这些方法构成一个完整的外汇会计核算方法体系,反映和监督会计核算对象。外汇会计的核算方法主要包括基本核算方法和各项业务具体处理方法两大部分。基本核算方法是各项业务具体处理方法的基础,而各项业务具体处理方法是基本核算方法的具体运用,两部分的有机结合就构成了外汇会计的核算体系。外汇会计基本核算方法主要包括设置会计科目、记账方法、会计凭证、账务组织、会计报表等内容。各项外汇业务具体处理方法在以后各有关章节中详细介绍。

第一节　外汇会计科目

一、概述

(一)定义

外汇会计科目是分类反映外汇银行资金来源和运用,分析各项业务及财务活动情况,统一会计核算内容的工具。它是对银行外汇会计对象的具体内容,按照不同的特征和管理要求进行科学分类的项目。设置会计科目是外汇会计核算的基本方法之一,是保证其他核算方法正确运用的基础和前提。

(二)作用

(1)会计科目是会计核算的基础。在会计核算过程中,从会计凭证的填制、会计账簿的设置与登记到编制会计报表都要以会计科目为基础,会计科目是会计核算的纽带,它将各种核算方法连接起来,成为一个整体。

(2)按照不同的经济特征,归类反映银行各项外汇业务及财务活动的总括情况,能够体现国家的金融方针、政策。

(3)提供经济信息。会计科目综合反映本、外币资金变化情况和经营结果,为外汇银行开展经济活动分析提供可靠的数据资料,并为考核计划、分析情况提供可靠的经济信息。

(三)设置原则

总体来说,外汇会计科目必须以《中华人民共和国会计法》、《金融企业会计制度》和新《企业会计准则》等法律法规为依据,以依法合规开展业务、实施全面成本管理的经营思想为导向,以现实的业务和技术水平为基础,以满足各方面需要、向国际惯例靠拢为目标,依据资金性质、业务特点、经营管理和会计核算管理的要求来设置。例如,银行是经营货币商品的特殊经济组织,其主要经营活动是存款、贷款以及结算业务,因此,外汇银行会计必须设置反映存款、贷款和结算业务的会计科目。又例如,外汇银行经营大量外汇业务,因而必须设置外汇买卖以及反映外汇买卖手续费收入或汇兑收益的科目。总之,外汇会计科目设置的原则要考虑以下因素:

(1)结合外汇会计对象的特点,适应外汇业务的需要。科目名称应简明扼要,科目划分应繁简得当、主次分明。

(2)适应国家宏观经济管理与银行内部外汇财务管理和会计核算的要求。

(3)在名称、含义、核算内容等方面保持相对稳定。规定的外汇会计科目名称、编号和核算内容不得随意变动,在日常核算中要分清资金性质,正确使用会计科目。

(4)在会计科目总体上保持完整性,即整套会计科目能反映所有的外汇经济业务,每项外汇业务都有特定的会计科目来反映。在会计科目之间具有互排性,即各个会计科目的核算内容相互排斥。

二、外汇会计科目的分类

(一)按资金性质划分

(1)资产类科目。资产类科目反映银行财产和各类债权。该类科目借方登记增加数,贷方登记减少数,余额在借方。

银行外汇资产包括流动资产、长期资产、固定资产和其他资产。流动资产是指可以在一年内变现的资产,包括现金、存放国外同业、同业拆出、短期投资、各类应收款项、各类短期外汇贷款等。长期资产是指不准备在一年内变现的外汇资产,包括长期投资、各类长期外汇贷款等。固定资产是指以外汇支付其价款的、使用期限在一年以上的房屋、建筑物、运输工具和设备等。不属于经营主要设备的物品,单位价值在2 000元人民币等值美元以上,并且使用期限超过2年的,也应作为固定资产(目前仅核算海外分行的固定资产)。其他资产是指无形资产、待摊费用及上述项目以外的其他外汇资产。

(2)负债及权益类科目。它反映银行的负债及所有者权益。该类科目借方登记减少数,贷方登记增加数,余额在贷方。

银行外汇负债包括流动负债、长期负债和其他负债。流动负债是指将在一年以内偿还的债务,包括一年以内的外币储蓄存款、单位活期存款、同业外汇存款、其他外汇存款、同业拆入、各种应付款项、汇出汇款、汇入汇款等;长期负债是指偿还期在一年以上的各种债务,包括境外商业借款、买方信贷借款、外国政府借款、国际金融组织借款、发行外汇债券、委托贷款资金以及一年以上的定期外币储蓄存款、单位外汇存款和其他外汇存款;其他负债是指上述项目以外的其他负债。权益包括外汇营运资本金、上级拨入外汇营运资本金、拨付所属外汇营运资本金、资本公积金、盈余公积金、上年损益等项目。

(3)资产负债共同类科目。它既可以反映银行的债权,也可以反映银行的负债,主要用来核算银行间的资金往来业务,具有余额方向不确定的性质。借方登记外汇银行债权的增加和负债的减少,贷方登记债权的减少和负债的增加。该类科目包括全国联行往来、港澳及国外联行往来、外汇买卖等。

(4)损益类科目。它反映外汇银行经营管理过程中形成的当期收入与支出。该类科目借方登记损失的增加和收益的结转,贷方登记收益的增加和损失的结转,年终无余额。

营业收入是指在办理外汇业务中由于提供贷款、资金、劳务,办理证券交易、外汇买卖等取得的收入,包括利息收入、同业往来利息收入、手续费收入、外汇买卖收益和其他营业收入。利息收入包括各项外汇贷款利息收入、境外借款转贷费、转贷利差收入、贴现利息收入等;同业往来利息收入包括境内同业往来利息收入、境外同业往来利息收入、拆放同业利息收入、拆放金融性公司利息收入、系统内往来利息收入等;其他营业收入包括咨询、信托业务收入、短期投资收入、掉期、期权、远期交易收入等;营业外收入指与银行外汇业务经营活动无直接关系的各项收入,包括出纳长款收入、罚款收入、固定资产盘盈、固定资产清理净收益及其他收入。

营业支出包括利息支出、同业往来利息支出、营业费用、其他营业支出、营业外支出。利息支出包括各项外汇存款利息支出、境外借款利息支出、外汇债券利息支出、再贴现利息支出等;同业往来利息支出包括境内同业往来利息支出、境外同业往来利息支出、同业拆入利息支出、金融性公司拆入利息支出、系统同业往来利息支出等;营业费用包括在业务及管理工作中发生的各项费用,如业务宣传、外事接待、邮电通信、公证诉讼、固定资产折旧修理等方面的费用支出以及各项准备金等;其他营业支出包括外汇掉期、期权、远期交易支出等;营业外支出指与银行外汇业务经营活动无直接关系的各项支出,包括出纳短款和结算赔款支出、违约金、固定资产盘亏、固定资产清理净损失及其他非营业性支出。

(二)按是否纳入资产负债表划分

(1)表内科目。表内科目用于核算银行资产、负债、所有者权益的实际增减变化以及损益的发生情况并反映在银行资产负债表等会计报表上。前面提到的资产类、负债及权益类、资产负债共同类和损益类科目就属于表内科目。表内科目记账方法采用借贷记账法,有借必有贷,借贷必相等。

(2)表外科目。表外科目用以反映或有事项,亦即债权债务或权利责任已经形成,但尚未涉及资金实际增减变化的会计事项以及保管债券、单证等需要在表外进行控制的事项，其余额不反映在资产负债表等会计报表上，如外汇银行的重要空白凭证、国外开来保证凭信、外贸自寄出口单证等。表外科目记账方法采用收付单式记账法，业务发生时记收方，业务转销时记付方，余额反映在收方，有收不一定有付。

(三)按管理需要和核算内容的详细程度划分

(1)一级科目。外汇银行半年报及决算报表按一级科目编制报送总行，其名称代号及核算内容由总行统一规定，科目的设置及修改权集中于总行。

(2)二级科目。外汇银行日计表、月计表可按二级科目编制。一级科目控制二级科目，各管辖行根据本身业务的实际需要和权限增设辖内专用科目。

(四)按科目的使用范围划分

(1)银行业统一会计科目。它是金融企业会计制度中规定的会计科目。

(2)商业银行系统内会计科目。它是各商业银行根据金融企业会计制度的规定，结合自身经营特点和管理需要而设置的会计科目。

在《企业会计准则——应用指南》附录中，财政部依据企业会计准则中确认和计量的规定制定了会计科目，它涵盖了各类企业的交易或者事项在不违反会计准则中确认、计量和报告规定的前提下，可以根据银行的实际情况自行增设、分拆、合并会计科目。银行不存在的交易或事项，可不设置相关会计科目。

对于明细科目，银行可以比照附录中的规定自行设置。

在银行外汇会计科目表中，会计科目依据资金的流动性大小进行排列，流动性大的排列在前，流动性小的排列在后。如资产类科目中，"现金""存放中央银行准备金"等排列在前，而各种贷款、投资等排列在后，最后是"固定资产""无形资产"等科目。

在具体会计核算中，会计科目还通过编号用科目代号表示。使用科目代号可以简化核算手续，方便计算机的识别、记账以及有关信息的传递。科目代号的编排是有一定规律的。

财政部和中国人民银行制定的银行业会计科目统一编号，一级科目的代号由4位数字组成，其中第一位代表该科目所属的大类，如："1"代表资产类科目，"2"代表负债类科目，"3"代表所有者权益类科目，"4"代表资产负债共同类科目，"5"代表损益类科目。一级科目的第二、三、四位代表该科目的顺序号。二级科目由6位数字组成，前四位数表示其归属的一级科目，后两位表示在该一级科目下的顺序号。

三、外汇会计科目与账户

外汇会计科目只是对外汇银行的各项会计要素进行分类汇总，而要序时、连续、系统地记录由于银行经济业务的发生所引起的会计要素的增减变动，核算时还必须在账簿中开设账户。外汇会计科目与账户，二者既有严格区分，又有密切的联系。会计科目是外汇银行进行综合核算的基础，账户是进行明细核算的基础，有的会计科目不开设账户，有的要开设账户，会计科目控制账户。具体而言，账户是根据会计科目开设的，用来分类、连续地记录外汇银行经济业务，反映会计要素增减变动及其结果的一种工具。外汇银行的账户按其开户的对象,可以分为对内账户和对外账户两大类。对内账户是根据银行自身的业务经营管理需要而开立的银行内部专用账户,如固定资产账户、利息收入账户等。对外账户是银行在业务经营中对经营客户或往来户开立的账户,按资金性质和管理要求分,有银行结算账户和储蓄账户;按核算内容分,有存款类账户、贷款类账户和往来类账户。

外汇银行根据具体要求对账户进行的编号称为账号。银行开立的各种对外账户,均应由经办行为开户单位编列。账号一般是由行号、科目代号、顺序号、计算机识别号四部分组合而成的。通常来说,行号由 5 位数字组成,科目代号由 4 位数字组成,顺序号由 4 位以上数字组成,计算机识别号由 1 位数字组成,所以银行账号一般由 10 位以上数字构成。银行账号是开户单位和银行办理业务和记账的主要依据之一。

第二节　外汇会计记账方法

外汇会计记账方法是指按照一定的记账原理和规则,使用一定的记账符号,对外汇银行日常发生的各种经济业务进行整理、分类并登记会计账簿的一种专门方法。记账方法按其登记一项经济业务时涉及一个账户还是涉及两个或两个以上的账户,可分为单式记账法和复式记账法两种。

一、单式记账法

单式记账法是对发生的每一项经济业务只在一个账户中进行登记的记账方法。这种方法比较简单,由于对经济业务只在一个会计科目中进行登记,各账户之间没有联系,也不要求相互平衡,因而不能反映经济业务的全貌及其内在联系,故只适用于简单经济活动的核算。

目前我国银行系统中,一般对表外科目所涉及的重要会计事项采用单式记账法进行核算,当业务发生或增加时记收入,减少或销账时记付出,余额表示尚未结清的业务事项。表外科目的记账金额,一般是按经济业务发生额或凭证的票面额记载。现举例说明如下:

例 2-1

外汇银行 A 行收到重要空白凭证现金支票 100 本,每本 20 元,并入库保管,其会计分录为:

收入:重要空白凭证——现金支票　　　　　　　　　　CNY 2 000

例 2-2

开户单位榕艺进出口公司向外汇银行 A 行购买支票 50 张,一张 1 元,该笔业务转销重要空白凭证,其会计分录为:

付出:重要空白凭证——支票　　　　　　　　　　　　CNY 50

例 2-3

外汇银行 A 行为开户单位美华贸易公司承兑面额为 500 000 元的商业汇票,其会计分录为:

收入:银行承兑汇票　　　　　　　　　　　　　　　　　　CNY 500 000

例 2-4

外汇银行 A 行收到国外开证行纽约某联行开来的即期信用证 USD 600 000,经审核无误后通知出口商,其会计分录为:

收入:国外开来保证凭信——信用证　　　　　　　　　　　USD 600 000

二、复式记账法

复式记账法是对每一项经济业务,按照资金内在的对应关系,以相等的金额同时在相关联的两个或两个以上账户中进行登记的记账方法。这种方法不仅可以反映每一笔业务的来龙去脉,反映资金的变动情况,还方便了用试算平衡来检查账簿记录的正确性,是一种比较科学的记账方法。目前我国银行系统中,对表内业务采用借贷记账法进行核算。

借贷记账法是根据复式记账原理,以"借"和"贷"为记账符号,以"有借必有贷,借贷必相等"作为记账规则的一种复式记账方法。凡外汇银行资产和费用支出的增加,负债、所有者权益、收入和利润的减少,均记借方;凡资产和费用支出的减少,负债、所有者权益、收入和利润的增加,均记贷方。任何一笔经济业务或财务收支都必须同时分别记录到两个(或两个以上)方面的账户中去。两个方面的账户,可以是同一性质的,也可以是不同性质的,但两个账户记账的方向必须是相反的,即"此借彼贷"。一笔业务所涉及账户中的借方发生额合计与贷方发生额合计必须相等。

外汇银行如果每一笔经济业务都直接根据凭证记账,很容易造成串户、漏记等差错。因此,为了保证账务登记的准确性,一般在记账之前,应首先标明各项经济业务所涉及的账户名称及登记方向,即应首先列明会计分录,然后根据会计分录来记账。在实际工作中,会计分录一般是在分录簿(普通日记账)或记账凭证中填制,其最简化的格式就是:

借:×××科目　　　　　　　　　　　　　　　　　　　货币符号及金额
　　贷:×××科目　　　　　　　　　　　　　　　　　　货币符号及金额

但要注意的是:上行书写"借方"科目及金额,下行书写"贷方"科目及金额。上下行间应错开一个字或两个字的位置,以便体现借、贷科目之间的对应关系。

会计分录按其涉及的会计科目的多少可以分为简单分录和复合分录。简单分录是指只涉及两个账户(科目)的会计分录,复合分录是指涉及两个以上账户的会计分录。

外汇会计在借贷记账法下,会计分录的编制一般分为四个步骤:一是分析该项业务涉及的会计科目名称,二是判断会计科目的性质,三是分析资金的增减变动,四是确认借贷方向。现举例说明如下:

例 2-5

客户李华持 500 美元要求存入活期储蓄美元存款,外汇银行 A 行审核无误后办理此业务。

分析过程如下:这笔外币存现业务涉及现金和活期外汇存款两个会计科目,现金是银行资产类科目,活期外汇存款是银行负债类科目。该笔外汇业务引起了 A 行美元现金的增加,即资产的增加,记入"现金"的借方;同时引起 A 行活期外汇存款的增加,即负债的增加,记入"活期外汇存款"的贷方。所以会计分录为:

借:现金 USD 500
　　贷:活期外汇存款——李华 USD 500

例 2-6

客户张明从其活期外汇存款现钞户中提取美元现钞 2 000 美元,外汇银行 A 行审核无误后办理此业务。

分析过程如下:这笔外币取现业务涉及现金和活期外汇存款两个会计科目,现金是银行资产类科目,活期外汇存款是银行负债类科目。该笔外汇业务引起了 A 行美元现金的减少,即资产的减少,记入"现金"的贷方;同时引起 A 行活期外汇存款的减少,即负债的减少,记入"活期外汇存款"的借方。所以会计分录为:

借:活期外汇存款——张明 USD 2 000
　　贷:现金 USD 2 000

例 2-7

某三资企业要求从其美元现汇存款账户中(1482500261)支取 10 000 美元汇出境外,外汇银行 A 行审核无误后办理此业务。

分析过程如下:这笔汇出汇款业务涉及单位活期存款和汇出汇款两个会计科目,单位活期存款是银行负债类科目,汇出汇款也是银行负债类科目。该笔外汇业务引起了 A 行单位活期存款的减少,即负债的减少,记入"单位活期存款"的借方;同时引起 A 行汇出汇款的增加,即负债的增加,记入"汇出汇款"的贷方。所以会计分录为:

借:单位活期存款(1482500261) USD 10 000
　　贷:汇出汇款 USD 10 000

例 2-8

上述汇出汇款业务中,外汇银行 A 行从汇款单位存款账户中收取手续费 20 美元。

分析过程如下:这笔收取汇出汇款手续费业务涉及单位活期存款和手续费收入两个会计科目,单位活期存款是银行负债类科目,手续费收入是银行损益类科目中的收益类科目。该笔业务引起了 A 行单位活期存款的减少,即负债的减少,记入"单位活期存款"的借方;同时引起 A 行手续费收入的增加,即收入的增加,记入"手续费收入"的贷方。所以会计分录为:

借:单位活期存款(1482500261) USD 20
　　贷:手续费收入——结算手续费收入 USD 20

借贷记账法是根据复式记账原理,按照"资产＝负债＋所有者权益"这一恒等式来检查和平衡账务的。由于始终坚持"有借必有贷,借贷必相等"的记账规则,因此一定时期内全部账户的借方发生额合计数和贷方发生额合计数必然相等,而反映各个账户资金增减变动结果的余额,其借、贷方合计数也必然相等。因此形成两个账务平衡公式:

各科目借方发生额合计＝各科目贷方发生额合计

各科目借方余额合计＝各科目贷方余额合计

试算平衡表可以用日计表代替。外汇银行 A 行根据上述四项经济业务的会计分录,编制试算平衡表(见表 2-1)。

表 2-1　试算平衡表

2017 年 01 月 08 日　　　　　　　　　　　　　　　　单位:美元

会计科目	期初余额		本期发生额		期末余额	
	借方	贷方	借方	贷方	借方	贷方
现金	60 000		500	2 000	58 500	
短期外汇贷款	40 800				40 800	
活期外汇存款		50 000	2 000	500		48 500
单位活期存款		20 000	10 020			9 980
汇出汇款		30 000		10 000		40 000
手续费收入		800		20		820
合计	100 800	100 800	12 520	12 520	99 300	99 300

第三节　外汇会计凭证

外汇会计凭证是记录各项外汇经济业务活动,明确经济责任的书面证明,是登记外汇账簿的依据。填制和审核会计凭证,是外汇会计核算的一种基本方法,也是外汇会计核算工作的起点和基础。由于会计凭证需要在银行内部和银行之间组织传递才能完成账务记载,因此银行的会计凭证又称为"传票"。

一、外汇会计凭证的作用

外汇会计凭证在会计核算和监督等方面具有重要的作用,主要表现在:

(一)外汇会计凭证是进行会计核算的依据

银行每发生一笔外汇业务,经办人员必须按照规定的程序和要求,取得、填制和审核外汇会计凭证,并加盖个人名章及相应的业务用章,再据以登记外汇会计账簿,从而保证会计核算工作有据可查,凭证资料真实正确。

(二)外汇会计凭证是实行会计监督的依据

通过审核会计凭证,可以监督各项外汇业务的合法性,检查其是否符合国家外汇管理的规定及财经纪律和财务制度,及时发现内部业务处理程序和管理制度上存在的问题,确保银行外汇资金的安全完整。

(三)外汇会计凭证可以用来明确经济责任,健全岗位责任制

在取得填制和审核外汇会计凭证,证实其真实、正确、合法后,经办人员要加盖名章,从而明确工作责任和经济责任,使凭证具有法律效力,便于在产生问题时查清责任,正确处理。

二、外汇会计凭证的分类

(一)按填制的程序不同,划分为原始凭证与记账凭证

原始凭证是在外汇经济业务发生时取得或填制的、用以记录经济业务的发生或完成情况的书面证明,它是进行外汇会计核算的原始资料和重要依据。外汇原始凭证按其来源不同可分为外来原始凭证和自制原始凭证。外来原始凭证是在经济业务发生时从外部取得的凭证,如开户单位签发的转账支票、从其他商业银行收到的进账单、由客户填制的汇款单等。自制原始凭证是在办理各种业务中,根据业务需要而自行填制的凭证,如银行填写的特种转账借方凭证、贷方凭证。

记账凭证是外汇会计人员将电子信息输出后打印或根据合法的外汇原始凭证或汇总原始凭证,按规定的经济业务内容加以归类而填制的,用以确定会计分录,作为登记账簿的依据。银行的记账凭证,按其生成方式可分为人工填制凭证和计算机打印凭证。按照用途不同,可以将外汇会计记账凭证分为明细账记账凭证和总账记账凭证。外汇总账记账凭证是用于登记外汇总账的记账凭证,由于它是根据每一科目所辖账户每日发生的外汇明细账记账凭证的数据汇总结计而成的,故又称外汇科目日结单。

值得注意的是,为了提高工作效率,外汇银行在某些特定条件下,可用原始凭证代替记账凭证用于记账。其条件为:

(1)能证明经济业务发生的真实性,即客观性;
(2)具有法定约束力,即合法性;
(3)要有一定的格式和有关的文字说明,即要式性。

(二)按凭证的形式不同,划分为单式凭证与复式凭证

单式凭证是指只填记一个会计科目或账户的会计凭证,那么一笔表内经济业务按其转账的对应关系,至少需要编制两张或两张以上的单式会计凭证。目前,为了方便银行内部的传递,也便于每日营业终了的综合整理和装订保管,大部分外汇银行主要采用单式凭证。单式凭证的缺陷是不能在记账凭证上清楚地反映经济业务的来龙去脉,出现差错时不便查找。

复式凭证是指一笔经济业务所涉及的几个科目或账户都反映在一张凭证上,那么一笔表内外汇业务只要填制一张复式凭证即可。由于复式凭证是在记账时将同一笔业务涉及的借方科目和贷方科目记录在同一张凭证上,从而可以了解每一笔业务的具体内容,便于了解经济业务全貌,查找对应关系,故为工商企业、事业单位广泛使用。复式凭证的缺陷是不便于业务量大的企业进行分工记账,也不便于按一级科目汇总,当同一凭证要在几个不同科目所涉及的多个人员之间传递时就很不方便。

(三)按凭证的格式和使用范围不同,划分为基本凭证和特定凭证

基本凭证是外汇银行根据有关原始凭证及业务事项自行填制并凭以记账的凭证。外汇银行的基本凭证按照使用范围的不同可分为三类,共八种。

第一类凭证仅供银行内部使用,不对外销售和传递,适用于未设专用凭证的一切现金收、付和转账业务,包括四种:现金收入凭证(见表2-2)、现金付出凭证(见表2-3)、转账借方凭证(见表2-4)、转账贷方凭证(见表2-5)。其中转账凭证主要用于银行内部资金收付的账务处理。

表2-2 现金收入凭证

中国××银行现金收入传票

(贷)＿＿＿＿＿＿
(借)＿＿现金＿＿ 　年　月　日

铜牌或对号单第　号
总字第　号
字第　号

户名或账号	摘　要	金　额								附件 张（白纸红油墨）
		百	十	万	千	百	十	元	角	分

会计　　　出纳　　　复核　　　记账

表2-3 现金付出凭证

中国××银行现金付出传票

(借)＿＿＿＿＿＿
(贷)＿＿现金＿＿ 　年　月　日

铜牌或对号单第　号
总字第　号
字第　号

户名或账号	摘　要	金　额								附件 张（白纸黑油墨）
		百	十	万	千	百	十	元	角	分

会计　　　出纳　　　复核　　　记账

表 2-4 转账借方凭证

中国××银行转账借方传票

| 总字第 号 |
| 字第 号 |

| 科目(借) | 年 月 日 | 对方科目(贷) |

户名或账号	摘 要	金 额										附件
		亿	千	百	十	万	千	百	十	元	角	分
合 计												

会计　　　　复核　　　　记账　　　　制票

（张（蓝纸黑油墨））

表 2-5 转账贷方凭证

中国××银行转账贷方传票

| 总字第 号 |
| 字第 号 |

| 科目(贷) | 年 月 日 | 对方科目(借) |

户名或账号	摘 要	金 额										附件
		亿	千	百	十	万	千	百	十	元	角	分
合 计												

会计　　　　复核　　　　记账　　　　制票

（张（浅蓝纸红油墨））

第二类仅供银行内部使用,不对外销售但可对外传递,适用于涉及外单位资金收付而且又是银行主动代为收款或者扣款时使用(如银行代收款项的收账通知或单位存款利息的进账),使用特种转账凭证要经过会计主管审核。包括特种转账借方凭证(见表 2-6)、特种转账贷方凭证(见表 2-7)两种。

表 2-6 特种转账借方凭证

中国××银行特种转账借方传票
年 月 日

总字第 号
字第 号

付款单位	全称			收款单位	全称			作借方凭证或收账通知 附件 张
	账号或地址				账号或地址			
	开户行、社		行号		开户行、社		行号	
金额	人民币（大写）			十 亿 千 百 十 万 千 百 十 元 角 分				
原凭证金额		赔偿金		科目(借)_____ 对方科目(贷)_____				
原凭证名称		号码						
转账原因								
			行、社盖章	会计 复核 记账 制票				

（白纸蓝油墨）

表 2-7 特种转账贷方凭证

中国××银行特种转账贷方传票
年 月 日

总字第 号
字第 号

付款单位	全称			收款单位	全称			作贷方凭证或支款通知 附件 张
	账号或地址				账号或地址			
	开户行、社		行号		开户行、社		行号	
金额	人民币（大写）			十 亿 千 百 十 万 千 百 十 元 角 分				
原凭证金额		赔偿金		科目(贷)_____ 对方科目(借)_____				
原凭证名称		号码						
转账原因								
			行、社盖章	会计 复核 记账 制票				

（白纸紫油墨）

第三类凭证是特定业务使用的通用凭证，包括表外科目收入凭证（见表2-8）和表外科目付出凭证（见表2-9）两种。

表 2-8　表外科目收入凭证

中国××银行表外科目收入传票
年　月　日

表外科目（收入）＿＿＿＿

总字第　　号
字第　　号

户　　名	摘　　要	金　　额											附件
		亿	千	百	十	万	千	百	十	元	角	分	

会计　　　　　出纳　　　　　复核　　　　　记账

（张）（白纸红油墨）

表 2-9　表外科目付出凭证

中国××银行表外科目付出传票
年　月　日

表外科目（付出）＿＿＿＿

总字第　　号
字第　　号

户　　名	摘　　要	金　　额											附件
		亿	千	百	十	万	千	百	十	元	角	分	

会计　　　　　出纳　　　　　复核　　　　　记账

（张）（白纸黑油墨）

采用计算机记账后,有的银行不再使用以上八种固定格式的凭证,而采用现金和转账两种机制凭证。

除上述基本凭证外,对于一笔业务需要经过几个柜组转账才能完成的,为了保证各组柜账务的平衡,应有一个联系科目,目前一般设"临时存欠"科目,并采取临时存欠传票处理。临时存欠传票是一种辅助传票,在装订传票时,应装订在各种传票的最后。

特定凭证是根据某项业务的特殊需要而制定的专用凭证。特定凭证种类较多,一般是由银行统一印制,客户购买使用和填写,并提交银行凭以办理业务,银行审核无误后凭以记账,如支票、现金缴款单、各种结算凭证等。也有某些特定凭证由银行填制并凭以办理业务,如定期储蓄存单、联行报单、银行汇票等。特定凭证一般一式数联套写。各种特定凭证的名称、格式及用途将在以后各种业务核算中进行介绍。

三、外汇会计凭证的填制和审核

(一)外汇会计凭证的填制

为了保证会计凭证反映的业务内容真实、合法、符合要求,保证外汇会计核算工作质量,必须正确填制各种外汇会计凭证,并对其进行必要的审核。填制的基本要求是:内容完整,数字正确,字迹清晰、工整。

1.外汇会计凭证基本要素

各种外汇会计凭证虽然格式、内容不同,但一般都应具备下列基本要素:

(1)年、月、日(以特定凭证代替记账凭证时,必须注明记账日期);

(2)人民币或外币符号和大小写金额;

(3)款项来源、用途或摘要及附件的张数;

(4)会计分录和凭证编号;

(5)银行及有关人员的签章;

(6)有关收、付款人的户名和账号;

(7)有关收、付款人的开户行名称与行号;

(8)有关责任人员的签章。

现金收入凭证、现金付出凭证、转账借方凭证、转账贷方凭证四种凭证,适用于银行内部的凭证,应具备上述第(1)到第(5)项要素;特种转账借方凭证和特种转账贷方凭证两种凭证,是用于商业银行对外业务的传票,要具备第(1)到第(8)项要素。

2.正确填写票据和结算凭证的基本规定

银行、单位和个人填写的各种票据和结算凭证是办理支付结算和现金收付的重要依据,直接关系到支付结算的准确、及时和安全。票据和结算凭证是银行、单位和个人凭以记载账务的会计凭证,是记载经济业务和明确经济责任的一种书面证明。因此,填写票据和结算凭证,必须做到标准化、规范化,要求要素齐全、数字正确、字迹清晰、无错漏,防止涂改。

(1)中文大写金额数字应用正楷或行书填写,如壹、贰、叁、肆、伍、陆、柒、捌、玖、拾、佰、仟、万、亿、元、角、分、零、整(正)等字样。不得用一、二(两)、三、四、五、六、七、八、九、十、廿、毛、另(或0)填写,不得自造简化字。如果金额数字书写中使用繁体字,如贰、陆、信、寓、圆,也应受理。

(2)中文大写金额数字到"元"为止的,在"元"之后应写"整"(或"正")字,在"角"之后可以不写"整"(或"正")字。大写金额数字有"分"的,"分"后面不写"整"(或"正")字。

(3)中文大写金额数字前应标明货币符号,如"人民币"或"美元"字样,大写金额数字应紧接"人民币"或"美元"字样填写,不得留有空白。在票据和结算凭证大写金额栏内不得预印固定的"仟、佰、拾、万、仟、佰、拾、元、角、分"字样。

(4)阿拉伯小写金额数字中有"0"时,中文大写应按照汉语语言规律、金额数字构成和防止涂改的要求进行书写。举例如下:

①阿拉伯数字中间有"0"时,中文大写金额要写"零"字。如￥1 409.50,应写成人民币壹仟肆佰零玖元伍角。

②阿拉伯数字中间连续有几个"0",中文大写金额中间可以只写一个"零"字。如￥6 007.14,应写成人民币陆仟零柒元壹角肆分。

③阿拉伯金额数字万位或元位是"0",或者数字中间连续有几个"0",万位、元位也是"0",但千位、角位不是"0"时,中文大写金额中可以只写一个"零"字,也可以不写"零"字。如￥1 680.32,应写成人民币壹仟陆佰捌拾元零叁角贰分,或者写成人民币壹仟陆佰捌拾元叁角贰分;又如￥107 000.53,应写成人民币壹拾万柒仟元零伍角叁分,或者写成人民币壹拾万零柒仟元伍角叁分。

④阿拉伯金额数字角位是"0",而分位不是"0"时,中文大写金额"元"后面应写"零"字。如￥16 409.02,应写成人民币壹万陆仟肆佰零玖元零贰分;又如￥325.04,应写成人民币叁佰贰拾伍元零肆分。

(5)阿拉伯小写金额数字前面,均应填写货币符号。如人民币符号CNY,美元符号USD。阿拉伯小写金额数字要认真填写,不得连写分辨不清。

(6)票据的出票日期必须使用中文大写。为防止变造票据的出票日期,在填写月、日时,月为壹、贰和壹拾的,日为壹至玖和壹拾、贰拾和叁拾的,应在其前加"零";日为拾壹至拾玖的,应在其前加"壹"。如1月15日,应写成零壹月壹拾伍日。再如10月20日,应写成零壹拾月零贰拾日。

(7)票据出票日期使用小写填写的,银行不予受理。大写日期未按要求规范填写的,银行可予受理,但由此造成损失的,由出票人自行承担。

3.现金收入和现金付出凭证的编制

由于大部分银行的外汇会计凭证是单式凭证,一笔表内业务发生后,至少要填两张单式凭证。但是现金收付凭证在填制时有所不同。一张现金收入凭证就意味着借方科目是现金,对方科目填好以后,一笔借贷分录就完成了;同样,现金付出凭证意味着贷方科目是现金,对方科目就是借方科目。因此,现金收入和现金付出凭证只需要填写一张凭证即可。

银行内部发生现金收付业务,由银行自行填制现金收入传票或现金付出传票;对外的现金收付业务,则以客户提交的凭证如现金缴款单、现金支票等代替现金收入凭证和现金付出凭证。

4.转账借方和转账贷方传票的填制

发生转账业务时,根据"有借必有贷,借贷必相等"的记账规则,至少要填制两张或两张以上的转账借方凭证和转账贷方凭证,凭证双方的金额应相等。例如,某客户要求将其美元活期存款转为定期存款,这时就应该分别填一张美元活期存款的借方传票和一张美元定期存款的贷方传票。

银行内部的转账业务,由银行自行填制转账凭证;对外的转账业务,以客户提交的特定凭证代替转账借方凭证和转账贷方凭证。

(二)外汇会计凭证的审核

无论是银行自行填制的基本凭证,还是客户提交的特定凭证,在记账前都必须根据有

关业务的具体要求进行审查,以保证凭证的真实性、完整性、合法性和正确性。审核时一般应注意以下几点:

1.内容审核即审核凭证所反映的真实性、合法性和正确性。包括:
(1)是否错用本行受理的凭证;
(2)凭证应填写的内容和应加盖的印章是否齐全;
(3)凭证是否超过有效期限;
(4)款项来源及用途是否符合有关规定、凭证联数及附件是否齐全;
(5)有密押的凭证是否经过专人核押。

对内容审核不合格的凭证应拒绝办理。

2.技术审核即对凭证的填制和使用是否符合要求进行审核。包括:
(1)是否错用凭证种类;
(2)凭证的科目账号、户名、印鉴、金额大小写等栏次是否符合填制和更正要求;
(3)数字计算是否正确,牌价、收费标准是否有误。

技术审核不合格时,可予退票或要求有关人员按规定的改错方法更正。

凡是经过银行办理的凭证,必须加盖有关人员名章及公章,以明确责任。经过审核,对于符合要求的凭证,应及时进行账务处理或进行传递;对不符合要求的凭证应拒绝受理;对凭证内容记载不完整、不明确的,应退回补充或重新填制;如发现伪造、变造会计凭证的违法行为,要追究责任并严肃处理。

四、外汇会计凭证的传递与保管

(一)外汇会计凭证的传递

外汇会计凭证的传递,是指从外汇会计凭证取得或填制开始,通过办理业务手续、审核、整理、记账直至装订归档保管为止,在银行内部有关部门及人员间按规定的程序进行传递和处理的过程。外汇会计凭证的传递必须做到准确、及时,手续严密,既要便利客户,又要符合制度规定。外汇会计各类业务凭证的传递,具体应遵守以下规定:

(1)现金收入传票的传递必须先收款,后记账,以防止漏收或错收款项,以保证账款一致。

(2)现金付出传票的传递必须先记账,后付款,以避免透支情况的发生。

(3)转账业务传票的传递必须先借后贷,即先记付款单位账,后记收款单位账,以保证付款一方账目有足够的余额转账。

对单位提交的付款凭证,必须坚持按照"审核—验印—记账—复核—付款(签发回单)"的程序办理。

(4)对他行票据,必须坚持收妥抵用,贯彻银行不垫款原则。代理行提交的凭证应先核押或核对签字无误后受理。

(5)凭证在传递时,应考虑方便客户,服务群众,做到先外后内,先急后缓。

(6)当日的凭证按核算处理过程经有关柜组处理,不再回归。

(7)外汇会计凭证,除另有规定外,应一律通过邮局或由银行内部自行传递,不得交客户代为传递。

(二)外汇会计凭证的保管

外汇会计凭证是银行外汇会计的重要档案,为了便于事后查阅,必须妥善保管。

1.外汇会计凭证的装订

为了更好地保管外汇会计凭证,应指定专人对每日编制的记账凭证及所附原始凭证分币种装订。凭证装订排列顺序是先表内后表外;各科目按科目编号顺序排列;科目内凭证先现金后转账,先借方后贷方;原始凭证附于记账凭证后面,并加盖"附件"戳记;科目日结单在各科目凭证的前面,凭证销号单附在凭证的最后一并装订。装订时要折叠整齐,加上凭证封面和封签,由装订人员在装订线封签处盖章。业务量大、凭证多时,可装订若干册,并编列册数顺序号。经装订成册后的明细账记账凭证还应编列顺序号,总凭证张数应与科目日结单上的凭证总张数核对一致。凭证装订后,记账凭证和附件均不得取出。如果有补进凭证附件,应粘贴在有关记账凭证后面,在骑缝处加盖个人名章。

2.外汇会计凭证的保管

对已装订成册的外汇会计凭证,应编列序号,在及时登记"外汇会计档案保管登记簿"后归档,妥善保管。保管人员必须定期检查凭证是否保存完好,发现问题应及时解决。调阅已入库的凭证,一定要有手续,经有关领导批准,可以复印或摘录,但不得外借。为了便于查账,会计部门也可按规定保管当年凭证,直至从次年元月一日起期满一年后再移交档案部门。

3.有价单证和重要空白凭证的管理

对于有价单证和重要空白凭证,如股票、债券、证券、汇票、支票等,要指定专人管理,妥善保管。要建立出入库登记和盘点制度,并要登记票证的起止号码。出售的空白支票,在单位撤销账户时,应通知单位将剩余支票交回注销。

第四节 账务组织与账务处理

一、银行的账务组织

账务组织是指账簿的设置、记账程序以及账务核对方法相互配合所形成的核算体系。银行的账务组织包括明细核算和综合核算两个系统。前者是按账户进行的核算,明细反映各账户资金增减变化情况;后者是按科目进行的核算,综合反映各类资金增减变化情况。两者都是反映业务活动、考核计划执行情况和财务活动的主要依据,也是维护各项资金和财产安全的重要工具。两个系统的账簿,都必须根据同一会计凭证平行登记,双线核算,即根据同一凭证对经济业务既进行明细核算,同时又进行综合核算,所以它们在反映情况方面互相配合、互相补充,在数字方面互相核对、相互制约,明细核算与综合核算的数字必须相符。

(一)外汇会计账簿的作用与种类

外汇会计账簿是以外汇会计凭证为依据,全面、连续、系统、完整地记录和反映各项外汇经济业务活动的记录簿籍。它是由许多具有专门格式的账页组成的。设置和登记外汇会计账簿是外汇会计核算的一种基本方法。

1.外汇会计账簿的作用

(1)外汇会计账簿是系统地归纳和积累外汇会计资料的工具,能够全面、连续、系统、完整地记载外汇经济业务资料,把分散的会计凭证经归类后分别记入有关的账户之中,从而分门别类地提供各种会计核算资料。

(2)为编制外汇会计报表提供资料。各种外汇会计报表都是根据外汇会计账簿所提供的资料编制的,例如:试算平衡表是根据总账编制的,损益表是根据损益类明细账户及相应的总账编制而成的。

(3)为办理日常业务、实行会计监督、进行经济活动分析提供资料。通过账簿记载,可以了解单位存贷款资金变化情况及财务状况,为银行办理正常业务、监督客户和本行执行国家财经纪律提供依据。另外,通过账簿记载资料,可以进行经济活动分析,检查财务计划等执行情况,发现问题并提出改进措施,促使银行提高经营管理水平,增加财务收益。

2.外汇会计账簿的种类

外汇会计账簿的格式由总行统一规定,按其用途不同可分为外汇总账、外汇明细账和外汇备查登记簿,其中前两种是主要账簿,后一种是辅助账簿。

(1)外汇总账

外汇总账是对全部外汇业务活动连续、系统、全面地进行总括反映和记录的账簿,按照外汇会计科目设置账户,并根据每日营业终了时分货币及科目编制的科目日结单登记,采用借、贷、余三栏式账页(表2-10)。在会计核算中,总账起着对外汇明细账的汇总及为编制会计报表提供资料的双重作用。

表2-10 外汇总账

××银行(　　　　)

总　账

科目代号:＿＿＿＿＿＿＿＿

科目名称:＿＿＿＿＿＿＿＿　　　　　　　　　　　　　　　　　　　　第　号

年　月	借方	贷方
	(位数)	(位数)
上年底余额		
本年累计发生额		
上月底余额		
上月底累计未计息积数		

续表

日　期	发 生 额		余　额		核对盖章
	借方	贷方	借方	贷方	复核员
	（位数）	（位数）	（位数）	（位数）	
1					
……					
10天小计					
11					
……					
月　　计					
自年初累计					
本期累计计息积数					
本月累计未计息积数					

会计　　　　　　　复核　　　　　　　记账

（2）外汇明细账

外汇明细账是对全部外汇业务活动连续、系统地进行详细反映和分类记录的账簿,是对总账内容的详细反映。一般按单位或具体会计核算对象分户立账,并根据外汇明细账记账凭证逐笔连续记载,其格式有下述四种：

①甲种账（见表2-11）。设有借、贷方发生额和余额三栏,适用于不计息科目账户、余额表计息科目账户、银行内部科目账户。

表2-11　甲种账

×× 银行

（　　　　　）账

本账总页数	
本户页数	

户名：　　　账号：　　　领用凭证记录

年		摘要	凭证号码	对方科目代号	借方	贷方	借或贷	余额	复核员
月	日				（位数）	（位数）		（位数）	

会计　　　　　　　复核　　　　　　　记账

②乙种账（见表2-12）。设有借、贷方发生额,余额,积数四栏,适用于在账页上加计积数,并计算利息的账户。存款账户和贷款账户均可使用此类账簿。

表 2-12　乙种账

××银行
（　　　）账

本账总页数	
本户页数	

户名：　　　账号：　　　领用凭证记录　　　　　　利率：

年		摘要	凭证号码	对方科目代号	借方（位数）	贷方（位数）	借或贷	余额（位数）	日数	积数（位数）	复核员
月	日										

会计　　　　　　　　复核　　　　　　　　记账

③丙种账（见表 2-13）。设有借、贷方发生额和借、贷方余额四栏，适用于借、贷双方反映余额的共同类账户。

表 2-13　丙种账

××银行
（　　　）账

本账总页数	
本户页数	

户名：　　　账号：　　　领用凭证记录

年		摘要	凭证号码	对方科目代号	发生额		余　额		复核员
月	日				借方	贷方	借方	贷方	

会计　　　　　　　　复核　　　　　　　　记账

④丁种账（见表 2-14）。设有借、贷方发生额，余额和销账四栏，适用于逐笔记账、逐笔销账的汇出汇款、汇入汇款方发生额、买入外币票据等业务，它兼有分户核算作用。

表 2-14　丁种账

××银行
（　　　）账

本账总页数	
本户页数	

户名：

年		账号	户名	摘要	凭证号码	对方科目代号	借方（位数）	销账			贷方（位数）	借或贷	余额（位数）	复核员
月	日							年	月	日				

会计　　　　　　　　复核　　　　　　　　记账

(3) 外汇备查登记簿

外汇备查登记簿是根据外汇会计业务的特殊需要而设置的记载补充资料用以备查的账簿。如外汇存贷款业务开销户登记簿、委托收款登记簿、汇出汇款登记簿、重要空白凭证登记簿、国外开来保证凭信登记簿等,必须根据有关凭证及时、准确地记载。因需记载和反映的内容不同,各种登记簿的格式也各异。

外汇会计账簿按其外表形式又可分为订本账、活页账和卡片账。订本账是在未启用前就把许多账页装订在一起,并有固定编号的账簿。采用此种账簿,能避免账页散失和防止抽换账页。活页账是在账簿启用之前,账页不装订在一起,而是根据核算和管理的需要,将单张账页随时夹入账夹或从中抽出的账簿。许多外汇银行外汇明细账(除现金账外)及总账采用此种账簿,有利于分工记账,提高工作效率。卡片账是根据某些核算和管理的特殊需要,在卡片上设计必要的栏次,借以反映各种指标和内容的账簿。它具有内容详细、使用灵活、不需要更换账页、可跨年度使用等特点。

(二)外汇会计账簿的记账规则与错账冲正

1. 外汇总账与明细账的平行登记

对于同一笔外汇业务,总账是用以反映总括数字,明细账用来反映具体的详细数字。总账账户对所属明细账户起着控制作用;明细账户是有关总账账户的从属账户,对有关总账账户起着辅助作用。二者反映的对象、登记的原始依据相同,所提供的核算资料相互补充、相互核对,从而既总括又明细地核算同一对象,因此,必须采用平行登记的方法来登记总账及其所属的明细账,其要点是:

(1) 对于每项外汇业务,一方面要在有关总账中进行总括登记,另一方面还要分别在该有关总账所属明细账中进行明细登记;

(2) 每项外汇业务,在总账及其所属明细账中所记载的方向是一致的,即对同一外汇业务,在总账上登记借方或贷方,在明细账上也必须登记在借方或贷方;

(3) 记入外汇总账的金额同记入所属的几个外汇明细账的金额之和必须相等。

平行登记实际上是对同币种外汇总账与明细账采用了同时间(实际工作中往往是先记明细账,后记总账)、同方向、同金额、按不同记账凭证(总账依据外汇科目日结单,明细账依据明细账记账凭证记账)所进行的登记和反映。所以每一外汇总账账户当日的借方和贷方发生额与其所属各明细账借方或贷方发生额合计必然分别相等;每一外汇总账账户的当日余额与其所属各外汇明细账户余额之和必然相等。

2. 外汇账簿的记账规则

为了确保账簿记录的合法性,明确记账人员的责任,在启用外汇账簿时,应填制"账簿启用表",注明账簿名称、编号、启用日期和经营会计账簿人员姓名等内容。登记外汇账簿时,总的要求是:内容完整,科目正确,摘要清楚,数字真实,字迹整洁,及时登记。具体规则如下:

(1) 账页上首有关各栏必须填写齐全,对外账户应用复写账页以圆珠笔记载,其余账页除更正错账外,一律用蓝黑墨水书写。

(2) 各种账簿必须根据记账凭证逐笔记载,及时结计余额,计息账户还要同时结出计息日数和积数。

(3)发现错账时,应及时按规定方法更正,不许涂改、挖补、刀刮、皮擦和用药水销蚀。

(4)账页一经启用,不得随意抽换,记载错误无法更改时,不得撕毁,须经会计主管人员同意,另换账页记载,经过复核,并在错误账页上画交叉红线注销,由记账、复核、会计主管人员盖章证明。注销的账页另行保管,装订账页时,附在后面备查。

(5)记载账簿时,文字和数字应靠横格底线书写,约占全格1/2。账簿要连续记载,如发生空格、空页时,应在摘要栏用红线从左下角至右上角划销,并经复核人员盖章。账簿上的"借"或"贷"栏,余额在借方的填"借"字,余额在贷方的填"贷"字,余额为零的填"平"字,并在余额栏的个位上画"—0—"符号。

(6)账页记满结转下页时,应将账页上首各项内容记入新账页上首,账内各栏数字,按各种账户记载业务的要求,记入新账页的第一行对应栏内,并在摘要栏内注明"承前页"字样。

(7)各种账簿所记载的账目,都必须经复核人员逐笔复核并签章。

(8)月份结束或年度账务整理期结束之后,外汇总账必须分别办理月结和年结,结算出当月或当年各科目的借贷方发生额,并在摘要栏注明"本月合计"或"本年合计"字样,其下画一道红线。

(9)凭证、账簿盖错印章,应在所错盖印章上用红笔画"×"以示注销,再补盖正确印章。

3.外汇会计账簿的错账冲正

银行的账务处理要严肃认真,正确无误。如果发生账务差错,应经部门会计主管审批后,分别按下列规定办理更正,并对错账的原因、日期、金额以及冲正的日期等进行登记,以便考核、分析,改进工作。

(1)当日结账前发现的错账,一般采用画线更正法更正

①账簿上日期或金额写错时,应以一道红线把全行数字划销,将正确数字写在划销数字的上边,并由记账员在红线左端盖章证明。如画错红线,可在红线两端用红色墨水画"×"销去,并由记账员在右端盖章证明。文字写错,只需将错字用一道红线划销,将正确的文字写在划销文字的上边。

②栏次或行次记错时,除按上述方法划销并加盖名章外,还应将正确的文字或数字填入应记栏目内或行次内。

③凭证填错科目或账户,应重新换制凭证,原凭证盖"作废"戳记作附件,再参照上述方法改正账簿。

④已使用的账页记载错误无法更正时,不得撕毁,须经会计主管人员同意,可另换新账页记载,但必须经过全页复核,并在原账页上画交叉红线注销,由记账员及会计主管人员盖章证明,注销的账页另行保管,装订账页时,附在后面备查。

(2)结账后或隔日发现的错账,一般采用红、蓝字更正法更正

①记账串户,应填制同一方向"红字凭证",记入原错误的账户,在摘要栏内批注"更正×年×月×日错账"字样;同时,在原记错账的摘要栏内批注"已于×年×月×日更正"字样;同时另填制同一方向蓝字凭证记入正确的账户,在摘要栏内注明"补记×年×月×日账"字样及简明事项。

②凭证的金额、科目或账户填错,账簿随之记错,应填制同方向红字凭证将错误金额全数冲销,再按正确的金额、科目或账户重新填制借、贷方蓝字凭证补记入账,并在摘要栏

内注明情况。同时在原错误凭证上批注"已于×年×月×日更正"字样。

(3)隔年发现的差错,采用蓝字反方向更正法

本年度发现上年度的错账,应填制蓝字反方向凭证更正,不得更改决算报表。凭证的摘要栏应注明情况,原错账凭证上应批注"已于×年×月×日更正"字样。

采用红字冲正法或反方向蓝字凭证冲正错账时,还应注意以下几点:

①在冲销原错误凭证的凭证摘要栏内注明"冲销×年×月×日错账"字样,同时在重新编制的正确凭证的摘要栏内注明"补记冲正×年×月×日账"字样,并在原错误凭证上注明"已于×年×月×日冲正"字样;

②冲正各计息户错账,应计算应加(或应减)积数,并在账页上做出相应调整;

③冲正错账采用统一格式的"错账冲正凭证";

④冲正错账必须经过复核,并由会计主管人员审查签章,登记"冲正错账登记簿"。

二、外汇会计核算程序

外汇会计核算程序就是科学、合理地组织外汇会计核算工作的步骤和过程,是指从根据所发生的外汇经济业务受理或编制原始凭证开始,采用一定的方法记账、算账、轧账和核对账务,直至编制出外汇会计报表为止的核算程序。能够体现出外汇会计核算方法体系中各种核算方法相互补充、缺一不可的有机联系。

(一)根据外汇经济业务审核或填制原始凭证

(1)审核外来原始凭证的真实性、准确性、完整性和合法性;

(2)根据外汇经济业务的发生情况填制外汇原始凭证。

(二)根据审核无误的原始凭证编制明细账记账凭证

(1)对外来或自制原始凭证,经过编制会计分录等必要处理后,代替明细账记账凭证;

(2)根据不能用来代替明细账记账凭证的合法原始凭证,填制明细账记账凭证。

(三)根据明细账记账凭证,登记外汇会计明细账(分户账)和登记簿

(1)根据明细账记账凭证及有关资料登记外汇会计明细账和外汇会计登记簿,并结记余额。

分户账是明细核算的主要形式,必须按户立账,连续记载,并在摘要栏注明简明事由,不得以凭证代替分户账。分户账的记账方法,除按照有关业务核算手续的规定办理外,应注意下列规定:

①记账前,必须切实核对户名、账号、印鉴、金额或额度、限额等,防止串户、透支等事故的发生。

②账页上首规定填记的主要事项(如账号、户名、贷款额度、拨款限额和页数等)均应详细填写。记账时,要写明记账日期,摘要栏扼要填写款项来源、用途或简明事由;现金支票、转账支款凭证应填列凭证号码。

③业务发生后,必须根据凭证当时逐笔记载分户账,并结出余额。

④换新账页时,应将前页的最后余额过入新页的第一行余额栏内,并在摘要栏填写"承前页"字样。对乙种账页记满时,还应把未结息积数的合计数同时过入新账页积数栏

第一格。

⑤损益类各账户应具体记载发生收支的事由。

登记簿是适应某些业务需要而设置的账簿,也是用以控制重要空白凭证、有价单证和实物的重要账簿,以及统驭卡片账的辅助账簿。凡在分户账上不能记载而又需要进行登记查证的业务,都可通过登记簿予以登记反映。

(2)复核。

(3)分别加总同科目所属明细账户余额,供总账对账用。

(四)编制外汇科目日结单并据以登记总账

(1)每日营业结束前登记明细账后,根据记账凭证汇总编制各科目的外汇会计科目日结单。

科目日结单是监督明细账户发生额、轧平当日账务的重要工具。每日营业终了,每个科目编制一张科目日结单,编制方法是:按当日同一会计科目的传票汇总整理,按现金收入、现金付出、转账借方、转账贷方顺序排列,各自加计传票张数和金额,填列在科目日结单的有关栏内,并结出借、贷方合计数(表2-15)。

表2-15 科目日结单

××银行( )科目日结单
年 月 日

凭证种类	借方											贷方										
	传票张数	金额										传票张数	金额									
		亿	千	百	十	万	千	百	十	元	角	分		亿	千	百	十	万	千	百	十	元	角	分
现金																							
转账																							
合计																							

复核 记账 制单

"现金"科目日结单的编制比较特别。由于现金收入、付出业务只有一张凭证,所以现金科目日结单下没有凭证。因此,现金科目日结单应根据其他科目日结单中现金部分,分别借方、贷方汇总合计数,反方填列,只填金额,不填凭证张数。即:其他科目日结单中现金部分的借方合计数,填列现金科目日结单现金部分的贷方;其他科目日结单中现金部分的贷方合计数,填列现金科目日结单现金部分的借方。

(2)科目日结单上借贷方发生额试算平衡。

当日同种货币的全部科目日结单相加的借方、贷方合计数相等时,表明当日账务的发生额登记平衡。

(3)根据外汇会计科目日结单登记总账。

总账是综合核算的主要形式,是综合核算同明细核算相互核对和统驭明细分户账的主要工具。其记载方法是:每日营业终了时,根据各科目日结单的借、贷方发生额合计数填记,并结出余额。借、贷单方反映余额的科目,其总账上的本日余额可以根据上日余额加减本日发生额轧差求得。而借、贷双方反映余额的科目,其总账上的本日余额应根据余额表或分户账各户的借、贷方余额分别加总填记,不得轧差记载。当日未发生账务的科目(法定假日同),也应根据上一日的余额填入当日余额栏内,以便与余额表核对。

例 2-9

某行港澳及国外联行往来下有三个分户账 A、B、C,资料如下:

货币:USD

	A	B	C
上日余额	贷:20 000	借:65 000	贷:70 000
本日发生额	贷:15 000	贷:30 000	借:50 000
本日余额	贷:35 000	借:35 000	贷:20 000

则可编制往来总账如下:

港澳及国外联行往来总账

时间	发生额		余额	
	借方	贷方	借方	贷方
上日	略	略	65 000	90 000
本日	50 000	45 000	35 000	55 000

(4)复核。

(五)根据总账登记日计表

日计表是反映当日业务活动的报表,是轧平当日全部账务的主要工具。日计表按日编制,每日营业终了时,根据总账各科目当日发生额和余额填记日计表的各科目当日发生额和余额,表内各科目的借、贷方发生额合计数和借、贷方余额的合计数,必须各自平衡(如表 2-16)。

表 2-16 日计表

×× 银行( )

日 计 表

年 月 日

科目代号	科目名称	本日发生额		余 额		科目代号
		借 方	贷 方	借 方	贷 方	
合 计						

行长(主任)　　　　　会计　　　　　复核　　　　　制表

(六)账务核对

为了保证外汇会计账簿所记载内容准确无误,必须进行账证、账账、账实、账表之间的核对,使其达到相符无误。按照核对时间来划分,账务核对有下述方式:

1.每日核对

(1)业务处理量核对。电脑打印的当日凭证总张数与实际凭证数核对相符。

(2)账款核对。出纳部分记录的现金日记簿的收入、付出各自合计数,应与会计部门的"现金"科目总账借、贷方发生额核对相符;业务库房的现金库存登记簿的库存数,应与"现金"科目总账余额核对相符,同时与实际库存现金数核对相符。

(3)总分核对。总账各科目的借贷方发生额、余额应与同科目下的分户账借贷方发生额、余额合计数核对相符。

(4)总账与日计表核对总账各科目的借贷方发生额和余额合计数应与日计表中的借贷方发生额和余额合计数核对相符。

(5)借、贷双方反映余额的总账,应就账页本身的有关数字轧差核对。即:

$$上日余额轧差数 \pm 本日发生额轧差数 = 本日余额轧差数$$

当总账本日贷方余额大于借方余额时,公式为:

$$上日贷方余额 - 上日借方余额 + 本日贷方发生额 - 本日借方发生额 = 本日贷方余额 - 本日借方余额$$

当总账本日借方余额大于贷方余额时,公式相反。

在例2-9中,港澳及国外联行往来总账核对如下:

$$贷方 90\,000 - 借方 65\,000 + 贷方 45\,000 - 借方 50\,000 = 贷方 20\,000$$
$$贷方 55\,000 - 借方 35\,000 = 贷方 20\,000$$

(6)总账借贷方科目余额的核对。检查、核对总账的借方余额合计与贷方余额合计是否一致。

2.定期核对

(1)与开户单位对账。采用发送副本账页的方式与单位核对外汇存贷款及应收贷款利息等明细账。

(2)与同业金融机构对账。根据境外账户行、当地同业送来的对账单核对外汇存款、拆借等账务。

(3)使用销账式账页记载的账户,应按旬加记未销账的账户余额,与该科目总账的余额核对相符。

(4)贷款科目最少每季度通打一次全部分户账余额,并与总账核对相符;同时,还要与借款借据逐笔勾对。

(5)余额表上的计息积数,应按旬、按月、按结息期与同科目总账的10天、20天小计、月计和本结息期累计积数核对相符。如遇有应加、应减积数,应审查发生的原因和数字是否合理正确。

(6)各种有价单证、重要空白凭证等,应每月账实、账簿核对相符。

(7)固定资产在年终决算前账、卡、簿、实核对相符;固定资产卡片上的折旧额合计与"固定资产折旧"科目余额核对相符。

(8)月、季、年末,将外汇会计报表指标与外汇总账、明细账及登记簿上有关内容核对无误,达到账表相符。

银行经办人员在核对相符后,应在有关账、簿、卡上盖章证明,会计主管人员应加强检查督促。

记账程序与每日账务核对流程如图2-1所示。

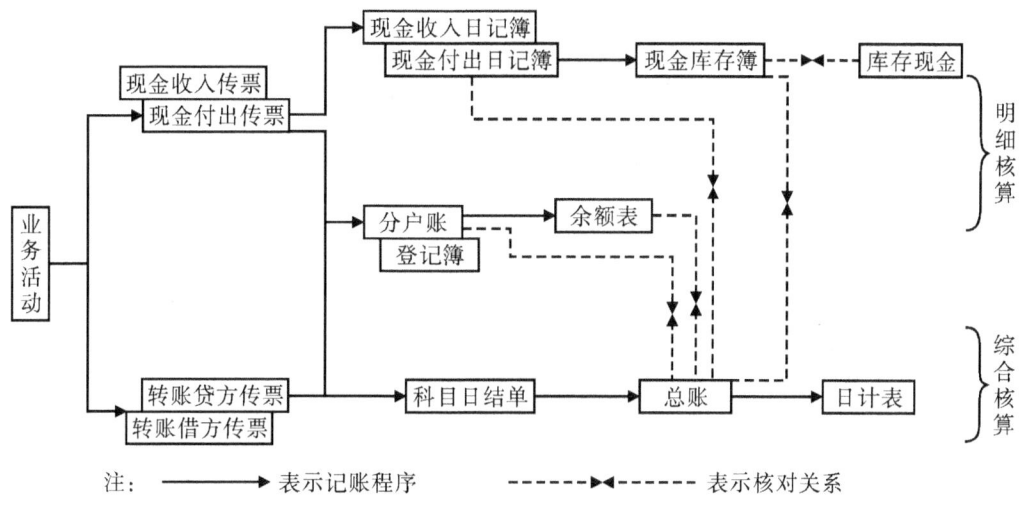

图 2-1 记账程序与每日账务核对流程图

本章练习

一、单项选择题

1.反映银行财产和各类债权的会计科目是(　　)。
　　A.资产类科目　　　B.负债类科目　　　C.共同类科目　　　D.损益类科目
2.外汇银行资产类账户的借方、贷方、余额分别表示为资产的(　　)。
　　A.减少、增加、借方　　　　　　　　B.增加、减少、借方
　　C.减少、增加、贷方　　　　　　　　D.增加、减少、贷方
3.外汇银行负债类账户的借方、贷方、余额分别表示为资产的(　　)。
　　A.减少、增加、借方　　　　　　　　B.增加、减少、借方
　　C.减少、增加、贷方　　　　　　　　D.增加、减少、贷方
4.下列凭证属于基本凭证的是(　　)。
　　A.现金支票　　　B.转账支票　　　C.银行汇票　　　D.转账借方传票
5.根据某项业务的特殊需要而制定的专用凭证是(　　)。
　　A.特定凭证　　　B.基本凭证　　　C.单式凭证　　　D.复式凭证
6.本月22日发现本月15日的一笔错账,应采用的错账冲正方法是(　　)。

A.画线更正法 B.红、蓝字更正法
C.蓝字反方向更正法 D.撕毁,另换账页记载

7.银行办理现金收入业务时,必须先收款,后记账;办理现金付出业务,必须（　　）。
A.先收款,后记账　　B.先记账,后收款　　C.先付款,后记账　　D.先记账,后付款

8.（　　）适用于在账页计算利息的活期存款户。
A.甲种账　　B.乙种账　　C.丙种账　　D.丁种账

9.借、贷双方反映余额的账户适用（　　）
A.甲种账　　B.乙种账　　C.丙种账　　D.丁种账

10.（　　）适用于逐笔记账、逐笔销账的一次性业务。
A.甲种账　　B.乙种账　　C.丙种账　　D.丁种账

11.（　　）适用银行内部资金科目的账户。
A.甲种账　　B.乙种账　　C.丙种账　　D.丁种账

12.外汇会计总账发生额应根据（　　）填制。
A.原始凭证 B.科目日结单
C.记账凭证 D.各分户账发生额合计数

13."外汇买卖"科目的性质是（　　）。
A.资产类　　B.负债类　　C.共同类　　D.损益类

14."汇入汇款"和"汇出汇款"科目的性质都是（　　）。
A.资产类　　B.负债类　　C.共同类　　D.损益类

15.（　　）是监督明细账户发生额、轧平当日账务的重要工具。
A.科目日结单　　B.总账　　C.日计表　　D.余额表

二、多项选择题

1.外汇银行流动资产是指可以在一年内变现的资产,包括（　　）。
A.现金　　B.短期投资　　C.短期外汇贷款　　D.买入外币票据

2.外汇银行流动负债是指将在一年以内偿还的债务,包括（　　）。
A.单位活期存款　　B.汇出汇款　　C.汇入汇款　　D.长期投资

3.外汇银行资产负债共同类科目包括（　　）。
A.全国联行往来 B.港澳及国外联行往来
C.存放国外同业 D.外汇买卖

4.外汇银行营业外支出指与银行外汇业务经营活动无直接关系的各项支出,包括（　　）。
A.出纳短款和结算赔款支出 B.违约金
C.手续费收入 D.固定资产盘亏净损失

5.仅供银行内部使用、不对外销售和传递、适用于未设专用凭证的转账业务的凭证包括（　　）。
A.现金收入凭证　　B.现金付出凭证　　C.转账借方凭证　　D.转账贷方凭证

6.仅供银行内部使用、不对外销售但可对外传递、适用于涉及外单位资金收付而且又是银行主动代为收款或者扣款时使用的凭证包括（　　）。

A.转账借方凭证　　　　　　　　B.特种转账借方凭证
C.转账贷方凭证　　　　　　　　D.特种转账贷方凭证
7.外汇银行综合核算的内容包括(　　)。
　A.科目日结单　　B.总账　　　C.余额表　　　　D.日计表
8.外汇银行的表内科目包括(　　)。
　A.资产类科目　　B.负债类科目　　C.共同类科目　　D.损益类科目
9.从外汇银行角度出发,下列科目属资产类的有(　　),属负债类的有(　　)。
　A.存放国外同业　B.国外同业存款　C.汇入汇款　　　D.汇出汇款
　E.应收利息　　　F.出口押汇　　　G.短期外汇贷款　H.单位活期存款
10.关于外汇会计借贷复式记账法,正确的说法是(　　)。
　A.账户的借方登记资产的增加、负债的减少,贷方登记资产的减少、负债的增加
　B.账户的借方登记资产的减少、负债的增加,贷方登记资产的增加、负债的减少
　C.账户的借方登记损失的增加、收益的结转,贷方登记收益的增加、损失的结转
　D.账户的借方登记收益的增加、损失的结转,贷方登记损失的增加、收益的结转
11.银行外汇会计每日核对的内容包括(　　)。
　A.总账各科目发生额、余额应与同科目下的分户账的发生额、余额合计数核对相符
　B.现金库存簿上的库存数应与库存现金和现金科目的余额核对一致
　C.丁种账簿中的未销各笔合计数与该账户总账余额核对相符
　D.总账上双方反映余额的往来科目应轧差核对相符
12.银行外汇会计凭证的传递应遵循以下规定(　　)。
　A.银行传票除另有规定外,应一律通过邮局或内部传递
　B.转账业务必须先记收款单位账,后记付款单位账
　C.现金付出必须先记账,后付款
　D.现金收入必须先收款,后记账
13.对会计凭证审核的要点是(　　)。
　A.是否为本行受理的凭证
　B.是否错用凭证种类,凭证的联数与附件是否齐全
　C.凭证是否超过有效期,印鉴、密押是否齐全
　D.大小写金额是否相符,字迹有无涂改,货币符号有无错写、漏写
14.外汇银行明细核算的内容包括(　　)。
　A.分户账　　　　B.总账　　　C.余额表　　　　D.登记簿
15.外汇银行丁种账适用于逐笔记账、逐笔销账的一次性或过渡性账户,下列(　　)可使用丁种账。
　A.应付及暂收款项　B.汇出汇款　　C.汇入汇款　　　D.买入外币票据

三、判断题

1.设置会计科目是外汇会计核算的基本方法之一,是保证其他核算方法正确运用的基础和前提。(　　)
2.外汇银行表内科目和表外科目都采用借贷复式记账法,且会计核算对象相同。(　　)

3. 外汇会计科目与账户,二者既有严格区分,又有密切的联系。会计科目是外汇银行进行综合核算的基础,账户是进行明细核算的基础。（   ）

4. 外汇会计凭证是记录各项外汇经济业务活动、明确经济责任的书面证明,是登记外汇账簿的依据。（   ）

5. 外汇银行的一些原始凭证在特定条件下,可以作为记账凭证用于直接记账。（   ）

6. 外汇银行发生的每一笔业务都至少要填两张单式传票。（   ）

7. 转账事项涉及银行与客户之间的应使用特种转账借、贷方传票。（   ）

8. 根据借贷记账法记账原则,一定时期全部经济业务都已入账后,一个账户的借方发生额合计数必然等于贷方发生额合计数。（   ）

9. 外汇银行对有外汇牌价的各类外汇收支要求以原币记账,不折成本位币入账。（   ）

10. 在外汇分账制下,要求以原币填制凭证,登记账簿,编制报表,每一种货币各自成立一套完整的账务系统。（   ）

11. 当一项外汇银行业务涉及两种或两种以上的货币时,必须通过有关外汇买卖科目核算。（   ）

12. 外汇银行表内科目也可用来记载不涉及银行资金运动的重要业务事项。（   ）

13. 复式凭证的缺陷是不能在记账凭证上清楚地反映经济业务的来龙去脉,出现差错时不便查找。（   ）

14. 外汇银行受理的各种票据,如果大小写金额不符,以大写为准。（   ）

15. 票据出票日期使用小写填写的,外汇银行不予受理。（   ）

四、计算填空题

港澳及国外联行往来下有三个分户账 A,B,C,资料如下：

货币:USD

	A	B	C
上日余额	贷:20 000	借:65 000	贷:70 000
本日发生额	贷:15 000	贷:30 000	借:50 000
本日余额			

港澳及国外联行往来总账

时间	发生额		余额	
	借方	贷方	借方	贷方
上日	略	略	65 000	90 000
本日				

(要求：在表格相应栏内填入各分户账的本日余额、总账的本日发生额和余额。)

五、业务题

按要求编制外汇银行 A 行下列业务相关会计分录。

1. 客户周丽持 2 000 美元现金要求存入活期储蓄美元存款,外汇银行 A 行审核无误后办理此业务。

2.客户林华从其活期外汇存款现钞户中提取美元现钞 3 000 美元,外汇银行 A 行审核无误后办理此业务。

3.某三资企业要求从其美元现汇存款账户中(1482500351)支取 50 000 美元汇出境外,外汇银行 A 行审核无误后办理国际汇款业务。在该笔汇出汇款业务中,外汇银行 A 行根据银行费率表从汇款单位存款账户中收取手续费 100 美元。

4.客户李佳要求从其活期外汇存款账户中支取 5 000 美元存入其定期外汇存款账户中。

第三章 外汇存款业务的核算

学习目的

通过本章的学习,学生应全面了解外汇存款业务的意义与种类,熟悉外汇存款的核算要求,掌握单位和个人外汇存款的开户、续存、支取和利息支出的会计核算。

第一节 外汇存款业务概述

一、外汇存款定义

外汇存款(foreign exchange deposits)是外汇银行经营的一种主要业务,它是单位或个人将其所有的外汇资金,在我国境内办理的以外国货币作为计量单位的存款,并于以后随时或约定期限支取的一种业务。从银行方面来说,外汇存款是其接受顾客的外币现金、外币汇票或支票等信用工具,并对顾客负有定期或不定期偿付义务的授信行为,即对存户发生了债务;而从银行的顾客方面来说,则是以外币现金、外币汇票或支票等信用工具寄存银行,并可定期或不定期向银行收回的授信行为,即对银行取得外汇债权。

外汇存款是商业银行的主要负债之一,既是商业银行的主要外汇业务,也是发放外汇贷款的重要资金来源和从事国际结算业务的前提。外汇存款业务核算是反映和监督外汇存款业务的重要工具。做好核算工作,可以反映银行外汇资金增减变化的情况,还有助于为决策和信贷部门提供科学、系统的资料数据,有助于加强与存款单位的联系,引导资金流向,按照国家规定管好、用好外汇资金,促进经济的发展。

二、外汇存款的种类

对存款银行来说,其所吸收的各项外汇存款可以从不同的角度进行分类,常见的有如下几种:

(一)按开户对象划分,可分为单位外汇存款、个人外汇存款

单位外汇存款是指在我国境内的机关、团体、企业(包括外国驻华机构及外商投资企业)及在境外的中外企业、团体等单位存放在我国外汇指定银行里的各项外汇存款。

个人外汇存款是指在我国境内的居民(包括中国居民及在华的外国人、海外华侨、港澳台同胞等)及我国派驻国外及港澳台地区从事学习、工作、进修、科研、讲学等人员以及其他个人(如居住在国外或港澳台地区的外国人、华侨及港澳台同胞)以可兑换货币(外汇及外钞)存入我国外汇指定银行的各类外汇存款。

目前,外汇银行根据对存款的管理要求不同,将上述单位及个人外汇存款划分为甲种外币存款、乙种外币存款、丙种外币存款和外债专户存款。甲种外币存款和外债专户存款主要是单位外汇存款,乙种外币存款和丙种外币存款主要是个人外汇存款。乙种外币存款的对象为除国内一般居民以外的个人,如港澳台同胞、侨胞、外籍华人、在中国工作的外国人等。丙种外币存款的对象为国内一般居民。

(二)对于同业的外汇存款,按存款对象所处地点不同,可分为国内同业外汇存款与国外同业外汇存款

国内同业外汇存款是指国内各金融机构在同业里的各项外汇存款。如非银行金融机构在外汇银行开立的外汇存款账户里的各项外汇存款。

国外同业外汇存款是指国外银行(含在国外及港澳地区的华资银行)在我国外汇指定银行存放的外汇或其他可兑换货币的存款。

(三)按存款的期限不同来划分,可分为定期外汇存款和活期外汇存款

定期外汇存款是指存款银行与顾客约定至某一固定时间始可提用的外汇存款。目前,定期外汇存款主要是采取整存整取的方式,外汇存入银行时,由银行根据存款数额开发记名式存单交给单位或个人,单位或个人必须在存入时约定不同存期档次(目前主要有3个月、半年、1年或2年四档,存款到期可以续存;外汇银行对外商投资企业及国内金融机构的定期存款分为7天通知、1个月、3个月、6个月、1年和2年六档,到期凭存单支取)。

活期外汇存款根据存取方式不同又分为支票户存款和存折户存款。支票户凭送款单或其他收款凭证存入,凭支票或其他付款凭证支取,如外贸企业由于代理进口的需要而在银行开立的进口保证金账户以及企业借入外债而在银行开立的外债专户存款等,就属于这类支票户存款;存折户存款则凭存折和存取款凭条存取,如个人的活期外汇存款,就属于这类存折户存款。

(四)按存款货币不同分类

目前,我国银行开办的外币存款业务币种主要有9种:美元、欧元、日元、港元、英镑、澳大利亚元、加拿大元、瑞士法郎、新加坡元。其他可自由兑换的外币,不能直接存入账户,需由存款人自由选择上述货币中的一种,按存入日的外汇牌价折算存入。按规定,存入什么货币就支付什么货币,否则要通过"外汇买卖"科目进行会计核算。

(五)按存入的资金形态不同来划分,可分为外钞户存款和外汇户存款

外钞户存款,即外币现钞的存款。对于这类存款,顾客一般可随时支取外币现钞,但要在存满3个月后,方可委托存款行根据需要并通过审批和钞买汇卖手续予以汇出。外汇户存款则可随时委托存款银行根据有关规定直接予以汇出,单位外汇存款一般都属外汇户存款,而个人的外汇存款则有外汇户存款和外钞户存款的区别。现汇户可直接汇出国外。现钞户须经过钞买汇卖处理后方可支取汇出,现汇户须汇买钞卖方可支取现钞,现钞户可直接支取现钞。

三、外汇存款业务核算要求

外汇会计在进行外汇存款业务核算的过程中,有以下核算要求:

(一)严格贯彻执行国家的外汇政策法令和银行的外汇存款业务管理办法与章程

银行制定的外汇存款业务管理办法与章程,是办理外币存款业务的具体规定和要求,它对外汇存款的不同存款对象以及不同性质种类的存款资金都做了具体规定,体现了我国经济、金融方针政策以及外汇管理精神。如单位外汇存款只准开立现汇户,不准开立现钞户,而个人外币存款可以根据需要既可开立现汇户,又可开立现钞户,有利于调动个人外汇存款的积极性。还如《中国银行股份有限公司个人外汇存款业务管理办法》中规定存款银行对境内个人和境外个人的外汇存款负责保密,银行应根据有关反洗钱规定对大额、可疑外汇交易进行记录、分析和报告。办法还规定从外汇储蓄账户中提取现钞,当日累计等值1万美元以下(含)的,可以在银行直接办理;超过上述金额的,凭本人有效身份证件、提钞用途证明等材料向银行所在地外汇管理局事前报备。银行凭本人有效身份证件和经外汇管理局签章的《提取外币现钞备案表》为个人办理提取外币现钞手续。这些规定都体现了我国外汇管理的精神。

(二)加强账户的管理,正确组织外汇存款的核算

外汇银行要做好这项工作,必须正确使用有关外汇存款科目与账户,正确反映各单位和个人外币资金的存取情况,监督各开户人是否按照有关规定存取外汇资金。如银行在开户时是否遵循了境内、境外外汇账户管理规定,境内外汇账户管理规定境内机构、驻华机构一般不允许开立外币现钞账户。个人及来华人员一般不允许开立用于结算的外汇账户,银行在开户过程中就必须遵守这些规定。再如银行在核算中要注意是否有串户、是否有透支、汇率选用是否正确、利息计算是否无误等。

(三)为相关部门提供数据资料,做好外汇存款分析

外汇会计必须做好对日常外汇存款资料的整理、归纳,形成系统的外汇存款资料,为银行决策部分和其他部门了解银行外汇资金的增减变动和外汇头寸状况提供便利,以便银行对整个外汇业务活动情况做出综合评价和预测。

第二节 个人外汇存款业务的核算

一、概述

(一)个人外汇存款的种类

个人外汇存款可开立现汇账户,也可开立现钞账户。按存取方式分为活期和定期两种。个人外汇定期存款的起存金额不低于人民币500元等值外汇,个人外汇活期存款不低于人民币100元等值外汇。凡是从国外或港澳地区汇入和携入的可自由兑换外汇,可存入现汇存款户。现汇户可支取外币现钞,也可汇往国外。凡从国外携入的可自由兑换的外币现钞,可存入现钞存款户。外币现钞户可支取外币现钞,也可汇往港澳地区或国外。

个人外汇账户按主体类别分为境内个人外汇账户和境外个人外汇账户。境内个人是指持有中华人民共和国居民身份证、临时身份证件、户口簿、军人身份证件、武装警察身份证件的中国公民。境外个人是指持护照、港澳居民来往内地通行证、台湾居民来往大陆通行证的外国公民(包括无国籍人)以及港澳台同胞。个人外汇存款管理遵循实名制管理相关规定。存款银行对境内个人和境外个人的外汇存款负责保密,法律、法规和监管规定另有要求的除外。

个人外汇存款账户按交易性质分为外汇储蓄账户、外汇结算账户、外汇资本项目账户,其中外汇储蓄账户、外汇结算账户属于经常项目账户。

(二)个人外汇储蓄账户

个人可以凭本人有效身份证件在银行开立外汇储蓄账户,所开立账户户名应与本人有效身份证件记载的姓名一致。外汇储蓄账户的收支范围为非经营性外汇收付、本人或与其直系亲属之间同一主体类别的外汇储蓄账户间的资金划转。

个人外汇储蓄账户分为现汇账户和现钞账户。凡从境外汇入、携入和境内居民持有可自由兑换的外汇,均可存入现汇账户或现钞账户,存入现钞账户需按汇转钞有关规定收取手续费。不能立即付款的外币票据,需经银行办理托收,受托后方可存入;凡从境外携入或个人持有的可自由兑换的外币现钞,均可存入外币现钞账户或现汇账户,存入现汇账户需按钞转汇有关规定收取手续费。

个人外汇储蓄存款分为活期存款、定期存款,以及其他经监管机关批准的存款。定期存款按期限分为通知存款、1个月、3个月、6个月、1年、2年等档次。存款的货币有美元、英镑、港元、澳门元、日元、欧元、加拿大元、澳大利亚元、新加坡元、欧元、瑞士法郎等。外币储蓄存款活期账户和定期账户的开户起存金额为人民币100元的等值外币。

个人外汇储蓄存款人开户时,凭本人有效身份证件由银行开立存折、存单或借记卡。银行应与客户以书面形式明确约定存款的支取方式,该方式可为凭密码支取、凭预留印鉴支取或其他。外汇银行根据存款人的意愿,银行可以为其办理定期存款到期自动转存业务。如委托他人代办开户,还需同时提供代办人有效身份证件和复印件留存。

个人外汇储蓄存款利息按外汇银行公布的个人外币存款利率计付外币利息。存款遇利率调整,活期存款按支取日或结息日活期存款利率计息,定期存款按存入日定期存款利率计息。活期存款每年12月20日结息。定期存款到期续存,按续存日的定期存款利率计息;到期未支取又不办理续存手续,过期部分按支取日的活期存款利率计息。定期存款提前支取,按支取日活期存款利率计息。

个人外汇储蓄存款支取凭借记卡、存折、存单和开户时约定的支取方式办理。无论现汇账户或现钞账户,支取外币现钞时,单位货币以下的辅币,按支取日外汇牌价折人民币支取。未到期的定期存款,存款人如因特殊需要提前支取,可凭有效存款凭证和存款人有效身份证件,按开户时约定的支取方式办理。如委托他人代取,还需同时提供代办人有效身份证件,银行需记录代办人和存款人的有效身份证号码。现汇存款账户支取现钞,需按汇转钞有关规定收取手续费。

从外汇储蓄账户中提取现钞,当日累计等值1万美元以下(含)的,可以在银行直接办理;超过上述金额的,凭本人有效身份证件、提钞用途证明等材料向银行所在地外汇管理局事前报备。银行凭本人有效身份证件和经外汇管理局签章的《提取外币现钞备案表》为个人办理提取外币现钞手续。个人向外汇储蓄账户存入外币现钞,当日累计等值5 000美元以下(含)的,可以在银行直接办理;超过上述金额的,凭本人有效身份证件、经海关签章的《中华人民共和国海关进境旅客行李物品申报单》或本人原存款银行外币现钞提取单据在银行办理。银行应在相关单据上标注存款银行名称、存款金额及存款日期。

(三)个人外汇结算账户

个人外汇结算账户是指个人对外贸易经营者、个体工商户按照规定开立的用以办理经常项目项下经营性外汇收支的账户。个人外汇结算账户纳入外汇账户管理信息系统,其开立、使用和关闭按机构账户进行管理。

个人经常项目项下经营性外汇收支按以下规定办理:一是个人对外贸易经营者办理对外贸易购付汇、收结汇应通过本人的外汇结算账户进行;其外汇收支、进出口核销、国际收支申报按机构管理。二是个体工商户委托有对外贸易经营权的企业办理进口的,本人凭其与代理企业签订的进口代理合同或协议购汇,所购外汇通过本人的外汇结算账户直接划转至代理企业经常项目外汇账户。个体工商户委托有对外贸易经营权的企业办理出口的,可通过本人的外汇结算账户收汇、结汇。三是境外个人旅游购物贸易方式下的结汇,凭本人有效身份证件及个人旅游购物报关单办理。

个人外汇结算账户购汇和结汇不受年度总额限制,无论金额大小都可凭真实贸易单据办理。个人外汇结算账户为外汇现汇账户,不允许提取现钞,按照单位活期存款计息方式计息。

本人外汇结算账户与外汇储蓄账户间资金可以划转,但外汇储蓄账户向外汇结算账户的划款限于划款当日的对外支付,不得划转后结汇。

(四)个人外汇资本项目账户

个人从事资本项目外汇业务,根据交易主体和业务性质不同,可以开立外国投资者投资专用账户、特殊目的公司专用账户及投资并购专用账户。上述资本项目外汇账户开户及账户内资金的境内划转、汇出境外应经外汇管理局核准。

境外个人未在境内设立外商投资企业,但在境内从事直接投资或从事与直接投资相关活动的,可向投资项目所在地外汇管理局申请并附相关证明材料,以该投资者名义开立外国投资者投资专用账户,包括投资类、收购类、费用类、保证类。外国投资者投资专用账户内资金应以现汇汇入,不得以现钞存入。账户内资金经外汇管理局核准可以结汇。直接投资项目获得国家相关主管部门批准后,境外个人可以将外国投资者专用外汇账户内的外汇资金划入外商投资企业资本金账户。

在境外设立或控制特殊目的公司并返程投资后,境内个人及因经济利益关系在中国境内习惯性居住的境外个人,经外汇管理局核准,可以开立特殊的公司专用账户,用于保留资本变动收入,也可经外汇管理局核准后结汇。

境内个人向国外投资者转让境内企业股权所得外汇收益,经外汇管理局核准可以结汇,也可以由境内个人向该企业所在地外汇管理局申请开立投资并购专用账户,用于存放上述外汇收入。

个人外汇资本项目账户按照机构账户进行管理,为外汇现汇账户,不允许存入、提取现钞,按照单位活期存款计息方式计息。

二、个人外汇存款核算

(一)存入的核算

1. 个人活期外汇存款开户的处理

开户时,存款人填写"外币存款申请书",写清户名地址、存款种类、金额等,连同外汇或现钞交存银行。银行审核无误后办理存折户或支票户的开户手续。通过"活期外汇存款"科目核算,登记存折和开销户登记簿,出售支票。以外币现金或汇入汇款存入时,其会计分录为:

借:现金或汇入汇款   外币××
　　贷:活期外汇存款   外币××

如果外币现金存入个人外汇存款现汇户,则要通过钞买汇卖处理;如果以汇入汇款存入个人外汇存款现钞户,则要通过汇买钞卖处理,具体的会计分录将在第四章"外汇买卖业务的核算"中介绍。

例 3-1

客户张华持美元现钞 USD 2 000 要求开立美元现钞活期存款账户,外汇银行 A 行审核无误后为其办理了开户存款业务。其会计分录为:

借:现金   USD 2 000
　　贷:活期外汇存款——张华   USD 2 000

2. 个人活期外汇存款续存的处理

存款人须填存款凭条,连同存折、外币票据交银行,银行审核认可后办理续存,会计分录与开户相同。

3. 个人定期外汇存款开户

个人定期外汇存款分为 1 个月、3 个月、半年、1 年、2 年等种类,是存款人以个人名义将外汇资金存入银行,并约定期限,到期一次性支取本息的一种外币存款,分外币现汇户和现钞户两种。通过"定期外汇存款"科目核算。

开户时,存款人应填制"外币存款申请",写明户名、地址、存款种类、期限及金额等,连同外币现钞或票据交银行,银行根据存款人的要求,开立定期存折或外定期存款单一式三联。经复核后,第二联存单交存款人,第三联代分户账(存折或卡片账),凭以登记"开销户登记簿"后专夹保管,第一联代该科目的贷方传票凭以记账。其会计分录为:

借:现金或汇入汇款   外币××
　　贷:定期外汇存款   外币××

(二)支取的核算

1.个人活期外汇存款支取的处理

支取活期外汇存款时,支票存款人须填写支票,存折户存款人须填写取款凭条,连同存折交银行。从汇户支取现汇或从钞户支取现钞时,其会计分录为:

借:活期外汇存款　　　　　　　　　　　　　　　　　外币××
　　贷:现金或汇出汇款　　　　　　　　　　　　　　　外币××

存款人从现汇户支取款项汇往国外时,还需填制汇款凭证,并计收手续费、汇费和邮费。若乙种存款人从汇户提取现钞或从钞户提取现汇时,一律按当日牌价套汇处理。国内居民办理此业务,按中间价计收人民币手续费,不需套汇。

例 3-2

客户李平要求从其美元现钞活期存款账户中支取 1 000 美元现钞,外汇银行 A 行审核无误后办理了该业务。其会计分录为:

借:活期外汇存款——李平　　　　　　　　　　　　USD 1 000
　　贷:现金　　　　　　　　　　　　　　　　　　　USD 1 000

2.个人定期外汇存款支取的处理

支取定期外汇存款时,存款人须凭存单或存折及取款凭条办理。银行审核无误后,取款人输入密码或查验身份证办理付款手续,定期存单加盖"结清"字样。其会计分录为:

借:定期外汇存款　　　　　　　　　　　　　　　　　外币××
　　应付利息　　　　　　　　　　　　　　　　　　　外币××
　　贷:现金或活期外汇存款　　　　　　　　　　　　外币××

第三节　单位外汇存款业务的核算

一、概述

单位外汇存款是指在我国境内的机关、团体、企业(包括外国驻华机构及外商投资企业)及在境外的中外企业、团体等单位存放在我国外汇指定银行里的各项外汇存款。

(一)单位外汇存款的种类

单位外汇存款根据存款期限的不同,分为单位活期存款和单位定期存款。

单位活期存款是指不受存款期限限制,可以随时办理存取的一种外币存款,分为支票户和存折户两种。支票户存款是凭送款单存入,取款时凭支票支取;存折户存取凭存折和存取款凭条,可随时凭存折支取,不得透支。单位活期外汇存款的起存金额为人民币1 000元的等值外汇。

单位定期存款是指境内单位、驻华机构在银行机构办理的约定期限、整笔存入、到期一次性支取本息的一种外汇存款。单位外汇定期存款一律记名,存款银行一般设起存金额,多存不限。中资企业外汇定期存款可分为1个月、3个月、6个月、1年、2年五档;外商投资企业、国内外金融机构外汇定期存款,分为7天通知、1个月、3个月、6个月、1年、2年六档。7天通知存款的起存金额不低于50万美元。外币定期存款按照存款金额的大小分为外币小额存款和外币大额存款。目前,外币小额存款是指存款金额在等值300万美元以下的外币定期存款,外币大额存款是指存款金额在等值300万美元以上(含300万美元)的外币定期存款。单位活期外汇存款和单位小额外汇存款利率按中国人民银行公布的小额外币存款利率执行,大额外币存款的基准利率和最高利率以国际金融市场同业拆借利率(London interbank offered rate,LIBOR)为基准,参照银行协会和同业的利率水平在上级行允许的浮动范围内由经办行与客户协商确定,超过允许上浮幅度的需报上级行审批。

(二)单位外汇存款账户

单位外汇存款账户是指境内单位和驻华机构以可自由兑换货币在银行开立的账户,包括经常项目外汇账户和资本项目外汇账户。

经常项目外汇账户是指用于经常项目外汇收支或经外汇管理局批准的资本项目外汇支出的账户,包括外汇结算账户、开证保证金账户等。境内机构原则上只能开立一个经常项目外汇账户。境内机构经常项目外汇账户的限额统一采用美元核定。

资本项目外汇账户是指用于资本项目外汇收支的账户,包括贷款(外债及转贷款)专户、还贷专户、发行外币股票专户、外汇资本金账户、投资款临时专户、资本变现专户、B股交易专户等。

境内单位、驻华机构一般不允许开立外币现钞账户。

二、单位外汇存款核算

各单位在银行办理存款时,必须开立外汇存款账户,由单位填写申请书,并凭盖有公章、财务专用章及主管人员名章的印鉴卡及外汇账户使用证、外债登记证、外汇(转)贷款登记证等开立外汇存款账户,按规定的收支范围办理外汇收支。目前,单位外汇存款主要有美元、日元、港币、英镑、欧元等多种货币,其他自由外币可以按存入日的外汇牌价折算成上述币种之一开立存款账户。商业银行对单位外汇存款通过"单位活期存款""驻华机构活期存款""外债专户存款"和"单位定期存款"等科目核算。

(一)开立经常项目外汇账户

符合下列条件的境内单位可以申请开立经常项目外汇账户:经有权管理部门核准或备案具有涉外经营权或有经常项目外汇收入;具有捐赠、援助、国际邮政汇兑等特殊来源和指定用途的外汇收入。

境内单位向国家外汇管理局提出申请,需提供如下申报材料:

(1)开户申请书;

(2)营业执照或社会团体登记证等有效证明的原件和复印件;

(3)有权管理部门颁发的涉外业务经营许可证明原件和复印件,或者外商投资企业外汇登记证,或者有关经常项目外汇收入的证明材料(如结汇水单等);

(4)组织机构代码证的原件和复印件;

(5)国家外汇管理局要求的其他材料。

驻华机构向国家外汇管理局提出申请时,需提供如下材料:

(1)有关部门批准设立机构的文件;

(2)工商登记证。

国家外汇管理局审核无误后,向境内单位核发"经常项目外汇账户开立核准件",向驻华机构开出"驻华机构外汇账户备案表"。

中资境内单位凭"经常项目外汇账户开立核准件"到银行办理开户手续,开户后10天将"经常项目外汇账户开立核准件"第四联送开户所在地外汇管理局,并申领外汇账户使用证;外商投资企业凭"经常项目外汇账户开立核准件"和外商投资企业外汇登记证到银行办理开户手续;驻华机构凭"驻华机构外汇账户备案表"到银行办理开户手续。

境内单位原则上只能在一家银行开立一个经常项目外汇账户。在同一银行开立相同性质、不同币种的经常项目外汇账户无须国家外汇管理局另行核准。在已经使用外汇账户管理信息系统的地区,符合开户条件的境内单位可根据需要向国家外汇管理局申请开立多个经常项目外汇账户,在开户个数、开户银行方面不受限制。

(二)开立资本项目外汇账户(B股交易账户除外)

境内单位向国家外汇管理局提出申请开立资本项目外汇账户,需提供如下申报材料:

(1)开户报告;

(2)开立贷款专户和还贷专户,持借款合同正本、外债登记证或者外汇(转)贷款登记证;

(3)开立发行外币股票专户,持证券监督管理部门批准的招股说明书等资料;

(4)开立资产变现专户,持有权批准机构的文件、协议、资金使用计划等。

外商投资企业开立资本金账户,需提供以下申报材料:

(1)开户报告;

(2)外商投资企业外汇登记证和其他材料。

境外法人或者自然人申请开立临时专户,需提供以下申报材料:

(1)开户报告;

(2)汇款凭证或签订的投资意向书。

国家外汇管理局审核无误后,开出"开户通知书",单位凭"国家外汇管理局开立外汇账户批准书"到银行办理开户手续。

(三)提取外币现钞限额

境内单位从外汇账户提取外币现钞时,单笔提取不超过等值1万美元的外币现钞,可按规定持有效凭证和商业票据直接到外汇银行办理;单笔提取超过等值1万美元(含)的外币现钞,需按规定持有效凭证和商业票据向国家外汇管理局申请,银行凭国家外汇管理局核准件办理。境内单位资本项目外汇账户不得收付外币现钞。

(四)变更

境内单位、驻华机构如需变更外汇账户使用证、外商投资企业外汇登记证或者"驻华机构外汇账户备案表""开户通知书"中外汇账户相关内容的,应当持有关材料向国家外汇管理局提出申请,办理变更手续。

(五)开户及存入的核算

1.单位活期外汇存款开户及存入的处理

(1)用现汇存入时,其会计分录为:

借:汇入汇款或有关科目　　　　　　　　　　　　　　　　　　外币××
　　贷:单位活期存款　　　　　　　　　　　　　　　　　　　　外币××

(2)外币现钞存入,或以不同于开户货币的币种存入时,需要通过套汇处理,其会计分录为:

借:现金　　　　　　　　　　　　　　　　　　　　　　　　　外币××
　　贷:外汇买卖(钞买价)　　　　　　　　　　　　　　　　　　外币××
借:外汇买卖(中间价)　　　　　　　　　　　　　　　　　　　人民币××
　　贷:外汇买卖(中间价)　　　　　　　　　　　　　　　　　　人民币××
　　　　外汇买卖价差　　　　　　　　　　　　　　　　　　　　人民币××
借:外汇买卖(卖出价)　　　　　　　　　　　　　　　　　　　外币××
　　贷:单位活期存款　　　　　　　　　　　　　　　　　　　　外币××

2.单位定期外汇存款开户及存入的处理

存款单位在银行开有外汇活期存款账户或未在银行开有外汇活期账户,但符合外汇管理规定保留外汇(或书面批准),均可办理。

中资企业外汇定期存款可分为1个月、3个月、6个月、1年、2年五档;外商投资企业、国内外金融机构外汇定期存款分为7天通知、1个月、3个月、6个月、1年、2年六档。7天通知存款的起存金额不低于50万美元。

(1)活期存款转定期存款的核算

客户办理活期存款转定期时,须填制外汇支付凭证一式两联交经办行,经办行审核无误后,一联记账,一联作为客户回单,并填制外汇定期存单一式四联:第一联为定期存款存单,盖章后交给单位;第二联为卡片账,专夹保管;第三联为贷方凭证;第四联为单位支付凭证,代替借方凭证。

借:单位活期存款——××单位户　　　　　　　　　　　　　　外币××
　　贷:单位定期存款——××单位户　　　　　　　　　　　　　外币××

(2)直接存定期的核算

收到境外汇入汇款或国内转汇款项,应单位要求办理定期存款时,填制外汇定期存单一式三联:第一联为定期存款存单,盖章后交给单位;第二联为卡片账,专夹保管;第三联为贷方凭证,另填制一联转账借方凭证。

借:汇入汇款或有关科目　　　　　　　　　　　　　　　　　　外币××
　　贷:单位定期存款——××单位户　　　　　　　　　　　　　外币××

(六)支取存款的核算

支取存款时,存折户填写取款凭条,支票户填写支票,并加盖预留印鉴,经银行审查后,办理取款手续。

1.支取原币汇出时,其会计分录为:

借:单位活期存款　　　　　　　　　　　　　　　　　　　　　外币××
　　贷:汇出汇款　　　　　　　　　　　　　　　　　　　　　　外币××

例 3-3

某开户单位要求从其现汇存款账户中支取 200 000 美元,汇出国外。银行审查同意汇出,其会计分录为:

借:单位活期存款　　　　　　　　　　　　　　　　　　　　USD 200 000
　　贷:汇出汇款　　　　　　　　　　　　　　　　　　　　　USD 200 000

2. 支取外币现钞或支取不同于开户货币的外币币种时,单位外汇存款最多只能支取 1 万美元,1 万美元以上现金支取必须经外汇管理局批准。其会计分录为:

借:单位活期存款　　　　　　　　　　　　　　　　　　　　外币××
　　贷:外汇买卖(汇买价)　　　　　　　　　　　　　　　　外币××
借:外汇买卖(中间价)　　　　　　　　　　　　　　　　　　人民币××
　　贷:外汇买卖(中间价)　　　　　　　　　　　　　　　　人民币××
　　　　外汇买卖价差　　　　　　　　　　　　　　　　　　人民币××
借:外汇买卖(卖出价)　　　　　　　　　　　　　　　　　　外币××
　　贷:现金　　　　　　　　　　　　　　　　　　　　　　外币××

(七)支付利息的核算

活期外币单位存款按季结息,结息日为每季末月的 20 日;定期外币存款利随本清,到期日前遇利率调整不分段计息;大额定期外币存款在到期日前若全部或部分提前支取,须事先征得银行同意。全部提前支取的利率按支取日银行业协会公布的活期存款利率执行。部分提前支取的,提前支取部分按支取日活期存款利率计息。未提前支取部分,如果达到大额外币存款的起存金额要求,按原期限、原利率计息;如果达不到起存金额要求,则按原定期限、原存入日银行业协会公布的利率计息。客户需与经办行约定是否办理到期自动转存,未约定的定期存款逾期部分按支取日活期存款利率计息。

除国库款项和属于财政预算拨款性质的经费预算单位存款不计息外,其他性质的单位存款均计付利息。计息方法与人民币相同,按不同币种活期存款利息,采用积数计息法计算利息。

$$利息 = \sum 积数 \times 利率 = (\sum 存款余额 \times 存期) \times 利率$$

$$\frac{本次存款}{贷方余额} = 上次存款贷方余额 + 本次存款贷方发生额 - 本次存款借方发生额$$

存期是存款人的存款时间,从款项存入之日起,算至支付的前一日止,即"算头不算尾",按实际天数计算,从上季末月 21 日至本季末月 20 日,结息日要计算在内。

单位活期存款一般按季结息,每季末月 20 日为结息日,利息于次日列账。未到结息日清户的,于清户日按挂牌公布的活期存款利率计付利息。

在计算存期时,应注意与利率在计算单位上的一致。存期以日计算时,用日利率;存期以月计算时,用月利率;存期以年计算时,用年利率。它们之间的换算关系是年利率除以 12 为月利率,月利率除以 30 为日利率,依次类推。计算的利息保留至分位,分位以下四舍五入。利息支付的分录为:

借:利息支出 外币××
　　贷:单位活期存款 　　　　外币××

例3-4

积数法计息(填空、列式计算利息并做出银行付息的会计分录)

户名:盛华贸易公司　　　　账号:14825000252　　　　利率:0.10%

2015年		摘要	借方	贷方	借或贷	余额	日数	积数
月	日							
9	21	结息		121	贷	290 000	7	2 030 000
9	28	委托收款		74 200	贷	364 200	14	5 098 800
10	12	汇兑汇入		13 000	贷	377 200	26	9 807 200
11	7	取现	6 500		贷	370 700	26	9 638 200
12	3	转收		81 000	贷	451 700	18	8 130 600
12	21	结息		96.40	贷	578 621.07		

利息计算过程:

　　　　USD 34 704 800×0.10%÷360=USD 96.40

12月21日银行付息,会计分录为:

借:利息支出　　　　　　　　　　　　　　　　USD 96.40
　　贷:单位活期存款(1482500252)　　　　　　　USD 96.40

本章练习

一、单项选择题

1.外汇存款是商业银行的主要(　　)业务。
　　A.资产　　　　　B.负债　　　　　C.中间　　　　　D.衍生
2.外汇存款现钞户须经过(　　)处理后方可支取汇出。
　　A.汇买　　　　　B.汇卖　　　　　C.汇买钞卖　　　D.钞买汇卖
3.单位外汇存款现汇户须经过(　　)处理后方可支取外币现钞。
　　A.汇买　　　　　B.汇卖　　　　　C.汇买钞卖　　　D.钞买汇卖
4.个人外汇存款(　　)
　　A.可开立现汇账户也可开立现钞账户　　B.只能开立现汇账户
　　C.只能开立现钞账户　　　　　　　　　D.不能开立外汇账户
5.个人外汇乙种活期存款的起存金额不低于(　　)等值外汇。

A.人民币 100 元　　B.人民币 200 元　　C.人民币 50 元　　D.人民币 20 元
6.单位外汇活期存款起存金额不低于(　　)等值外汇。
　　A.人民币 100 元　　B.人民币 200 元　　C.人民币 500 元　　D.人民币 1 000 元

二、多项选择题

1.外汇存款按存款管理特点的不同分为(　　)。
　　A.甲种外汇存款　　B.乙种外汇存款　　C.丙种外汇存款　　D.丁种外汇存款
2.外汇存款按存款对象可分为(　　)。
　　A.甲种外汇存款　　B.乙种外汇存款　　C.单位外汇存款　　D.个人外汇存款
3.个人外汇存款包括(　　)。
　　A.甲种外汇存款　　B.乙种外汇存款　　C.丙种外汇存款　　D.丁种外汇存款
4.外汇存款按期限可分为(　　)。
　　A.活期外汇存款　　B.定期外汇存款　　C.七天通知　　D.定活两便
5.外汇存款按存入资金形态的不同分为(　　)。
　　A.活期外汇存款　　B.定期外汇存款　　C.现汇存款户　　D.现钞存款户

三、判断题

1.外汇存款是发放外汇贷款的重要资金来源和从事国际结算业务的前提,它的核算是反映和监督外汇存款业务的重要工具。(　　)
2.单位外汇存款账户是指境内单位和驻华机构以可自由兑换货币在银行开立的账户,包括经常项目外汇账户、资本项目外汇账户和金融外汇账户。(　　)
3.单位外汇存款只有现汇户,没有现钞户,因此,以外币现钞存入时,应通过外汇买卖科目进行钞买汇卖处理。(　　)
4.目前,单位外汇存款均为现汇户,现汇户可直接汇出国外。(　　)
5.现钞户须经过钞买汇卖处理后方可支取汇出,现钞户可直接支取现钞。(　　)
6.个人外汇存款可开立现汇账户也可开立现钞账户,而单位外汇存款只能开立现汇户。(　　)
7.个人外汇活期存款不低于人民币 500 元等值外汇。(　　)
8.单位定期外汇存款到期后,可以直接从定期中支付。(　　)
9.单位定期外汇存款一般情况下允许提前支取。(　　)
10.个人提取外币现钞当日累计等值 1 万美元以下(含)的,可以在银行直接办理,超过上述金额的,凭本人有效身份证明、提钞用途证明等材料事前在当地外汇管理局报备,银行凭本人有效身份证明和经外汇管理局签章的《提取外币现钞备案表》为个人办理提取外币现钞手续。(　　)

四、计算填空题

要求:填空、列式计算利息并做出银行付息的会计分录。
外汇银行华润贸易公司单位活期外汇存款账资料如下:

户名：华润贸易公司　　　　　账号：1482500252　　　　　　　　　利率：0.10%

2013年		摘要	借方	贷方	借或贷	余额	日数	积数
月	日							
3	21	结息		359.54	贷	770 000		
3	25	转支	87 000					
4	14	汇兑汇入		42 000				
4	27	委托收款		26 000				
5	21	转支	173 000					
6	21	结息						

利息计算过程：

银行付息会计分录：

五、业务题

按要求编制外汇银行A行下列业务相关会计分录。

1.客户张平持1 000美元现钞要求开立美元现钞活期存款账户，外汇银行A行审核无误后为其办理了开户存款业务。

2.周明要求将汇入汇款2 000美元存入定期为1年的丙种外汇存款，外汇银行A行审核无误后为其办理了开户定期存款业务。

3.客户林榕要求从其美元现钞活期存款账户中支取500美元现钞，外汇银行A行审核无误后办理了该业务。

4.某开户单位要求从其现汇存款账户中支取100 000美元，汇出国外。银行审查同意办理了该汇出汇款业务。

第四章 外汇买卖业务的核算

学习目的

通过本章的学习,学生应掌握外汇买卖科目的使用、外汇买卖牌价的使用,熟练掌握结汇、售汇、套汇业务的会计核算,了解外汇买卖平仓上划的会计处理。

银行经营的外汇业务既有国际业务,又有国内业务;既涉及人民币资金,又涉及外汇资金。所以,银行外汇业务政策性强,涉及面广,再加之银行持有的外汇头寸受市场上汇率变动的影响,面临的经营风险较大。外汇买卖是银行经营外汇的重要业务之一。银行办理的外汇买卖业务可分为两大类:一类是由于国际结算和支付的需要进行的外汇买卖,一类是由于资金保值或盈利的需要而进行的外汇买卖。后一类外汇买卖业务又可分为受客户委托进行的代客外汇买卖和以本行外汇资金营运为目的的自营外汇买卖。外汇银行对外汇买卖业务的正确核算对保护银行资金安全、减小汇率风险有着重要的现实意义。

第一节 外汇买卖业务概述

一、外汇买卖业务的含义

外汇买卖业务又称外汇交易,是指银行买入一种货币、卖出另外一种货币的业务。按照现行外汇管理制度的规定,银行的外汇买卖业务主要涉及结汇、售汇和套汇业务。

(一)买入外汇业务

买入外汇业务包括结汇及外币兑本币业务。所谓结汇是指收入所有者将其外汇收入出售给外汇指定银行,外汇指定银行按一定汇率付给等值的本币的行为,即银行买进这部分外汇,同时付给对方相应的人民币。结汇有强制结汇、意愿结汇和限额结汇等多种形式。强制结汇是指所有外汇收入必须卖给外汇指定银行,不允许保留外汇;意愿结汇是指外汇收入可以卖给外汇指定银行,也可以开立外汇账户保留,结汇与否由外汇收入所有者自己决定；限额结汇是指外汇收入在国家核定的数额内可不结汇，超过限额的必须卖给外汇指定银行。目前，我国主要实行的是强制结汇制，部分企业经批准实行限额结汇制，对境内居民个人实行意愿结汇制。

（二）卖出外汇业务

卖出外汇业务包括本币兑外币业务和售汇。售汇是指境内企事业单位、机关和社会团体的经常项目下的正常付汇，持有关有效凭证，用人民币到外汇指定银行办理兑换，银行收进人民币，支付等值外汇。

（三）套汇业务

套汇业务主要有两类。一是同种货币之间的套汇，主要指钞买汇卖和汇买钞卖。钞买汇卖是银行从客户手中买进外币现钞，卖给对方外币现汇。汇买钞卖是银行从客户手中买进外汇现汇，卖给对方外币现钞。二是两种外币之间的套汇，是银行按买入价买进一种外汇，按卖出价卖出另一种外汇。

二、外汇业务的记账方法

（一）外汇统账制

外汇统账制又称本币记账法，它是以本国货币为记账单位，对外汇业务中所涉及的其他货币全部按一定的汇率折算成人民币记账，所有的凭证、账簿、报表的计量单位都是人民币元。工商企业对外汇业务的记账方法一般采用外汇统账制。但由于商业银行经营的是货币资金，为了完整地反映各类资金的增减变动情况，各家商业银行不采用外汇统账制，通常采用的是外汇分账制。

（二）外汇分账制

外汇分账制又称原币记账法，当外汇业务发生时直接以原币记账。在外汇分账制下，人民币与外币分账，平时对每一项经济活动，都要按业务发生时的货币填制凭证、登记账簿和编制报表，各货币的账务自成体系，自求平衡。商业银行采用外汇分账制，使银行能够全面了解各种外币资金活动情况及其头寸的余缺，便于银行更好地调拨和运用外汇资金。

采用外汇分账制必须设置"外汇买卖"科目。当一项银行业务涉及两种或两种以上的货币时，必须通过有关外汇买卖科目核算。"外汇买卖"科目是外汇分账制的一个特定科目，在不同的外汇业务之间，起平衡和联系作用。如出口结汇、进口售汇、套汇业务核算，外汇银行均通过"外汇买卖"科目核算。"外汇买卖"科目是资产负债共同类会计科目，买入外币时，外币金额应贷记此科目，同时，人民币金额应按中间价借记此科目。卖出外币时，外币金额应借记此科目，同时，人民币金额应按中间价贷记此科目。

第二节　外汇买卖业务的核算

一、买入外汇业务的会计核算

买入外汇包括结汇及外币兑本币业务。结汇是指境内企事业单位、机关和社会团体按国家的外汇政策规定，将各类外汇收入按银行挂牌汇率（汇买价）卖给外汇指定银行，即银行买进这部分外汇，同时付给对方相应的人民币。利息找零业务比照结汇处理，即商业银行在支付储户本息时，元以下辅币不能支付外币零头，可以按牌价以人民币折付。银行买入外汇业务的基本会计分录如下：

借：有关科目　　　　　　　　　　　　　　　　　外币××
　　贷：外汇买卖（钞买价或汇买价）　　　　　　　外币××
借：外汇买卖（中间价）　　　　　　　　　　　　人民币××
　　贷：有关科目　　　　　　　　　　　　　　　人民币××
　　　　外汇买卖价差　　　　　　　　　　　　　人民币××

例 4-1

当天，外汇银行 A 行从国内居民手中买入 200 美元现钞，结付人民币现金。当日美元的钞买价是 652.81%，中间价是 659.40%。该笔业务会计分录如下：

借：现金　　　　　　　　　　　　　　　　　　　USD 200.00
　　贷：外汇买卖（钞买价 652.81%）　　　　　　　USD 200.00
借：外汇买卖（中间价 659.40%）　　　　　　　　CNY 1 318.80
　　　　　　　　　　　　　　　　　　　　　　（USD 200×659.40%）
　　贷：现金　　　　　　　　　　　　　　　　　CNY 1 305.62
　　　　　　　　　　　　　　　　　　　　　　（USD 200×652.81%）
　　　　外汇买卖价差　　　　　　　　　　　　　CNY 13.18

在以上会计分录中，人民币外汇买卖账户应该以中间价 659.40% 折算确认，而支付给客户的人民币资金则应按钞买价 652.81% 折算，差额部分为银行柜台部门的收益。这种处理是外币兑换收益逐笔确认的模式。

例 4-2

外汇银行 A 行收到纽约某银行（与 A 行有美元账户关系）的汇入销货款 5 000 美元。当日美元兑人民币的汇买价为 658.08%，中间价为 659.40%。收款方为工艺进出口公司，审核无误后转入公司单位存款账户。该笔业务会计分录如下：

借：汇入汇款　　　　　　　　　　　　　　　　　USD 5 000
　　贷：外汇买卖（汇买价 658.08%）　　　　　　　USD 5 000

借:外汇买卖(中间价659.40%) CNY 32 970
 (USD 5 000×659.40%)
 贷:单位活期存款 CNY 32 904
 (USD 5 000×658.08%)
 外汇买卖价差 CNY 66

在以上会计分录中,人民币外汇买卖账户应该以中间价659.40%折算确认,而支付给工艺进出口公司的人民币资金则应按汇买价658.08%折算,差额部分为银行柜台部门的收益。这种处理也是外币兑换收益逐笔确认的模式。

二、卖出外汇业务的会计核算

卖出外汇包括本币兑外币业务和售汇。售汇是指境内企事业单位、机关和社会团体的经常项目下的正常付汇,持有关有效凭证,用人民币到外汇指定银行办理兑换,银行按卖出价收进人民币,支付等值外汇。银行卖出外汇业务的基本会计分录如下:

借:外汇买卖(卖出价) 外币××
 贷:有关科目 外币××
借:有关科目 人民币××
 贷:外汇买卖(中间价) 人民币××
 外汇买卖价差 人民币××

例 4-3

外汇银行A行按客户刘华的要求按规定卖出500美元现钞,收入人民币现金。当日美元兑人民币的卖出价为660.72%,中间价为659.40%。该笔业务会计分录如下:

借:外汇买卖(卖出价660.72%) USD 500.00
 贷:现金 USD 500.00
借:现金 CNY 3 303.60
 (USD 500×660.72%)
 贷:外汇买卖(中间价659.40%) CNY 3 297
 (USD 500×659.40%)
 外汇买卖价差 CNY 6.60

在以上会计分录中,人民币外汇买卖账户应该以中间价659.40%折算确认,而卖出500美元现钞收入的人民币现金则应按卖出价660.72%折算,差额部分为银行柜台部门的收益。

例 4-4

某家电进出口公司持有关有效凭证向外汇银行A行购汇10 000欧元汇往德国。A行审核无误后办理了该笔汇出汇款业务。当日欧元兑人民币的卖出价为877.50%,中间价为874.01%。该笔业务会计分录如下：

借：外汇买卖（卖出价877.50%）　　　　　　　　　　EUR 10 000.00
　　贷：汇出汇款　　　　　　　　　　　　　　　　　EUR 10 000.00
借：单位活期存款　　　　　　　　　　　　　　　　　CNY 87 750
　　　　　　　　　　　　　　　　　　　　　　　（EUR 10 000×877.50%）
　　贷：外汇买卖（中间价874.01%）　　　　　　　　　CNY 87 401
　　　　　　　　　　　　　　　　　　　　　　　（EUR 10 000×874.01%）
　　　　外汇买卖价差　　　　　　　　　　　　　　　CNY 349

在以上会计分录中，人民币外汇买卖账户应该以中间价874.01%折算确认，而单位活期存款则应按卖出价877.50%折算，差额部分为银行柜台部门的收益。

三、套汇业务的会计核算

套汇业务主要有两类：一是同种货币之间的套汇，主要指钞买汇卖和汇买钞卖；二是两种外币之间的套汇，是银行按买入价买进一种外汇，按卖出价卖出另一种外汇的业务。套汇业务的基本会计分录如下：

借：有关科目　　　　　　　　　　　　　　　　　　　A种外币××
　　贷：外汇买卖（汇买价）　　　　　　　　　　　　　A种外币××
借：外汇买卖（中间价）　　　　　　　　　　　　　　　人民币××
　　贷：外汇买卖（中间价）　　　　　　　　　　　　　人民币××
　　　　外汇买卖价差　　　　　　　　　　　　　　　人民币××
借：外汇买卖（卖出价）　　　　　　　　　　　　　　　B种外币××
　　贷：有关科目　　　　　　　　　　　　　　　　　　B种外币××

例 4-5

某外商投资企业从其美元账户中兑取100 000港元汇往国外。A行审核无误后办理了该笔套汇业务。当日美元汇买价为658.08%，中间价为659.40%，港币卖出价为84.95%，中间价为84.79%。该笔业务会计分录如下：

　　　　100 000×84.95%÷658.08%=12 908.76（美元）

借：单位活期存款　　　　　　　　　　　　　　　　　USD 12 908.76
　　贷：外汇买卖（汇买价658.08%）　　　　　　　　　USD 12 908.76
借：外汇买卖（中间价659.40%）　　　　　　　　　　　CNY 120.36
　　　　　　　　　　　　　　　　　　　　　　（USD 12 908.76×659.40%）
　　贷：外汇买卖（中间价84.79%）　　　　　　　　　　CNY 84 790
　　　　　　　　　　　　　　　　　　　　　　（HKD 100 000×84.79%）
　　　　外汇买卖价差　　　　　　　　　　　　　　　CNY 330.40
借：外汇买卖（卖出价84.95%）　　　　　　　　　　　　HKD 100 000
　　贷：汇出汇款　　　　　　　　　　　　　　　　　　HKD 100 000

例 4-6

某外商投资企业持 2 000 美元现钞要求存入其美元现汇存款户。A 行审核无误后办理了该笔套汇业务。当日美元钞买价为 652.81%,卖出价为 660.72%,中间价为 659.40%。该笔业务会计分录如下：

$$USD\ 2\ 000 \times 652.81\% \div 660.72\% = USD\ 1\ 976.06$$

借:现金	USD 2 000
贷:外汇买卖(钞买价 652.81%%)	USD 2 000
借:外汇买卖(中间价 659.40%)	CNY 13 188
	(USD 2 000×659.40%)
贷:外汇买卖(中间价 659.40%)	CNY 13 030.14
	(USD 1 976.06×659.40%)
外汇买卖价差	CNY 157.86
借:外汇买卖(卖出价 660.72%)	USD 1 976.06
贷:单位活期存款	USD 1 976.06

四、外汇买卖凭证及分户账

(一)外汇买卖业务的传票

外汇买卖科目凭证分外汇买卖借方传票(见表 4-1)和外汇买卖贷方传票(见表 4-2)两种,每种均由两联套写传票构成(一般加一联外汇兑换水单和一联外汇买卖统计卡),其中一联为外币外汇买卖传票,另一联为人民币外汇买卖传票。

表 4-1 外汇买卖借方传票样式

中国　　　银行

外汇买卖借方传票

年　月　日

总字第	号
字第	号

(借)外汇买卖

对方科目:

外 币 金 额		牌　价	人 民 币 金 额	
(百亿位)			(百亿位)	
货币	摘要			

会计　　　　　复核　　　　　记账　　　　　制票

表 4-2 外汇买卖贷方传票样式

外汇买卖贷方传票（外币）

年　月　日

总字第　号
字第　号

（贷）外汇买卖
对方科目：

结汇单位	全　称	
	账号或地址	

外汇金额	牌　价	人民币金额
		￥

摘要		会计 复核 记账 制票

会计　　　　复核　　　　记账　　　　制票

银行买入外汇（结汇和兑入外币）时，使用外汇买卖贷方传票（一式三联）；银行卖出外汇（售汇和兑出外币）时，使用外汇买卖借方传票（一式三联）。外汇买卖传票的外币金额、人民币金额和外汇牌价，必须同时填列，以反映一笔外汇买卖业务的全貌。外汇买卖传票必须同时与对方有关科目转账，不得只转一方。外汇买卖的外币一联传票应与对应的外币传票自行平衡；外汇买卖的人民币一联传票应与对应的人民币传票自行平衡。

（二）套汇业务的传票

银行在办理外汇买卖的套汇业务时，使用外汇买卖套汇传票（见表 4-3）。由于套汇包括买入和卖出两种行为，所以套汇传票为一式六联，其中四联分别用于登记不同外币的外汇买卖科目，两联用于登记人民币的外汇买卖科目。套汇传票的折合率栏应填明套汇时使用的两种价格，一般规定左上方填写买入价，右下方填写卖出价。

表 4-3 外汇买卖套汇传票样式

① **外汇买卖套汇贷方传票（外　币）**

日期＿＿＿＿＿＿

传票编号

（贷）外汇买卖
对方科目：

外汇金额	人民币金额	牌价	外汇金额

会计　　　　复核　　　　记账　　　　制票

（三）外汇买卖分户账

外汇买卖科目分户账（见表 4-4），以各分账货币立账，人民币不设外汇买卖分户账。它的格式比较特殊（把本、外币分户账结合在一起）。外汇银行结汇时，外币反映在贷方，人民币反映在借方，两者都应记入买入栏；外汇银行售汇时，外币反映在借方，人民币反映在贷方,两者都应记入卖出栏。对于套汇业务,如果是不同种货币套汇,则应分别在各自货币外汇买卖分户账上登记;如果是同一种货币套汇,则在同一货币账户中平行登记。外汇买卖分户账的结余数额以外币和人民币分别结计,同时反映,方向正好相反。当结余中的外币金额反映在借方时,表明卖出外币多于买入外币,称为"空头";当外币金额反映在贷方时,表明买入外币多于卖出外币,称为"多头"。可见,外汇买卖分户账的这种区别于一般账簿的特种格式,既便于记账,又便于了解两种货币资金的增减情况和外币头寸的多头、空头情况。

表 4-4 外汇买卖科目分户账

中国　　　　银行(　　)

<u>外汇买卖科目账</u>

货币:　　　　　　账户:

公元年		摘要	买　入			卖　出			结　余			
月	日		外币(贷)	牌价	人民币(借)	外币(借)	牌价	人民币(贷)	借或贷	外币	借或贷	人民币

会计　　　　　　　　　　　　　　　　记账

登记外汇买卖科目分户账,只根据外汇买卖科目传票外币联登记外汇买卖发生额,人民币外汇买卖传票不记账,只用来编制科目日结单。

外汇买卖科目总账,按各种货币分别设置,其格式及登记方法与一般科目总账相同。

外汇买卖分户账的结余数额以外币和人民币分别结计,同时反映,方向正好相反。当结余中的外币金额反映在借方时,表明卖出外币多于买入外币,称为"空头";当外币金额反映在贷方时,表明买入外币多于卖出外币,称为"多头"。

前面外汇银行 A 行 6 笔业务登入外汇买卖分户账,外汇买卖美元账出现了贷方余额 USD 17 632.70,外汇买卖人民币账出现了借方余额 CNY 116 270.02,说明当天 A 行买入的美元数多于卖出的美元数,为多头。

五、经办行与上级行平仓

(一)当经办行某种外币结汇大于售汇时

经办行应向上级行卖出此种外币。

借:内部平仓往来　　　　　　　　　　　　　　　　人民币××
　　贷:外汇买卖(平仓汇率)　　　　　　　　　　　　人民币××

借：外汇买卖（平仓汇率）　　　　　　　　　　　　　　　外币××
　　　　贷：内部平仓往来　　　　　　　　　　　　　　　　　　　外币××
　会计凭证是交易单、交易证实书。
　上级行做相反的会计分录。

(二)当经办行某种外币结汇小于售汇时

经办行应向上级行买入此种外币。
　　借：内部平仓往来　　　　　　　　　　　　　　　　　　　　外币××
　　　　贷：外汇买卖（平仓汇率）　　　　　　　　　　　　　　　外币××
　　借：外汇买卖（平仓汇率）　　　　　　　　　　　　　　　人民币××
　　　　贷：内部平仓往来　　　　　　　　　　　　　　　　　　人民币××
　会计凭证是交易单、交易证实书。
　上级行做相反的会计分录。

例 4-7

当天外汇银行 A 行对美元多头进行平仓，其会计分录为：
　　借：外汇买卖　　　　　　　　　　　　USD 17 632.70
　　　　贷：内部平仓往来　　　　　　　　　　　USD 17 632.70
　　借：内部平仓往来　　　　　　　　　　CNY 116 270.02
　　　　贷：外汇买卖　　　　　　　　　　　　　CNY 116 270.02

本章练习

一、不定项选择题

1.当一项银行业务涉及两种或两种以上的货币时，必须通过有关（　　）科目核算。
　　A.单位活期存款　　　B.现金　　　　　C.外汇买卖　　　　　D.全国联行往来
2."外汇买卖"会计科目的性质是（　　）。
　　A.资产类　　　　　　B.负债类　　　　C.共同类　　　　　　D.损益类
3.客户买入外币现汇时应选用的价格是（　　）。
　　A.现钞买入价　　　　B.中间价　　　　C.现汇买入价　　　　D.卖出价
4.银行向同业或客户买入外币现汇时使用（　　）。
　　A.现钞买入价　　　　B.中间价　　　　C.现汇买入价　　　　D.卖出价
5.外汇买卖分户账上当（　　）时表明买入外币金额大于卖出外币金额。
　　A.外币余额为借方时　　　　　　　B.外币余额为贷方时
　　C.外币余额为零时　　　　　　　　D.人民币余额为贷方时
6.外汇买卖分户账上当（　　）时表明买入外币金额小于卖出外币金额。
　　A.外币余额为借方时　　　　　　　B.外币余额为贷方时
　　C.外币余额为零时　　　　　　　　D.人民币余额为借方时
7.外汇买卖分户账上当表明外币余额为贷方时，表明外汇头寸为（　　）。

A.空头　　　　　B.多头　　　　　C.平仓　　　　　D.零

8.外汇买卖分户账上当表明外币余额为借方时,表明外汇头寸为( )。

A.空头　　　　　B.多头　　　　　C.平仓　　　　　D.零

9.有关外汇买卖科目正确使用的有( )。

A.买入外币时,外币金额应借记此科目,人民币金额应贷记此科目

B.卖出外币时,外币金额应贷记此科目,人民币金额应借记此科目

C.买入外币时,外币金额应贷记此科目,人民币金额应借记此科目

D.卖出外币时,外币金额应借记此科目,人民币金额应贷记此科目

10.外汇银行( )业务均应通过"外汇买卖"科目核算。

A.结汇　　　　　　　　　　　　　B.售汇

C.同种货币之间的套汇　　　　　　D.两种外币之间的套汇

二、判断题

1.外汇银行的外汇买卖是外汇统账制下的特定科目,非银行企业则没有设置该科目。
(　)

2.为了完整地反映各类资金的增减变动情况,各家商业银行不采用外汇统账制,通常采用的是外汇分账制。(　)

3.外汇买卖科目是外汇统账制的一个特定科目,在不同的外汇业务之间起平衡和联系作用。(　)

4.外汇买卖分户账的结余数额外币和人民币不用分别结计。(　)

5.当外汇买卖结余中的外币金额反映在贷方时,表明卖出外币多于买入外币,称为"空头"。(　)

6.当外汇买卖结余中的外币金额反映在借方时,表明卖出外币多于买入外币,称为"多头"。(　)

7.售汇是指境内企事业单位、机关和社会团体的经常项目下的正常付汇,持有关有效凭证,用人民币到外汇指定银行办理兑换,银行按现汇买入价收进人民币,支付等值外汇。
(　)

8.结汇是指收入所有者将其外汇收入出售给外汇指定银行,外汇指定银行按卖出价付给等值的本币的行为,即银行买进一种这部分外汇,同时付给对方相应的人民币。
(　)

9.外汇买卖分户账的结余数额外币和人民币同时反映,方向正好相同。(　)

10.对于套汇业务,如果是不同种货币套汇,则应分别在各自货币外汇买卖分户账上登记;如果是同一种货币套汇,则在同一货币账户里平行登记。(　)

三、业务题

要求:计算并判断外汇银行A行当日美元户外汇买卖头寸,列出下列业务相关会计分录和平仓上划的会计分录。有关外币兑人民币牌价见表格。

(1)外汇银行A行从国内居民李平手中买入500美元现钞,结付人民币现金。

(2)外汇银行A行按客户黄华的要求按规定卖出2 000美元现钞,收入人民币现金。

(3)某外商投资企业持3 000美元现钞要求存入其美元现汇存款户,外汇银行A行审

核后办理该业务。

（4）某外商投资企业要求从其美元账户中兑取 80 000 欧元汇往国外，外汇银行 A 行审核后办理该业务。

有关外币兑人民币牌价

货币名称	交易单位	现汇买入价	现钞买入价	卖出价	中间价
美元(USD)	100	686.41	680.77	689.16	687.79
日元(JPY)	100	6.2992	6.1031	6.3435	6.3214
欧元(EUR)	100	731.69	708.9	736.83	734.26
英镑(GBP)	100	861.59	834.75	867.64	864.62
港币(HKD)	100	88.29	87.58	88.63	88.46

第五章 联行外汇往来业务的核算

学习目的

通过本章的学习,学生应了解办理国内外汇联行账务往来的重要性,了解港澳及国外联行往来的意义以及核算规定,熟悉联行往来的基本做法,准确、及时地处理联行账务,掌握收报行、发报行的账务处理和错账的冲正,掌握港澳及国外联行往来业务的账务处理方法。

同一家银行在国内和国外有许多分支机构,在办理货币结算与资金调拨过程中,总行与分支行之间,以及分支行相互之间有频繁的资金账务往来,这种往来是银行最重要的业务之一,对这种仅限于银行机构之间的账务往来,我们称之为联行往来。联行外汇往来是外汇银行总行、分行、支行之间进行资金划拨和办理境内外外汇结算的重要工具,分为境内联行往来和港澳及国外联行往来两个部分。

第一节 国内联行外汇往来业务概述

一、定义

银行同一系统内各行处之间彼此互称联行。联行之间的资金划拨所引起的联行之间的资金账务往来,称为联行往来。全国联行外汇往来是指经总行核准有全国联行行号的银行在国内跨省异地相互间发生外汇结算和外汇资金划拨的账务往来,是外汇银行国内资金划拨和办理异地外汇结算的重要工具。

二、作用

外汇联行往来是外汇银行总行与分支行之间,以及分支行之间进行资金划拨和办理境内外汇结算的重要工具,它对加速外汇资金的周转、保证外汇资金的安全、推动国际经济往来的发展起着重要的作用。

三、往来方式

国内联行业务发生时,由两个关系行直接往来,通过划款报单进行核算。发报行借记(或贷记)全国联行往来科目账,收报行即为贷记(或借记)全国联行往来科目账。

四、总行集中制

(1)集中对账、销账。总行凭发报、收报两行寄送的报单销账联集中办理对账,核销账务。管辖分行对所管辖各行进行管理和监督。

(2)机构批准。参加全国联行外汇往来的行处必须报总行批准,在"联行机构变动表"上刊登通报国内各联行后,即可办理全国联行外汇往来账务工作。

(3)联行行号、联行专用章和密押由总行统一颁发。

第二节 国内联行外汇往来业务的核算

一、会计科目

经总行核准有全国联行行号的银行在国内跨省异地相互间发生外汇结算和外汇资金划拨的账务往来业务发生时要使用"全国联行往来"会计科目。"全国联行往来"是资产负债共同类性质,当表示银行债权时,借记此科目;表示银行负债时,贷记此科目。

二、凭证的选择和使用

当联行业务发生时,使用何种报单是根据发报行会计分录的方向和汇划方式决定的,凡发报行的分录为借记"全国联行往来"科目,使用借方报单,反之则使用贷方报单。电划或邮划由客户选用,外汇银行国内联行外汇往来主要有 6 种报单。

(一)邮划借方报单和邮划贷方报单

各由六联组成,第一、二、三联由发报行用联行专用信封装好邮寄给收报行使用,第四、五、六联发报行留下自用。各联用途如下:

第一联,收报行代全国联行往来科目传票。

第二联,收报行代全国联行往来科目卡片账。

第三联,收报行销账联,随全国联行往来报告表寄总行。

第四联,发报行销账联,随全国联行往来报告表寄总行。

第五联,发报行代卡片账。

第六联,代全国联行往来科目传票。

邮划借方报单的格式见表5-1。

表 5-1　邮划借方报单

中国××银行
外汇邮划借方报单　　　　　　　　　　　　　　　　　一式六联

发报行	行号		编制	年 月 日	收报行	行号		转账	年 月 日
	行名					行名			
收款单位名称或账号					付款单位名称或账号				
货币及金额（大写）				货币符号及小写金额	十亿	千	百	十	万 千 百 十 元
摘要								复核 记账	

例 5-1

福建外汇银行A行代某三资企业从其美元存款账户(148251268)支取10 000美元邮划到广东省B联行，偿付广东某外资企业购货款。

A行填发以B行为收报行的邮划贷方报单，其会计分录为：

借：单位活期存款(148251268)　　　　　　　　　　USD 10 000
　　贷：全国联行往来——B行　　　　　　　　　　　USD 10 000

B行收到以A行为发报行的邮划贷方报单，其会计分录为：

借：全国联行往来——A行　　　　　　　　　　　　USD 10 000
　　贷：单位活期存款　　　　　　　　　　　　　　　USD 10 000

值得注意的是，发报行填发邮划报单的方向与记账方向是相同的，收报行收到邮划报单的方向与记账方向是相反的。

(二)电划借方报单和电划贷方报单

发报行填制并使用第四至六联，前三联用电报代替。全国联行外汇往来电划报单的电文格式统一规定为：借或贷、报单号、密押、币别、金额、摘要、发报行行号、发报日期。

例 5-2

A 行代某合资企业从其港币存款账户(138250035)中支取 60 000 港元电汇到杭州 M 联行偿付杭州某外资企业的材料款。

A 行填制以 M 行为收报行的电划贷方报单并凭以拍发电划贷方报单,其会计分录为:

借:单位活期存款　　　　　　　　　　　　　　　HKD 60 000
　贷:全国联行往来——M 行　　　　　　　　　　HKD 60 000

值得注意的是,发报行填制的电划报单的方向与记账方向是相同的。

(三)电划借方补充报单和电划贷方补充报单

电划借方补充报单和电划贷方补充报单收报行收到电报后补填第一、二、三联,收报行收到电划贷方报单,据以填制电划贷方补充报单;收报行收到电划借方报单,据以填制电划借方补充报单。

收报行填制补充报单的方向与记账方向是相反的。

电划借方补充报单的格式见表 5-2。

表 5-2　电划借方补充报单

中国××银行
外汇电划借方补充报单　　　　　　　　　　一式三联

发报行	行号	编制	年 月 日	收报行	行号	密押
	行名				行名	
收款单位名称或账号				付款单位名称或账号		
货币及金额(大写)		百	十 亿 千 百	十 万 千 百	十 元 角 分	
摘要				总行(处)		
				销账　年 月 日		

例 5-3

承例 5-2,M 行收到 A 行的电贷报,据以填制电划贷方补充报单,其会计分录为:

借:全国联行往来——A 行　　　　　　　　　　HKD 60 000
　贷:单位活期存款　　　　　　　　　　　　　　HKD 60 000

三、报单处理手续

(一)发报行处理手续

1.发报行填制报单

发报行填制报单时,对发报、收报两行的行名、行号、收付款单位名称、账号及货币名称、金额都必须填写正确、清晰,字迹端正,便于识别。特别值得注意的是:

(1)报单不能随便涂改,金额或货币符号填错应作废重填,不得更改。报单属于重要空白凭证,作废报单应加盖"作废"戳记后,销记报单使用登记簿,随当日全国联行往来报告表留存联一并装订保管。报单摘要应简明扼要,以便收报行能及时处理。

(2)凡电划报单、电划补充报单及邮划报单有附件的,报单金额可只填小写金额;无附件的邮划报单应填大小写金额。

(3)电划报单除划回对方委托收款项下免编密押外,其余均应编押,邮划贷方报单若收款人是私人名字,每笔金额以100个外币为起点,应加编密押。

2.对报单各联的处理

(1)联行报单必须经过复核才能发出。邮划报单第一联加盖联行专用章,连同第二、三联及附件用联行专用信封邮寄收报行。电划报单凭第五联拍发电报通知收报行。

联行专用信封封面上应将邮政编码、收报行行名、详细地址和借方、贷方报单笔数,逐栏填写清楚,不得装寄与联行账务无关的函件资料。

报单复核的主要内容包括:

①邮划报单第一联是否加盖联行专用章;

②贷方报单注意款项是否已经收妥落实;

③报单内容是否与附件相符;

④收报行的行名、行号是否正确;

⑤货币、金额,收(付)款单位账号、账名是否正确。

(2)填制报单销账联连同其他联行寄来的销账联应按货币、借贷方分开整理,随填制的全国联行往来报告表寄总行对账。

(3)填制报单的卡片账与其他行寄来的报单卡片账按货币、借贷方进行整理(电划在前,邮划在后),应于每日营业终了,加计借、贷方发生额与全国联行外来科目总账核对。

(4)第六联代全国联行往来科目传票。

(二)收报行的处理手续

1.核对

收报行收到发报行寄来的邮划报单及附件时,应先与联行信封封面上所填报单笔数进行核对。若核对不符,除在封面注明实收笔数及号码外,还应填制查询书向发报行查询。

收报行收到报单,应审查收报行行名、行号是否为本行;收(付)款单位是否在本行开户;报单与附件的内容是否相符;有无漏盖联行专用章;有无漏编密押(电划报单除划回对方委托收款项下免编密押外,其余均应编押,邮划贷方报单中如果收款人是私人名字,每笔金额以100个外币为起点,应加编密押)。

2.转账

核对无误后,即根据报单内容或附件办理转账,不得积压。若收到发报行电报,核对密押后,经译电后,填制电划贷方补充报单,办理转账。

销账联与卡片账的处理和发报行相同。

四、全国联行往来报告表

该表是核对全国联行外汇往来账务的主要依据。它一式两份,一份随附报单销账联,用联行专用信封寄总行,另一份留存。业务量较少的行处,可每5日合并报送一次。

(一)报告表的填制方法

每日营业终了时,根据当日往账报单销账联及来账报单销账联,分别将货币,借方笔数、金额,贷方笔数、金额,填列在报告表有关栏内并结出余额。报告表各货币的发生额是根据下列报单金额加计的:

借方发生额	贷方发生额
本行填制的邮划、电划贷方报单销账联	本行填制的邮划、电划贷方报单销账联
他行寄来的邮划贷方报单销账联	他行寄来的邮划借方报单销账联
本行填制的电划贷方补充报单销账联	本行填制的电划借方补充报单销账联

联行往来报告表的余额是根据上日报告表各货币余额加减本日借、贷发生额求得的。各货币余额应单方反映。无发生额的货币应照抄上日余额。

联行往来报告表的格式如表5-3所示。

表5-3 联行往来报告表

编号　　　　　　　　　　　年　月　日

货币名称	货币符号	借方发生额		贷方发生额		余额	
		笔数	金额	笔数	金额	借方	贷方
人民币	CNY						
澳大利亚元	AUD						
加拿大元	CAD						
丹麦克朗	DKK						
欧元	EUR						
日元	JPY						
新西兰元	NZD						
挪威克朗	NOK						
新加坡元	SGD						
瑞典克朗	SEK						
瑞士法郎	CHF						
港币	HKD						
美元	USD						

(二)报告表的复核

报告表填制完毕,应进行复核,由复核人员盖章并加盖联行凭证专用章后寄总行对账。复核时应注意:

(1)报告表上借、贷笔数和金额是否与所附的销账联笔数和金额相符;

(2)根据上日报告表各货币余额加减本日借、贷发生额得出的本日各货币余额,应与本日各货币的全国联行往来科目总账余额一致;

(3)填表日期、报告表编号是否与上期衔接无误。

五、年终未达账户的处理

联行外汇会计的业务处理有一个会计分期的问题,不同年度的业务应该分年份核算。年度结束时,发报行发出的报单收报行可能在年度结束的时候收不到,这就产生了联行往来的年终未达账户。年终未达账户的处理程序是:首先应该查清上年度的未达账户,然后结平上年户的余额。

(一)查清上年度的未达账户

在新的年度开始后,各联行应该注意未达账户的到账情况,具体应该注意以下几点:

(1)发报行在新的年度开始营业后,为了划清上年年终未达账户,因此不得填制与寄发联行往来的上年户的报单。

(2)收报行在新的年度开始营业后,如果收到的是发报行上一年末寄发的报单(以发报行发报日期为准),应该在收到的报单上加盖"上年户"的戳记,通过"全国联行往来——上年户"进行会计核算。

(3)新的营业年度开始后,联行往来报告表应该分年度编制。报告表分为上年户和本年户,上年户报告表作为上一年度报告表的连续,其编号应该与上年度的报告表衔接,而本年度的报告表应该重新编号。

(4)总行对新的年度开始时收到的各联行上报的往来报告表,应分清是上年度还是本年度。上年度的报告表和销账联用于结平上年户的余额,本年度的报告表和销账联应该纳入新年度的账。

(二)结平上年户的余额

总行在收到联行上报的属于上一年度的联行往来报告表和销账联后,应该进行核对与销账。全部账项核销完毕后应进行复核,其方法是将各联行同一货币的联行往来科目的借方和贷方分别进行汇总,如果借贷相等,则表明该联行在该货币项目下的"全国联行往来"账目已经核对清楚。核对工作完成以后,总行通知各银行,将上年各种货币的上年余额采用合并表的方式并入本年户报告表,寄发到总行,以这种方式结束联行往来的上年户的账目。特别注意的是,结束联行往来科目上年户不是通过会计分录进行的,这与一般的企业会计中结束旧账的做法不同。

六、国内联行错账的处理办法

(一)错账处理的基本要求

(1)报单不能随便注销退回。除将报单误发至非全国联行往来行处,收报行可将报单注销退回发报行外,一般不得把报单注销退回;

(2)发生错账不得以红字冲账,严格按制度规定,采用全额冲正法;

(3)凡处理联行错账,都应以查询书通知错账发生行,以避免发生类似的差错;

(4)谁出的差错,谁负责冲账,收报行不得代为冲账;

(5)收报行以行号为标准来确定报单的归属,以附件为标准来确定业务的归属。

(二)常见的错账类型

(1)错寄本行。收报行收到报单,发现收报行行名、行号为其他联行,应代转寄正确的收报行,并以查询书通知发报行。

(2)收报行收到报单,报单上收报行的行名、行号确系本行,但业务内容(报单附件)属于其他联行,应填制报单代为划转,连同附件寄正确的收报行,原报单留下,同时以查询书通知发报行。若业务内容不清,无法判明正确收报行,应向发报行查询,并以暂收或暂付过渡性科目处理。待收报行查复后,再转销过渡性科目。

例 5-4

外汇银行南京行收到上海联行寄来的邮划贷方报单,金额 HKD 20 000,经审核后发现行名、行号虽为南京行,但业务内容属在南昌联行开户的某合资企业的货款。

上海行的会计分录为:

借:单位活期存款　　　　　　　　　　　　　　　　HKD 20 000
　　贷:全国联行往来——南京行　　　　　　　　　　HKD 20 000

南京行收到上海行寄来的邮划贷方报单,经审核发现有误,则填发以南昌行为收报行的邮划贷方报单,注明原因,连同上海行寄来的原附件一并寄南昌行,原邮划贷方报单留下,查询通知上海行。其会计分录为:

借:全国联行往来——上海行　　　　　　　　　　　HKD 20 000
　　贷:全国联行往来——南昌行　　　　　　　　　　HKD 20 000

南昌行收到南京行的 HKD 20 000 邮划贷方报单。其会计分录为:

借:全国联行往来——南京行　　　　　　　　　　　HKD 20 000
　　贷:单位活期存款　　　　　　　　　　　　　　　HKD 20 000

如果南京行不能确定正确收报行,应一面向上海行查询,一面以"应付及暂收款项"挂账。其会计分录为:

借:全国联行往来——上海行　　　　　　　　　　　HKD 20 000
　　贷:应付及暂收款项　　　　　　　　　　　　　　HKD 20 000

收到上海行查复书,明确正确收报行后,则填发以南昌行为收报行的邮划贷方报单,注明原因,连同附件寄南昌行。其会计分录为:

借：应付及暂收款项　　　　　　　　　　　　　　　　　　　HKD 20 000
　　　　贷：全国联行往来——南昌行　　　　　　　　　　　　　HKD 20 000

（3）收报行收到报单，发现收报行行名、行号为其他联行，但根据报单内容或附件确定属于本行业务。应以本行名义向报单所列的收报行填发报单，注明原因，连同原报单一并寄原报单上所列的收报行，附件留下办理转账，同时以查询书通知发报行。

例 5-5

外汇银行西安行收到上海联行寄来的一份邮划贷方报单，金额 USD 26 000，审核后发现收报行行号为西宁行，但业务内容为本行开户的某外资企业材料款。（原币入账）

上海行的会计分录为：

　　借：单位活期存款　　　　　　　　　　　　　　　　　　　USD 26 000
　　　　贷：全国联行往来——西宁行　　　　　　　　　　　　USD 26 000

西安行收到上海行寄来的邮划贷方报单，经审核发现有误，则填发以西宁行为收报行的邮划借方报单，注明原因，连同上海行寄来的邮划贷方报单一并寄西宁行，附件留下办理转账，同时查询通知上海行。其会计分录为：

　　借：全国联行外来——西宁行　　　　　　　　　　　　　　USD 26 000
　　　　贷：单位活期存款　　　　　　　　　　　　　　　　　USD 26 000

西宁行收到两份报单，一份是发报行为上海行的邮划贷方报单，一份是西安行为发报行的邮划借方报单，其会计分录为：

　　借：全国联行往来——上海行　　　　　　　　　　　　　　USD 26 000
　　　　贷：全国联行往来——西安行　　　　　　　　　　　　USD 26 000

（4）收报行收到报单，发现金额、货币有误应先以函电向发报行查询，不得马上自行发报单冲正。发报行发出报单后，或接到收报行查询书后发现错划，应立即填制电划或邮划报单予以冲正，并在报单上说明原因。即按错误报单的货币、金额填制反方向电划或邮划报单，同时，按正确的货币、金额重新填发电划或邮划报单。不能单方面修改第四、五、六联。

例 5-6

发报行 A 行将信汇 10 000 美元误为信汇 1 000 美元，假设发报行 A 行填发的邮划贷方报单有误，信汇凭证无误。

发报行 A 行的会计分录为：

　　借：单位活期存款　　　　　　　　　　　　　　　　　　　USD 10 000
　　　　贷：全国联行往来——B 行　　　　　　　　　　　　　USD 1 000
　　　　　　应付及暂收款项　　　　　　　　　　　　　　　　USD 9 000

当天发现，向收报行 B 行填发 USD 1 000 的邮划借方报单和 USD 10 000 的邮划贷方报单进行冲正，注明原因。其会计分录为：

　　借：全国联行往来——B 行　　　　　　　　　　　　　　　USD 1 000
　　　　应付及暂收款项　　　　　　　　　　　　　　　　　　USD 9 000
　　　　贷：全国联行往来——B 行　　　　　　　　　　　　　USD 10 000

收报行 B 行收到发报行 A 行发来的 USD 1 000 邮划贷方报单,发现有误,应先向 A 行发出查询书。其会计分录为:

借:全国联行往来——A 行　　　　　　　　　　　　　　USD 1 000
　　贷:应付及暂收款项　　　　　　　　　　　　　　　　USD 1 000

收到 A 行查复书,金额为 USD 1 000 的邮划借方报单和金额为 USD 10 000 的邮划贷方报单。其会计分录为:

借:应付及暂收款项　　　　　　　　　　　　　　　　　USD 1 000
　　贷:全国联行往来——A 行　　　　　　　　　　　　USD 1 000
借:全国联行往来——A 行　　　　　　　　　　　　　　USD 10 000
　　贷:单位活期存款　　　　　　　　　　　　　　　　　USD 10 000

(5) 误寄非联行。发报行误将非全国联行往来的行处作为收报行后应请收报行退回,退回的三联报单上加盖冲账戳记,并注明原因,第一联作为传票,第二联作为冲账卡片账,第三联随附当日全国联行往来报告表寄总行。

(6) 电划报单发报行会计分录及填制的电划报单第四、五、六联正确,但拍发电报时借贷方搞反。

例 5-7

发报行 A 行将电贷报 USD 20 000 误拍发为电借报,但填制的电划贷方报单无误。

发报行 A 行的会计分录为:

借:单位活期存款　　　　　　　　　　　　　　　　　　USD 20 000
　　贷:全国联行往来——B 行　　　　　　　　　　　　USD 20 000

发现错发电报后,应做下列处理:①补填电划借方报单,但不拍发电借报;②补拍发电贷报,但不填制电划贷方报单;③填制电划贷方报单并凭以拍发电贷报。其会计分录为:

借:全国联行往来——B 行　　　　　　　　　　　　　　USD 20 000
　　贷:全国联行往来——B 行　　　　　　　　　　　　USD 20 000

收报行 B 行收到电借报,发现有误,一方面以电报方式查询发报行 A 行,一方面根据电借报填制电划借方补充报单。其会计分录为:

借:应收及暂付款项　　　　　　　　　　　　　　　　　USD 20 000
　　贷:全国联行往来——A 行　　　　　　　　　　　　USD 20 000

收报行 B 行收到答复书和两份电贷报后,根据电报填制两份电划贷方补充报单,注意审核,防止重复转账,如果收报行重复转账,应由收报行按原报单号码填制反向报单第一、二、三联冲正,并注明"冲×月×日重复报单"字样。其会计分录为:

借:全国联行往来——A 行　　　　　　　　　　　　　　USD 20 000
　　贷:应收及暂付款项　　　　　　　　　　　　　　　　USD 20 000
借:全国联行往来——A 行　　　　　　　　　　　　　　USD 20 000
　　贷:单位活期存款　　　　　　　　　　　　　　　　　USD 20 000

(7)收报行如果发现收到的报单所填业务内容不详,收付款单位账号、户名不清,报单与附件不符,报单密押不符或漏编密押,漏盖联行专用章等问题,应立即以函电查询发报行,同时使用"未转账错误报单登记簿"逐笔登记有问题的报单,并将报单和查询书留底专夹保管,待发报行查复后再进行账务处理。

第三节 港澳及国外联行往来业务概述

一、含义

港澳及国外联行外汇往来是指国内开设外汇业务的联网银行(包括总行、分行、支行)与境外联行(包括香港、澳门联行)之间相互发生的外汇划拨、清算账务往来。如中国银行总行设在北京,在香港、澳门、新加坡、伦敦、纽约、东京、巴黎、法兰克福、卢森堡、悉尼、多伦多、巴拿马、莫斯科等地设有分行。在港澳地区的中银集团,由14家中资银行组成,除香港分行和澳门分行外,还有交通银行、新华银行、中南银行、金城银行、盐业银行、浙江兴业银行、国华商业银行、广东省银行、南洋商业银行、宝生银行、集友银行和华侨商业银行。这些中国银行的海外分支机构,统称为港澳及国外联行。外汇银行的港澳及国外联行往来,用于核算国内联行与港澳及国外联行之间外汇和人民币资金账务往来,是国内外联行之间办理结算和调拨外汇资金的重要工具。港澳及国外联行往来为我国经济组织参加国际经济竞争与合作提供了资金支付保障,是我国经济融入世界经济的重要表现形式。

二、往来方式

采用分散制核算形式,关系行相互以对方名义开立账户,互相填发报单办理代收代付业务,接受行定期寄送对账单,申请行负责对账销账,账户头寸移存总行账户,外汇资金采用集中统一的管理办法。

三、开立账户

目前,按开户货币可划分为三类:
(1)以海外联行所在地货币开户,如香港以港元、伦敦以英镑、纽约以美元、东京以日元开户等。国内分行均可视业务需要,经总行批准,征得境外联行同意,直接与境外联行开户。国内支行与境外联行开户,应经管辖分行同意,并经总行批准,由分行与境外联行开户。国内办事处,原则上不与境外联行直接开户。

海外联行为接受开户行(甲行或账户行),负责定期寄送对账单;国内联行为申请开户行(乙行或开户行),负责对账销账,编制对账平衡表。

(2)以人民币开户,必须一律经总行批准。如国外联行在总行开户,总行为接受开户行,负责定期寄送对账单;国外联行是申请开户行,负责对账销账,编制对账平衡表。

(3)以第三国可自由兑换货币开户。如香港以英镑、伦敦以美元、新加坡以港元开户等。

由总行与国外联行开立,总行集中记账,国内分支行共同使用。对业务量较多的国内分支行,经总行同意,可开立分户。未经总行批准,国内外联行之间不得自行开户往来。

第四节　港澳及国外联行往来业务的核算

一、会计科目

"港澳及国外联行往来"凡通过在海外分行及中银集团各行开立的账户办理收付款项,用此科目核算。"港澳及国外联行往来"属于资产负债共同类账户,借方反映通过港澳及国外联行收取外汇资金的情况,贷方反映通过港澳及国外联行支付外汇资金的收付情况。此科目余额在会计报表内应分别借、贷双方反映。本科目下按行别分设账户。

国内联行与港澳及国外联行之间的业务往来,国内联行使用"港澳及国外联行往来"科目核算,港澳地区其他联行使用"代理行往来"科目核算。

二、凭证的使用

(一)报单的种类

1.请借记报单(please debit advice)

申请行对接受行开出的、表示请接受行借记我行在你行开立的账户。会计分录为贷记"港澳及国外联行往来——接受行"。在进口付汇业务中的单到国内审单付款,我国开证行对外就开出请借记报单。

2.已借记报单(have debited advice)

接受行对申请行开出的、表示我行已经借记你行在我行开立的账户,申请行收到已借记报单,会计分录为:贷记"港澳及国外联行往来——接受行"。

在进口业务中的"国外审单主动借记"的付款方式下,国内开证行收到国外议付行就是已借记报单。

3.请贷记报单(please credit advice)

申请行对接受行开出的、表示请贷记我行在你行开立的账户。发出该报单的会计分录为:借记"港澳及国外联行往来——接受行"。实务中较少使用。

4.已贷记报单(have credited advice)

接受行对申请行开出的、表示我行已贷记你行在我行开立的账户。收到接受行的已贷记报单的会计分录为:借记"港澳及国外联行往来——接受行"。在实际工作中,我国银行习惯的做法是,当我们以开户行身份发出请借记报单,可凭报单立即贷记对方行账;发出请贷记报单时,则不能立即记账,必须得到账户行的已贷记回头报单时,才能据以借记对方行账。

(二)报单的使用

报单一式两联,第一联经有权人签字后邮寄对方行,第二联代传票,记对方行账。

当以电报通知对方行收付款项时,也须填制借记或贷记通知书,加编密押后凭以拍发电报。电文中,应注明借记或贷记,收付款单位账户、名称、摘要、货币金额等,同时,应在通知书第一联上加盖"已电报通知"的明显戳记作为电抄寄对方行核对。但目前联行间一般不再寄发电抄,可将此联作为发电留底或传票附件。

三、账务处理

(一)开立账户

国内联行与港澳及国外联行开立的各种账户,由两个关系行相互以对方行名称分别不同货币立账登记。账页上应注明账户名称、账号、货币、账页页数等,按户逐日逐笔根据传票内容连续记载。除应记载有关摘要外,还应注明报单号码和日期,电划报单注明有关业务编号及发电日期,以便双方账务核对。

(二)定期寄送对账单

账户行应按月向申请行寄送对账单,寄送的时间不得迟于次月5日;也可根据业务笔数或双方事先约定,按日期、页数顺序提前分批寄送。

(三)对账销账

申请行接到对账单后,应与自设记载的账户行账页逐笔勾对核销,并于15天内核对完毕,填制对账平衡表经验对后,发出对账回单,确认账户余额。对账平衡表应分货币按每个账户每月填制一次,于我国国内行验对账目时使用,切勿寄送港澳及国外联行。格式见表5-4。对账平衡表左方表示对方接受行的账务,右方表示本行申请行的账务。

表 5-4 对账平衡表

国外对账单记账总笔数:

货币: 户名: 年 月

摘 要	借 方	贷 方	摘 要	借 方	贷 方
(1)你行对账单余额			(3)我行账上余额		
(2)我行已记账,你行尚未转账各笔			(4)你行已记账,我行尚未转账各笔		
本户实际存欠数			本户实际存欠数		

年 月 日 制表人: 复核:

对账平衡表的编制方法如下:

(1)"你行对账单余额"是按对账单的借方或贷方余额同向填列。

(2)"我行已记账,你行尚未转账各笔"根据申请行"港澳及国外联行往来"借贷发生额按日期先后逐笔反方向填列。

（3）"我行账上余额"根据申请行"港澳及国外联行往来"账面借方或贷方余额同向填列。

（4）"你行已记账，我行尚未转账各笔"根据对账单上的日期先后反方向逐笔填列。

对账平衡表两边各项目借、贷金额汇总轧差的余额，即本户实际存欠数金额，轧差后的借方差额填入借方栏，贷方差额填入贷方栏。平衡表两边的本户实际存欠数应金额相等，方向相反。对账平衡表轧平后，应按账户分货币填制对账回单寄对方接受行，以确认账户余额。对本行已记、接受行未记，或接受行已记、本行未记的未达账项应逐笔列明，以便对方接受行查明转账。对账回单一式两联，一联经有权签字人签字后寄对方行，一联申请行留存。

例 5-8

设外汇银行 A 行 2 月 8 日收到香港 S 联行 20×× 年 1 月份的对账单如下：

户名：A 行　　　　　　　　　　　　　　　　　　　　　　　　　　　　　　　货币：HKD

20××年		报单号码	摘要	借　方	贷　方	借或贷	余　额
月	日						
1	3	A	略		10 000	贷	10 000
1	10	B			76 772	贷	86 772
1	15	C		20 000		贷	66 772
1	17	D			55 310	贷	122 082
1	20	E			50 500	贷	172 582
1	25	G		280 500		借	107 918
1	30	H			100 200	借	7 718

A 行"港澳及国外联行往来"科目 S 联行的分户账情况如下：

户名：香港 S 联行　　　　　　　　　　　　　　　　　　　　　　　　　　　　货币：HKD

20××年		报单号码	摘要	借　方	贷　方	借或贷	余　额
月	日						
1	4	A	略	10 000		借	10 000
1	13	B		76 772		借	86 772
1	18	D		55 310		借	142 082
1	21	E		50 500		借	192 582
1	25	G			280 500	贷	87 918
1	27	F			13 600	贷	74 318

要求：编制 A 行对香港 S 联行 1 月份的对账平衡表。

对账平衡表

货币：HKD　　　　　户名：香港 S 联行　　　　国外对账单记账总笔数：7
　　　　　　　　　　　　　　　　　　　　　　　20××年1月

摘　要	借　方	贷　方	摘　要	借　方	贷　方
(1)你行对账单余额	7 718		(3)我行账上余额		74 318
(2)我行已记账，你行尚未转账各笔		F 13 600	(4)你行已记账，我行尚未转账各笔	H 100 200	C 20 000
本户实际存欠数		5 882	本户实际存欠数	5 882	

20××年02月08日　　　　　制表人：刘琴　　　　　复核：张明

四、错账冲正

(一)错寄本行

收报行收到发报行误寄来的应寄给其他联行的报单，除代为转寄外，应通知发报行。

(二)行名是本行，但业务内容属于国内其他联行

国内收报行接到发报行寄来的报单，行名是本行，但业务内容属于国内其他联行，应一面办理转账，将款项划转国内其他行，一面通知原发报行。

(三)收报行发现内容不全或金额错误

收报行收到发报行寄来报单，发现内容不全或金额错误，暂以过渡性科目处理，并以函或电向发报行查询，由发报行冲正。

(四)印押不符

收报行发现报单印押不符，应向发报行查明后处理。

(五)发报行金额错误

发报行报单发出后，或接到收报行查询后，发现原报单金额错误时，应立即填发报单(或发电)冲正并说明原因。应采用全额冲正法，不能采用差额冲正法。

本章练习

一、单项选择题

1.福建外汇银行 A 行代某三资企业从其美元存款账户(148251268)中支取 10 000 美元邮划到广东省 B 联行，偿付广东某外资企业购货款。A 行应填发以 B 行为收报行的(　　)。

　　A.邮划借方报单　　　　　　　　B.邮划贷方报单
　　C.电划借方补充报单　　　　　　D.电划贷方补充报单

2.福州外汇银行 M 行收到上海联行代某外贸企业支付给福州某合资企业的购货款 15 000 美元的划收报单。M 行收到以上海联行为收报行的(　　)。

　　A.邮划借方报单　　　　　　　　B.邮划贷方报单
　　C.电划借方补充报单　　　　　　D.电划贷方补充报单

3.外汇银行 A 行收到一份来自山东某联行的电贷报,金额为 80 000 美元,是山东某合资企业支付给在该行开户的某外资企业的货款,A 行应填制(　　)。
　　A.电划借方报单　　　　　　　　B.电划贷方报单
　　C.电划借方补充报单　　　　　　D.电划贷方补充报单

4.福州外汇银行 M 行代某外事企业从其美元存款账户(148242660)中支取 50 000 美元电汇到广州中行,偿付广州某合资企业购货款。M 行应填制(　　)。
　　A.电划借方报单　　　　　　　　B.电划贷方报单
　　C.电划借方补充报单　　　　　　D.电划贷方补充报单

5.外汇银行 A 行收到香港中行的划收报单,金额为 50 000 港元,转账收入收款单位某合资企业港元存款户,请问,A 行收到的报单为(　　)。
　　A.请借记报单　　B.已借记报单　　C.请贷记报单　　D.已贷记报单

6.某合资企业通过 A 行从其美元存款户(1482500718)中支取 38 000 美元,划收纽约中行交美某公司。请问,A 行填发的报单为(　　)。
　　A.请借记报单　　B.已借记报单　　C.请贷记报单　　D.已贷记报单

7."全国联行外汇往来"和"港澳及国外联行往来"科目的性质都是(　　)。
　　A.资产类　　　　B.负债类　　　　C.共同类　　　　D.损益类

8.国内外汇银行以国外联行所在地货币开户,(　　)负责定期寄送对账单,(　　)负责对账销账。
　　A.国内行 国外行　　B.国外行 国内行　　C.国内行 国内行　　D.国外行 国外行

9.联行报单不能随便涂改,金额或货币符号填错,但尚未发出去,应(　　)。
　　A.作废重填,不得更改　　　　　　B.使用画线更正法
　　C.撕毁　　　　　　　　　　　　D.用反方向报单冲正

10.若邮划贷方报单的收款人是私人名字,每笔金额以(　　)个外币为起点,应加编密押。
　　A.20　　　　　　B.50　　　　　　C.100　　　　　　D.200

二、多项选择题

1.国内联行外汇往来实行总行制集中体现为(　　)。
　　A.总行集中对账、销账
　　B.关系行分散对账
　　C.机构由总行批准
　　D.联行行号、联行专用章和密押由总行颁发

2.联行报单必须经过复核才能发出,报单复核的主要内容包括(　　)。
　　A.邮划报单第一联是否加盖联行专用章
　　B.报单内容是否与附件相符
　　C.收报行的行名、行号是否正确
　　D.货币、金额、收(付)款单位账号、账名是否正确

3.全国联行外汇往来错账处理的基本要求是(　　)。
　　A.采用全额冲正法

B.报单不能随意注销退回
C.采用差额冲正法
D.发生错账不得以红字冲账
E.凡处理联行错账,应以查询书通知错账发生行,以避免发生类似的错误

4.收报行收到发报行寄来的邮划报单及附件,应审查(　　)。
　A.审查收报行行名、行号是否为本行　　B.收(付)款单位是否在本行开户
　C.报单与附件的内容是否相符　　　　　D.有无漏盖联行专用章,有无漏编密押

5.全国联行往来报告表贷方发生额应根据(　　)填列。
　A.本行填制的邮划、电划贷方报单销账联
　B.他行寄来的邮划借方报单销账联
　C.他行寄来的邮划贷方报单销账联
　D.本行填制的电划借方补充报单销账联
　E.本行填制的电划贷方补充报单销账联

6.全国联行往来报告表借方发生额应根据(　　)填列。
　A.本行填制的邮划、电划借方报单销账联
　B.他行寄来的邮划借方报单销账联
　C.他行寄来的邮划贷方报单销账联
　D.本行填制的电划借方补充报单销账联
　E.本行填制的电划贷方补充报单销账联

7.收报行收到报单,发现收报行行名、行号为其他联行时,应(　　)。
　A.代转寄正确的收报行　　　　B.注销退回
　C.压单不处理　　　　　　　　D.以查询书通知发报行

8.下列(　　)是由发报行填发、发报行和收报行共用的。
　A.邮划借方报单　　　　　　　B.电划借方补充报单
　C.邮划贷方报单　　　　　　　D.电划贷方补充报单

9.下列(　　)是由收报行根据电报填发的,但记账方向与报单方向相反。
　A.邮划借方报单　　　　　　　B.电划借方补充报单
　C.邮划贷方报单　　　　　　　D.电划贷方补充报单

10.下列(　　)由发报行填发,是发报行拍发电报的依据。
　A.电划借方报单　　　　　　　B.电划借方补充报单
　C.电划贷方报单　　　　　　　D.电划贷方补充报单

三、判断题
1.联行外汇往来是办理异地间外汇结算和调拨外汇资金的重要工具。(　　)
2.联行外汇往来账务发生时,由两个关系行直接往来,通过划款报单直接进行核算。
　　　　　　　　　　　　　　　　　　　　　　　　　　　　　　　　(　　)
3.当外汇联行业务发生时,使用何种报单是根据发报行会计分录的方向和汇划方式决定的。　　　　　　　　　　　　　　　　　　　　　　　　　　　　(　　)
4.外汇联行报单不得随意涂改,但如果只是货币符号有误,可以画线更正,经办人员

盖章证明即可。（　）

5.邮划借方报单金额为 HKD 20 000,但误为 HKD 2 000,发报行已寄出,在发现后,应填发 HKD 2 000 的邮划贷方报单和 HKD 20 000 的邮划借方报单进行冲正。（　）

6.外汇联行发生错账可以红字冲账,采用差额冲正法。（　）

7.收报行收到报单,发现收报行行名、行号为其他联行,可以注销退回。（　）

8.收报行收到报单,报单上收报行的行名、行号确系本行,但业务内容（报单附件）属于其他联行,原错误报单应转寄正确收报行。（　）

9.收报行收到报单,发现收报行行名、行号为其他联行,但根据报单内容或附件确定属于本行业务,原报单要留下转账。（　）

10.海外联行所在地货币开户,海外联行为接受开户行,国内联行为申请开户行。（　）

11."港澳及国外联行往来"科目余额在会计报表内应分别借、贷双方反映。（　）

12.港澳及国外联行往来和国内外汇联行往来的电划报单的处理是相同的。（　）

13.收报行收到报单发现报单印押不符,应向发报行查明后处理。（　）

14.发报行填发邮划报单的方向与记账方向是相同的,收报行收到邮划报单的方向与记账方向是相反的。（　）

15.收报行填制补充报单的方向与记账方向是相同的。（　）

四、业务题

（一）要求:写出相关会计分录和填制（寄发或凭以发电）的报单名称以及收到报单或收电后凭以填制报单的名称。

1.9月5日福州市外汇银行 A 行代某温泉大厦从其活期外汇存款账户中支取 10 000 美元,邮划到天津某联行偿还其在某购货中心的购货款。

2.9月7日,福州市外汇银行 A 行收到上海某联行代某外贸企业支付给福州某合资企业的购货款为 15 000 美元的划收报单。

3.9月8日,福州市外汇银行 A 行代某外事企业从其美元存款账户（148242660）中支取 20 000 美元电汇到广州某联行,偿付广州某合资企业购货款。

4.9月9日,福州市外汇银行 A 行收到海南某联行的电贷报,电报内容是海南某合资企业支付给福州某侨资企业的货款 500 000 港元存入其账户。

（二）全国联行往来错账会计处理。

1.外汇银行 A 行误将一笔属在外汇银行 B 行开户的某合资企业货款以全国联行往来贷方报单邮划至外汇银行 S 行,金额为 5 000 美元,S 行收到报单后,经审核,发现报单行名、行号为本行,但业务内容为 B 行。

要求:简述 S 行的处理办法,并列出 S 行和 B 行的会计分录。

2.外汇银行 M 行将一笔属西安某联行的款项 20 000 美元,误填上西宁某联行的行名、行号以邮划贷方报单寄给西宁某联行,西安行根据附件能确认属在本行开户的某合资企业的业务款项。（原币入账）

要求:简述西安行的错账处理办法,并列出西安行和西宁行的会计分录。

3.发报行 A 行将信汇的邮划贷方报单 HKD 5 200 误写为 HKD 2 500,A 行发出报单后发现少划,按规定办法进行冲正。收报行 B 行收到报单后,发现金额有误,以函向 A 行查询。

要求:简述 A 行错账冲正办法,并列出 A,B 两行各自的会计分录。

4.发报行 A 行将信汇的邮划贷方报单 HKD 2 500 误写为 HKD 5 200,A 行发出报单后发现多划,按规定办法进行冲正。收报行 B 行收到报单后,发现金额有误,以函向 A 行查询。

要求:简述 A 行错账冲正办法,并列出 A,B 两行各自的会计分录。

(三)要求:写出外汇银行 A 行在业务 1~4 中是申请开户行,还是接受开户行以及 A 行发出或收到报单的名称,并列出会计分录;编制业务 5 的对账平衡表。

1.A 行收到香港中行的划收报单,金额为 HKD 50 000,转账收入收款单位为某合资企业港币存款户。

2.A 行对伦敦中行填发划付报单 GBP 6 000,并结汇转入收款单位某进出口企业的账户(018092578)。

3.某合资企业通过 A 行从其美元存款户(1482500718)中支取 USD 38 000,划收纽约中行交美某公司。

4.A 行收到伦敦中行的划付报单 GBP 5 000,是某侨资企业支付给某英商的货款,即由付款人美元存款账户中套算支取。

有关外币兑人民币牌价见表格。

货币名称	交易单位	现汇买入价	现钞买入价	卖出价	中间价
美元(USD)	100	619.66	614.69	622.14	620.90
日元(JPY)	100	5.2484	5.0864	5.2852	5.2668
欧元(EUR)	100	718.22	696.05	723.26	720.74
英镑(GBP)	100	937.62	908.68	944.20	940.91
港币(HKD)	100	79.930	79.290	80.230	80.080

5.设 A 行某一天收到纽约 M 联行某年 8 月份的对账单如下:

户名:A 中行 (美元)

时间	报单号码	摘要(略)	借方	贷方	借或贷	余额
8月2日	A			18 000	贷	18 000
8月8日	B			7 500	贷	25 500
8月9日	C		5 000		贷	20 500
8月15日	D			10 000	贷	30 500
8月17日	E			7 500	贷	38 000
8月26日	F		20 000		贷	18 000
8月28日	G			12 000	贷	30 000

A 行"港澳及国外联行往来——M 联行"的分户账情况如下：

户名：纽约 M 联行 （美元）

时间	报单号码	摘要（略）	借方	贷方	借或贷	余额
8月4日	A		18 000		借	18 000
8月11日	B		7 500		借	25 500
8月19日	D		10 000		借	35 500
8月20日	E		7 500		借	43 000
8月27日	F			20 000	借	23 000
8月30日	H		13 800		借	36 800

对账平衡表

货币：USD　　　　　　　户名：纽约 M 联行　　　　　　　某年8月

摘要	借方	贷方	摘要	借方	贷方
(1)你行对账单余额			(3)我行账上余额		
(2)我行已记账，你行尚未转账各笔			(4)你行已记账，我行尚未转账各笔		
本户实际存欠数			本户实际存欠数		

第六章 出口贸易结算业务的核算

学习目的

通过本章的学习,学生应了解出口贸易结算的种类和核算要求,熟悉各种结算方式的程序,掌握信用证出口、出口托收、预收出口货款和外贸自寄出口单证的会计核算。

国际贸易结算,是指不同国家(地区)之间,通过银行办理货币收支,以结清商品交易引起的债权债务的行为,是国际结算的重要组成部分。办理对外贸易的国际结算是外汇银行业务的主要内容之一,目前国际贸易结算的主要方式有信用证、托收、汇款,外汇会计也就针对以上三种结算方式分别讲述不同结算方式下出口业务的会计核算。

第一节 信用证结算方式下出口业务的核算

一、概述

(一)信用证的含义及内容

在国际贸易活动中,买卖双方可能互不信任,买方担心预付款后卖方不按合同要求发货,卖方也担心在发货或提交货运单据后买方不付款。因此需要两家银行作为买卖双方的保证人,代为收款交单,以银行信用代替商业信用。银行在这一活动中所使用的工具就是信用证。信用证是开证行根据申请人(进口商)的要求和指示向出口商(受益人)开立的一定金额,在一定期限内凭议付行寄来规定的单据,付款或承兑汇票的书面保证文件。即信用证是一种银行开立的有条件的承诺付款的书面文件。信用证的内容主要有:

(1)对信用证本身的说明。如其种类、性质、有效期及到期地点。
(2)对货物的要求。根据合同进行描述。
(3)对运输的要求。
(4)对单据的要求,即货物单据、运输单据、保险单据及其他有关单证。

(5)特殊要求。

(6)开证行对受益人及汇票持有人保证付款的责任文句。

(7)国外来证大多数均加注:"除另有规定外,本证根据国际商会《跟单信用证统一惯例》即国际商会 600 号出版物(UCP 600)办理。"

(8)银行间电汇索偿条款(t/t reimbursement clause)。

(二)信用证的特点

1.信用证是一种以银行信用作担保的凭证

开证行负第一性付款责任,在单证相符的条款下,开证行不管进口商是否能够偿付给它,都必须付款给受益人或被指定银行,这是信用证所具有的银行信用的体现。因此,信用证是一种银行信用,它是银行的一种担保文件,开证银行对支付有首要付款的责任。

2.只对单证负责,不对商品负责

信用证是一种独立、自主的文件,并不依附于贸易合同,不受贸易合同条款的约束,开证行只对信用证负责,信用证的有关当事人也只能依据信用证的规定办事。出现信用证业务纠纷时,有关各方不能援引合同条款作为为自己辩护的依据。

3.信用证业务处理的是单据

在信用证业务中,银行处理的是单据,而不是货物,只要受益人或其指定人能提交符合信用证条款的单据,开证行就必须承担付款、承兑之责。假如收到的货物不符合合同要求,开证人只能根据贸易合同向受益人进行交涉或索赔,而与开证行无关。因此,信用证交易把合同的货物交易转变为只管单证是否相符的单据交易,信用证是凭单付款,不以货物为准。只要单据相符,开证行就应无条件付款。

4.银行对于信用证项下不能控制的一切事故免责

UCP 600 条款明确规定了银行的免责内容。银行虽有合理谨慎地审核单据的义务,但这种审核只是用以确定单据在表面上是否符合信用证条款的规定,开证行只根据表面上符合信用证条款的单据承担付款责任。

因此,银行对任何单据的形式、完整性、准确性、真实性,或单据中规定的或附加的一般或特殊条件,不承担任何责任或义务。对任何单据代表的货物之描述、数量、质量、状况、包装、交付、价值或其他任何人的诚信、行为及/或疏忽、清偿能力、执行能力或资信状况,不承担任何义务或责任。

(三)信用证的种类

1.根据信用证项下的汇票是否附有货运单据划分为跟单信用证及光票信用证

(1)跟单信用证(documentary credit)是凭跟单汇票或仅凭单据付款的信用证。此处的单据指代表货物所有权的单据(如海运提单等),或证明货物已交运的单据(如铁路运单、航空运单、邮包收据)。

(2)光票信用证(clean credit)是凭不随附货运单据的光票(clean draft)付款的信用证。银行凭光票信用证付款,也可要求受益人附交一些非货运单据,如发票、垫款清单等。

在国际贸易的货款结算中,绝大部分使用跟单信用证。

2.根据开证行所负的责任为标准分为不可撤销信用证及可撤销信用证

(1)不可撤销信用证(irrevocable L/C)。指信用证一经开出,在有效期内,未经受益人及有关当事人的同意,开证行不能片面修改和撤销,只要受益人提供的单据符合信用证规定,开证行必须履行付款义务。

(2)可撤销信用证(revocable L/C)。开证行不必征得受益人或有关当事人同意、有权随时撤销的信用证,应在信用证上注明"可撤销"字样。但 UCP 600 规定:只要受益人依信用证条款规定已得到了议付、承兑或延期付款保证,该信用证即不能被撤销或修改。它还规定,如果信用证中未注明是否可撤销,应视为不可撤销信用证。UCP 600 规定银行不可开立可撤销信用证。

3.根据有无另一银行加以保证兑付为依据分为保兑信用证及不保兑信用证

(1)保兑信用证(confirmed L/C)。指开证行开出的信用证,由另一银行保证对符合信用证条款规定的单据履行付款义务。对信用证加以保兑的银行,称为保兑行。

(2)不保兑信用证(unconfirmed L/C)。开证行开出的信用证没有经另一家银行保兑。

4.根据付款时间不同分为即期信用证、远期信用证及假远期信用证

(1)即期信用证(sight L/C)。指开证行或付款行收到符合信用证条款的跟单汇票或装运单据后,立即履行付款义务的信用证。

(2)远期信用证(usance L/C)。指开证行或付款行收到信用证的单据时,在规定期限内履行付款义务的信用证。

(3)假远期信用证(usance credit payable at sight)。信用证规定受益人开立远期汇票,由付款行负责贴现,并规定一切利息和费用由开证人承担。这种信用证对受益人来讲,实际上仍属即期收款,在信用证中有"假远期"(usance L/C payable at sight)条款。

5.根据受益人对信用证的权利可否转让分为可转让信用证、不可转让信用证及红条款信用证

(1)可转让信用证(transferable L/C)。指信用证的受益人(第一受益人)可以要求授权付款、承担延期付款责任、承兑或议付的银行(统称"转让行"),或当信用证是自由议付时,可以要求信用证中特别授权的转让银行将信用证全部或部分转让给一个或数个受益人(第二受益人)使用的信用证。开证行在信用证中要明确注明"可转让"(transferable),且只能转让一次。

②不可转让信用证。指受益人不能将信用证的权利转让给他人的信用证。凡信用证中未注明"可转让",即为不可转让信用证。

5.根据信用证作用分为循环信用证、对开信用证、背对背信用证及备用信用证

(1)循环信用证(revolving L/C)。指信用证被全部或部分使用后,其金额又恢复到原金额,可再次使用,直至达到规定的次数或规定的总金额为止。它通常在分批均匀交货情况下使用。在按金额循环的信用证条件下,恢复到原金额的具体做法有:

①自动式循环。每期用完一定金额,不需等待开证行的通知,即可自动恢复到原金额。

②非自动循环。每期用完一定金额后,必须等待开证行通知到达,信用证才能恢复到原金额使用。

③半自动循环。即每次用完一定金额后若干天内,开证行未提出停止循环使用的通

知,自第×天起即可自动恢复至原金额。

(2)对开信用证(reciprocal L/C)。指两张信用证申请人互以对方为受益人而开立的信用证。两张信用证的金额相等或大体相等,可同时互开,也可先后开立。它多用于易货贸易或来料加工和补偿贸易业务。

(3)背对背信用证(back to back L/C)。又称转开信用证,指受益人要求原证的通知行或其他银行以原证为基础,另开一张内容相似的新信用证,背对背信用证的开证行只能根据不可撤销信用证来开立。背对背信用证的开立通常是中间商转售他人货物,或两国不能直接办理进出口贸易时,通过第三者以此种办法来沟通贸易。原信用证的金额(单价)应高于背对背信用证的金额(单价),背对背信用证的装运期应早于原信用证的规定。

(4)预支信用证/打包信用证(anticipatory credit/packing credit)。指开证行授权代付行(通知行)向受益人预付信用证金额的全部或一部分,由开证行保证偿还并负担利息,即开证行付款在前,受益人交单在后,与远期信用证相反。预支信用证凭出口人的光票付款,也有要求受益人附一份负责补交信用证规定单据的说明书,当货运单据交到后,付款行在付给剩余货款时,将扣除预支货款的利息。

(5)备用信用证(standby credit)。又称商业票据信用证(commercial paper credit)、担保信用证。指开证行根据开证申请人的请求对受益人开立的承诺承担某项义务的凭证。即开证行保证在开证申请人未能履行其义务时,受益人只要凭备用信用证的规定并提交开证人违约证明,即可取得开证行的偿付。它是银行信用,对受益人来说是备用于开证人违约时取得补偿的一种方式。

(四)信用证诈骗的防范

当前一段时间,我国出现了一些跟单信用证诈骗案件,从跟单信用证诈骗的各种情况来看,诈骗分子的行骗对象主要是我国出口企业,而受害者还涉及出口方银行。我国应采取切实有效的措施,以避免或减少信用证诈骗案的发生,具体可实施如下防范对策:

第一,出口方银行(指通知行)必须认真负责地核验信用证的真实性,并掌握开证行的资信情况。对于信开信用证,应仔细核对印鉴是否相符,大额来证还应要求开证行加押证实;对于电开信用证及其修改书,应及时查核密押相符与否,以防止假冒和伪造。同时,还应对开证行的名称、地址和资信情况与银行年鉴进行比较分析,一旦发现疑点,立即向开证行或代理行查询,以确保来证的真实性、合法性和开证行的可靠性。

第二,出口企业必须慎重选择贸易伙伴。在寻找贸易伙伴和贸易机会时,应尽可能通过正式途径(如参加广交会和实地考察)来接触和了解客户,不要与资信不明或资信不好的客户做生意。在签订合同前,应设法委托有关咨询机构对客户进行资信调查,以便心中有数,做出正确的选择,以免错选贸易伙伴。

第三,银行和出口企业均需对信用证进行认真审核。银行审核侧重来证,应注意来证的有效性和风险性。一经发现来证含有主动权不在自己手中的"软条款"或"陷阱条款"及其他不利条款,必须坚决和迅速地与客商联系修改,或采取相应的防范措施,以防患于未然。

第四,出口企业或工贸公司在与外商签约时,应平等、合理、谨慎地确立合同条款。彻底杜绝有损利益的不平等、不合理条款,如"预付履约金、质保金、佣金和中介费条款"等,以免误中对方圈套。

(五)信用证结算方式主要程序

信用证结算方式主要程序见图6-1。

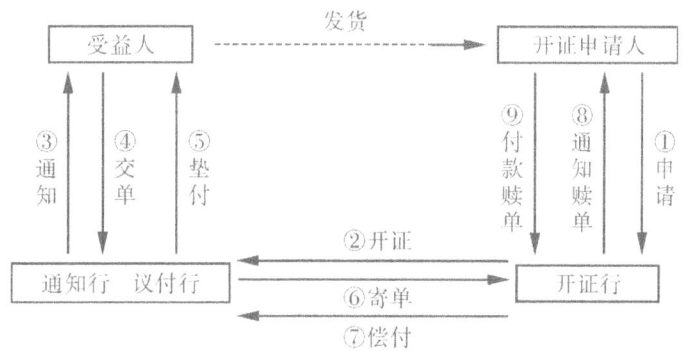

图6-1 信用证结算方式主要程序

可见,信用证是银行有条件保证付款的证书,已成为国际贸易活动中常见的结算方式。按照这种结算方式的一般规定,买方先将货款交存银行,由银行开立信用证,通知异地卖方开户银行转告卖方,卖方按合同和信用证规定的条款发货,银行代买方付款。作为出口方的通知行和议付行,主要包括受证与通知、议付与寄单、收汇与结汇三个主要环节;作为进口方的开证行和付款行,主要包括开立信用证、审单付汇两个主要环节。

二、会计核算

(一)受证与通知的处理

在出口业务中,我国银行充当受证行、通知行的角色。收到国外进口方银行开来的信用证时,首先应严格审核信用证内容、开证行经营作风、资信状况及货币金额、支付方式等。

1.审查信用证

(1)政治性条款的审查。信用证内容有无和我国的外交政策相违背,条款中有无歧视性政治条款及文句。

(2)开证行的资信审查。开证行的资信与来证金额是否相称。

(3)收汇是否安全,索汇路线是否符合快速收汇原则。

(4)来证性质是否属于不可撤销信用证。

(5)有无保证付款的责任声明。

2.通知

审核无误后编流水号,输入电脑打印出通知书,及时通知受益人(出口商)。然后根据信用证副本缮打国外开来保证凭信记录卡,记录卡一式四联;第一联为国外开来保证凭信记录卡,按国家、地区、证号分别放入卡片箱;第二联为国外开来保证凭信表外科目的收入传票;第三联为国外开来保证凭信表外科目付出传票;第四联为表外科目的登记卡。同时

记表外科目,其会计分录为:

  收入:国外开来保证凭信   外币××

  "国外开来保证凭信"是国外银行开来委托本行代为通知各出口单位办理的信用证等保证凭信,用此表外科目核算。它反映一定时期我国信用证项下出口业务情况,是匡算待收外汇资金的基础,也是监督出口单位备货出运的依据。

  3.发放出口打包贷款

  出口商接到信用证后,按信用证要求备货出运时,若资金有困难,可申请人民币出口打包放款。发放出口打包贷款时,其会计分录为:

  借:打包放款   人民币××

   贷:单位活期存款   人民币××

  备货出运后,必须及时清偿打包放款的全部本息,无本币资金偿还时,在单证相符的条件下,转做出口押汇,从结汇款中扣还。

(二)信用证的修改

  接到开证行通知要求修改信用证金额,或受益人要求将信用证金额一部分或全部转移其他地区或其他行时,除按规定办理信用证的修改通知、转让手续外,按增减金额调整"国外开来保证凭信"表外科目的余额。

  1.增额的会计分录

  收入:国外开来保证凭信   外币××(增加部分金额)

  2.减额、转让、退证、逾期注销的会计分录

  收入:国外开来保证凭信   外币××(红字金额)

  我国银行接受的都是不可撤销的信用证,但遇到下列情况时可以办理退证注销:(1)信用证逾期而又未办理延期手续;(2)信用证有效期内遇到战争、动乱、自然灾害等特殊情况;(3)信用证余额不足以支付以后货款金额,受益人要求注销信用证,议付行可在开证行确认后注销未用金额。注销和退证都要用红字记入"国外开来保证凭信"表外科目,冲销原有发生额,以正确反映出口业务活动情况。

(三)叙做打包放款

  打包放款是指信用证的受益人受证后,由于缺乏本币资金备货,可凭正本信用证按规定手续向银行叙做的一种融资性的出口前期短期贷款。打包放款仅用于缓解受益人在备货期间资金不足的临时困难,通常是按来证金额的一定比例提供本币贷款,并在备货出运后收回;若不能按期收回,必须转做"出口押汇",并从结汇金额中扣还。打包放款的一般程序为:(1)出口商与外汇银行签订融资协议,向外汇银行提交打包贷款申请书、贸易合同、正本信用证及相关材料;(2)外汇银行经审核后将打包贷款款项转入出口商账户;(3)出口商使用打包贷款款项完成采购、生产和装运后,向外汇银行提交信用证项下单据;(4)外汇银行将单据寄往国外银行(开证行或指定行)进行索汇;(5)国外银行到期向国内外汇银行付款,外汇银行用以归还打包贷款款项。打包放款业务流程见图6-2。

  打包放款会计分录为:

  借:打包放款   人民币××

   贷:单位活期存款   人民币××

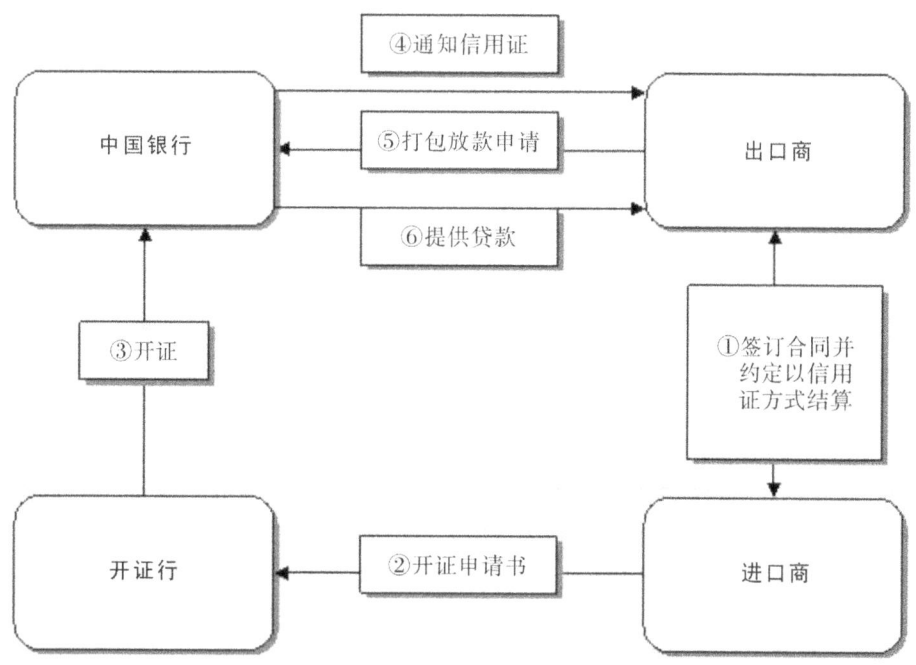

图 6-2 打包放款业务流程

(四)议付与寄单

1.审单、寄单

国外开证行开来信用证履行付款责任,是以信用证的条款为依据,以单证相符、单单相符为前提的。因此,我国出口方银行接到出口公司交来的全套出口单据议付时,应严格按信用证要求审单,达到单单一致、单证一致的要求,促使开证行承担第一性付款责任。审单相符后,寄单索汇,编制出口寄单议付通知书随单据寄发,并向开证行收通知费、议付费、修改费、邮费等从属费用。根据权责发生制的原理,出口银行在寄出议付单据后,一方面对国外银行拥有了收取货款的权益,另一方面对出口商承担了代收的责任,根据权责发生制原则,即应进行账务处理,其会计分录为:

借:应收即期信用证出口款项　　　　　　　　　　　　　外币××
　　　　　　　　　　　　　　　　　　　　　　　　　(货款+从属费用)

贷:代收即期信用证出口款项　　　　　　　　　　　　　外币××
　　　　　　　　　　　　　　　　　　　　　　　　　(货款+从属费用)

同时,应转销"国外开来保证凭信"表外科目,其会计分录为:

付出:国外开来保证凭信　　　　　　　　　　　　　　　外币××

2.出口押汇的核算

若出口商提出押汇申请,应填写出口押汇申请书一式四联,银行经审核符合规定后,办理出口押汇手续。出口押汇是出口商发运商品后,以提货单为抵押,向银行融通资金的一种业务。承做出口押汇的银行,实际上是以出口方提交的与信用证项下或托收项下的单据为抵押,向出口商发放的一笔抵押贷款,对抵押银行来说,是预先垫款买下一笔尚未收妥的外汇,因此,担负着一定风险。实务工作中所说的出口押汇实际上就是 UCP 600 中所定义的"议付",是同一种业务的两种不同说法。其会计分录为:

借:出口押汇　　　　　　　　　　　　　　　　押汇金额××
　　贷:利息收入——押汇利息收入　　　　　　　押息××
　　　　　　　　　　　　　　　　　　　　　　(押汇金额×押汇天数×利率)
　　　　外汇买卖(汇买价)　　　　　　　　　　实付外币金额××
　　　　　　　　　　　　　　　　　　　　　　(押汇金额－押汇利息)
借:外汇买卖(中间价)　　　　　　　　　　　　人民币××
　　　　　　　　　　　　　　　　　　　　　　(实付外币金额×中间价)
　　贷:单位活期存款　　　　　　　　　　　　　实付人民币××
　　　　　　　　　　　　　　　　　　　　　　(实付外币金额×汇买价)
　　　　外汇买卖价差　　　　　　　　　　　　　人民币××

外汇银行办理出口押汇后,仍然要寄单索汇,编制出口寄单议付通知书随单据寄发,并向开证行计收通知费、议付费、修改费、邮费等从属费用。其会计分录为:

借:应收即期信用证出口款项　　　　　　　　　外币××
　　　　　　　　　　　　　　　　　　　　　　(货款＋从属费用)
　　贷:代收即期信用证出口款项　　　　　　　　外币××
　　　　　　　　　　　　　　　　　　　　　　(货款＋从属费用)
付出:国外开来保证凭信　　　　　　　　　　　　外币××

(五)收妥出口款项的会计处理

根据《结售汇及付汇管理规定》的要求,外商投资企业的收汇款,在扣除银行费用或抵偿出口押汇后,超出外币账户额度的部分,按当天的国家外汇牌价,全部卖给外汇指定银行,结付人民币入账。中资企业的收汇款,在扣除银行费用或抵偿出口押汇后,按当天的外汇牌价结付人民币入账。出口商收到到款通知书时,持出口收汇核销单、海关申报单、涉外收入申报单办理结汇(涉外收入申报单于当日通过计算机传外汇管理局,于每月 8 日前汇总交外汇管理局),外汇指定银行在向出口单位出具结汇水单或收账通知时,必须注明核销单编号及 BP 单号,作为出口核销及退税的有效依据。

(1)寄单索汇环节没有叙做出口押汇

议付行收到国外行寄来的已贷记报单,审核无误后,办理出口结汇。其会计分录为:

借:代收即期信用证出口款项　　　　　　　　　外币××
　　贷:应收即期信用证出口款项　　　　　　　　外币××
借:港澳及国外联行往来或存放国外同业等　　　外币××
　　贷:手续费收入——国外银行费用收入　　　　外币××
　　　　外汇买卖(汇买价)　　　　　　　　　　外币××
借:外汇买卖(中间价)　　　　　　　　　　　　人民币××
　　贷:单位活期存款　　　　　　　　　　　　　人民币××
　　　　外汇买卖价差　　　　　　　　　　　　　人民币××

(2)寄单索汇环节叙做了出口押汇

收到已贷记报单后,经核对无误后,抽出出口押汇申请书的该科目的贷方传票,办理转账。

借:代收即期信用证出口款项	外币××
贷:应收即期信用证出口款项	外币××
借:港澳及国外联行往来或存放国外同业等	外币××
贷:手续费收入——国外银行费用收入	外币××
出口押汇	外币××

例 6-1

外汇银行 M 行 8 月 15 日接到美国某代理行开来即期信用证,金额为 USD 8 000,受益人为市土产公司,来证规定单到开证行验单付款,该分行审证后当天通知受益人。9 月 10 日受益人备货出运,送全套出口单据及跟单汇票 USD 8 000,分行审单合格,于 9 月 12 日寄单索汇并加计通知费、议付费 USD 120 向开证行计收。9 月 28 日分行接到代理行的已贷记报单,金额为 USD 8 120,当天对土产公司结汇,M 行在开证行有美元账户关系。假设当日美元汇买价为 652.51%,中间价为 653.82%。

要求:列出 M 行该笔业务的全套会计分录。

(1) 8 月 15 日受证通知

收入:国外开来保证凭信　　　　　　　　　　　　　　USD 8 000

(2) 9 月 12 日议付寄单索汇

| 借:应收即期信用证出口款项 | USD 8 120 |
| 贷:代收即期信用证出口款项 | USD 8 120 |

付出:国外开来保证凭信　　　　　　　　　　　　　　USD 8 000

(3) 9 月 28 日收妥结汇

借:存放国外同业——美国某代理行	USD 8 120
贷:手续费收入	USD 120
外汇买卖(汇买价 652.51%)	USD 8 000
借:外汇买卖(中间价 653.82%)	CNY 52 305.60
	(USD 8 000×653.82%)
贷:单位活期存款	CNY 52 200.80
	(USD 8 000×652.51%)
外汇买卖价差	CNY 104.80
借:代收即期信用证出口款项	USD 8 120
贷:应收即期信用证出口款项	USD 8 120

例 6-2

外汇银行 M 行于 7 月 3 日收到纽约某联行开来的不可撤销即期信用证,金额为 USD 153 000,受益人为外贸荣华公司。7 月 5 日,M 行又接到纽约联行来电,要求修改信用证,减少金额 USD 3 000,经受益人同意,当天复电,并做了修改手续。7 月 16 日,公司交来全套出口单据,连同押汇申请书送交银行,经审核符合押汇的要求,该行当天即按 7.3% 利率扣收 9 天的贴息,将余额结汇收入受益人的人民币存款账户。假设当日美元汇买价为 686.41%,中间价为 687.79%。经审单相符后,当天寄出全套单据,计收通知费、议付费、修改费共 USD 2 000 向开证行索偿。7 月 25 日,M 行收到纽约联行(纽约联行与议付行有美元账户关系)的已贷记报单,金额 USD 152 000,其中 USD 2 000 为国外银行费用收入,办理转账。

要求:列出 M 行该笔业务的全套会计分录。

(1)7 月 3 日受证通知

收入:国外开来保证凭信　　　　　　　　　　　　　　USD 153 000

(2)7 月 5 日修改信用证,减少金额

收入:国外开来保证凭信　　　　　　　　　　　　　　USD 3 000(红字)

(3)7 月 16 日议付寄单索汇

押汇利息:USD 150 000×9×7.3‰÷360＝USD 273.75

借:出口押汇　　　　　　　　　　　　　　　　　　　USD 150 000

　　贷:利息收入　　　　　　　　　　　　　　　　　　USD 273.75

　　　　外汇买卖(汇买价 686.41%)　　　　　　　　　 USD 149 726.25

借:外汇买卖(中间价 687.79%)　　　　　　　　　　　 CNY 1 029 802.17

　　　　　　　　　　　　　　　　　　　　　(USD 149 726.25×687.79%)

　　贷:单位活期存款　　　　　　　　　　　　　　　　CNY 1 027 735.95

　　　　　　　　　　　　　　　　　　　　　(USD 149 726.25×686.41%)

　　　　外汇买卖价差　　　　　　　　　　　　　　　　CNY 2 066.22

借:应收即期信用证出口款项　　　　　　　　　　　　　USD 152 000

　　贷:代收即期信用证出口款项　　　　　　　　　　　USD 152 000

付出:国外开来保证凭信　　　　　　　　　　　　　　　USD 150 000

(4)7 月 25 日收到出口款项

借:港澳及国外联行往来——纽约联行　　　　　　　　　USD 152 000

　　贷:手续费收入　　　　　　　　　　　　　　　　　USD 2 000

　　　　出口押汇　　　　　　　　　　　　　　　　　　USD 150 000

借:代收即期信用证出口款项　　　　　　　　　　　　　USD 152 000

　　贷:应收即期信用证出口款项　　　　　　　　　　　USD 152 000

第二节　出口托收结算方式下出口业务的核算

一、概述

(一)定义

出口托收是由债权人或收款人开立汇票或提供索汇凭据,委托银行向债务人或付款人收取款项的一种结算方式。即外汇银行受出口商委托,凭其提交的出口商业单据和金融票据通过国外代收行向进口商收取款项。

(二)特点

出口托收结算方式,由于没有信用证作为付款保证,通常又无证托收,属于商业信用。实际工作中,以跟单托收为主。跟单托收是指收款人(出口单位)开立汇票并附有货运单据,凭跟单汇票,委托银行向付款人(进口方)收取货款的一种贸易结算方式。出口托收的业务特点为:

(1)费用低廉。银行费用较低,有利于企业节约财务费用,控制成本。

(2)简便易行。与信用证方式相比,手续简单,易于操作。

(3)风险较小。进口商只有承兑或付款后才能提取货物,与赊销方式相比,出口商承担的风险较小。

(4)开拓市场。当出口商的产品属于买方市场且进口商要求融资便利时,为了进一步开拓市场和打开局面,可以选择承兑交单(D/A)方式。

(三)托收方式

1.光票托收

光票托收是外汇银行受客户委托办理的不附带任何商业单据的金融单据的托收业务。主要用于非贸易结算,在贸易结算方面,一般用于收取货款尾款、代垫费、佣金、样品费或其他贸易从属费用。有的汇票托收虽然也附有单据,但并不是整套货运单据,只是发票和垫款清单等,也属于光票托收。总之,光票托收适用于:(1)贸易、非贸易项下的小额支付;(2)在国内不能兑换的外币现钞(含残币);(3)外汇支票、本票、国外债券、存单等有价凭证的托收业务;(4)不能或不便提供商业单据的交易,如寄送样品、软件等高科技产品交易、时令性商品交易,以及服务、技术转让等无形贸易。光票托收的业务流程如图 6-3 所示。

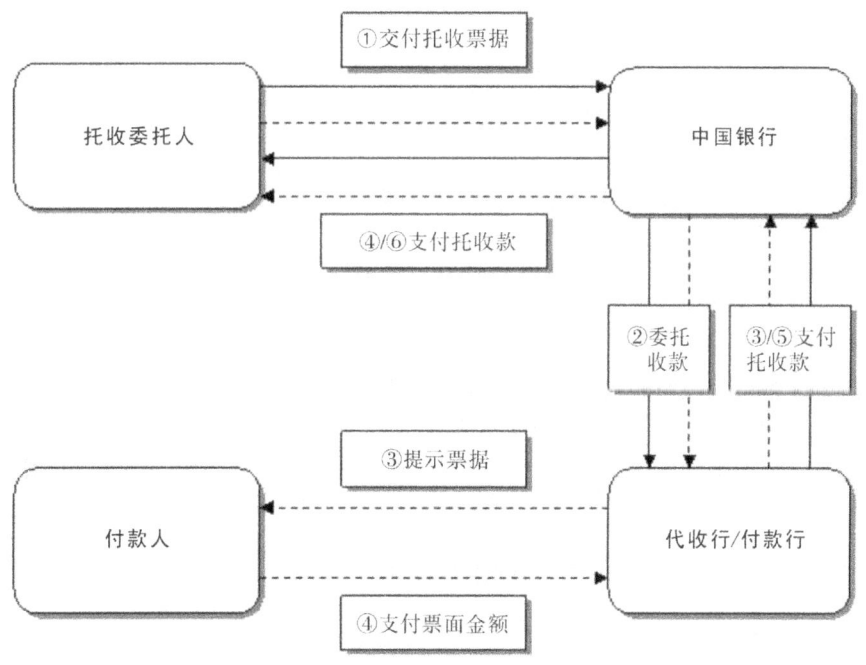

图 6-3 光票托收业务流程

2.跟单托收

跟单托收是由卖方开立跟单汇票(及汇票连同一套货运单据)交给银行,委托银行代为收款的托收方式。目前我国出口贸易出口托收结算主要使用的是跟单托收方式。出口跟单托收业务流程见图6-4。

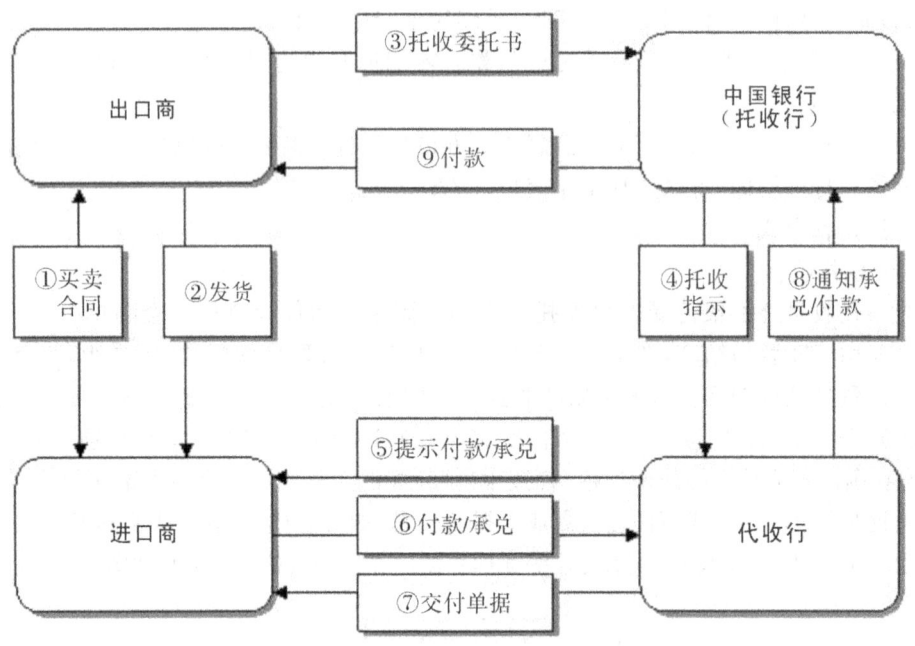

图6-4 出口跟单托收业务流程

(四)交单方式

根据付款情况不同,跟单托收又可分为付款交单(D/P)和承兑交单(D/A)。

1.付款交单(D/P)

付款交单是指代收行必须在进口商付清票款后,才能将货运单据交进口商的一种交单方式。

2.承兑交单(D/A)

承兑交单是指代收行当付款人承兑远期汇票后,把货运单据交付给付款人,于汇票到期时,由付款人履行付款业务的一种交单方式。

当处于卖方市场的时候,出口商宜选择D/P方式。当处于买方市场且进口商要求给予融资便利时,出口商可选择D/A方式。在D/A方式下,出口商实际上延长了进口商付款的时间,建议出口商在制定价格时要考虑利息等相关成本。

二、出口托收结算业务的核算

作为出口方的托收行,主要有寄单托收和收妥托收款项两个环节。

(一)寄单托收的核算

出口单位备货并取得货运单据后应填制"出口托收申请书"一式两联,连同全套出口单据一并送交银行。银行审单后,编列托收号码,将申请书一联作为回单给出口单位,另一联留存,并据以填制"出口托收委托书"。出口托收委托书一般为五联,第一、二联分两次附单据航空邮寄代收行;第三联作为应收出口托收款项借方传票;第四联作为代收出口托收款项贷方传票;第五联作为留底卡片账。

托收行发出委托书及有关跟单汇票后,代表"物权"的单据已寄出,但货款尚未收妥,托收行对委托人出口商承担代收货款的责任,同时,对进口代收行拥有收取货款的权利,因此,应通过有关或有资产和或有负债进行记录,以明确权责关系,其会计分录为:

借:应收出口托收款项　　　　　　　　　　　　　　　　外币××
　　贷:代收出口托收款项　　　　　　　　　　　　　　　外币××

同时还应向出口公司收取托收手续费,其会计分录为:

借:单位活期存款　　　　　　　　　　　　　　　　　人民币××
　　贷:手续费收入——结算手续费收入　　　　　　　　人民币××

出口托收寄单后,因情况变化,需要修改收汇条件或更改托收金额的,应由出口单位向托收行提交联系单说明原因,经外汇管理部门审核同意后,凭以通知代收行办理修改手续。对更改金额的公司,除在委托人留底联上批注修改内容外,还应调整或有资产和或有负债账户记录。

增加托收金额时,其会计分录为:

借:应收出口托收款项　　　　　　　　　　　　　　　　外币××
　　贷:代收出口托收款项　　　　　　　　　　　　　　　外币××

减少托收金额时,其会计分录为:

借:代收出口托收款项　　　　　　　　　　　　　　　　外币××
　　贷:应收出口托收款项　　　　　　　　　　　　　　　外币××

同时按规定的费率向主动提出修改的一方计收修改费。

(二)收妥托收款项核算

(1)出口托收款项一律实行收妥进账的做法,即根据国外银行的已贷记报单办理收汇或结汇。

(2)实际收到的金额与应托收的款项不一致时,按实际收到的金额办理结汇;但按应收到款项核销应收出口托收款项和代收出口托收款项。

(3)国外银行扣收的银行费用,原则上由委托人负担。

托收行收妥托收款项的会计分录如下:

借:代收出口托收款项　　　　　　　　　　　　　　　　外币××
　　贷:应收出口托收款项　　　　　　　　　　　　　　　外币××
借:港澳及国外联行往来等　　　　　　　　　　　　　　外币××
　　贷:外汇买卖(汇买价)　　　　　　　　　　　　　　外币××
借:外汇买卖(中间价)　　　　　　　　　　　　　　　人民币××
　　贷:单位活期存款　　　　　　　　　　　　　　　　人民币××
　　　　外汇买卖价差　　　　　　　　　　　　　　　　人民币××

三、催收

托收行寄出托收单据后,应根据付款期限的长短和正常邮程,对超过正常期限尚未收到的托收款项按规定办法催收;甚至可以要求出口单位与进口单位直接恰询,以防代收行收妥托收货款后无偿占有我方资金。对远期汇票,要认真检查是否承兑,如果发现有未承兑的应及时催收,对已收到的"已承兑通知书"必须专夹保管,以便在到期日凭以监督收汇。

例 6-3

某外汇银行 9 月 5 日受理某企业交来的全套出口托收单据,金额为 GBP 14 050,交单方式为即期付款交单,代收行为伦敦某代理行(与托收行有英镑账户关系)。托收行当天寄出托收单证并向进口商计收手续费 CNY 250,邮费人民币 CNY 50。9 月 28 日接到代收行划回的款项(已贷记报单),内扣 GBP 50 银行费用,余额 GBP 14 000 对出口企业办理结汇。当日英镑买入价为 1 040.13%,中间价为 1 044.31%。其会计分录为:

(1) 9 月 5 日发出托收

借:应收出口托收款项　　　　　　　　　　　GBP 14 050
　贷:代收出口托收款项　　　　　　　　　　　　GBP 14 050
借:单位活期存款　　　　　　　　　　　　　CNY 250
　贷:手续费收入　　　　　　　　　　　　　　　CNY 200
　　营业费用　　　　　　　　　　　　　　　　CNY 50

(2) 9 月 28 日收妥入账

借:存放国外同业——伦敦某代理行　　　　GBP 14 000
　贷:外汇买卖(汇买价 1 040.13%)　　　　　　　GBP 14 000
借:外汇买卖(中间价 1 044.31%)　　　　　　CNY 146 203.40
　　　　　　　　　　　　　　　　　　　(GBP 14 000×1 044.31%)
　贷:单位活期存款　　　　　　　　　　　　　　CNY 145 618.20
　　　　　　　　　　　　　　　　　　　　(GBP 14 000×1 040.13%)
　　外汇买卖价差　　　　　　　　　　　　　　CNY 585.20

第三节　汇款结算方式下出口业务的核算

一、概述

汇款结算方式下的进出口业务,是一种国际汇兑业务,是银行根据债务人委托,使用汇票或其他信用工具,将款项汇给港澳地区或国外债权人,以了解其相互间债权债务关系的一种结算方式。在进出口贸易中,为了扩大出口,增加外汇收入,国际结算除了普遍使用信用证和跟单托收方式以外,还根据进出口贸易项目的特点和具体情况,对不同地区有选择地兼用汇款方式。汇款方式处理程序如图 6-5 所示。

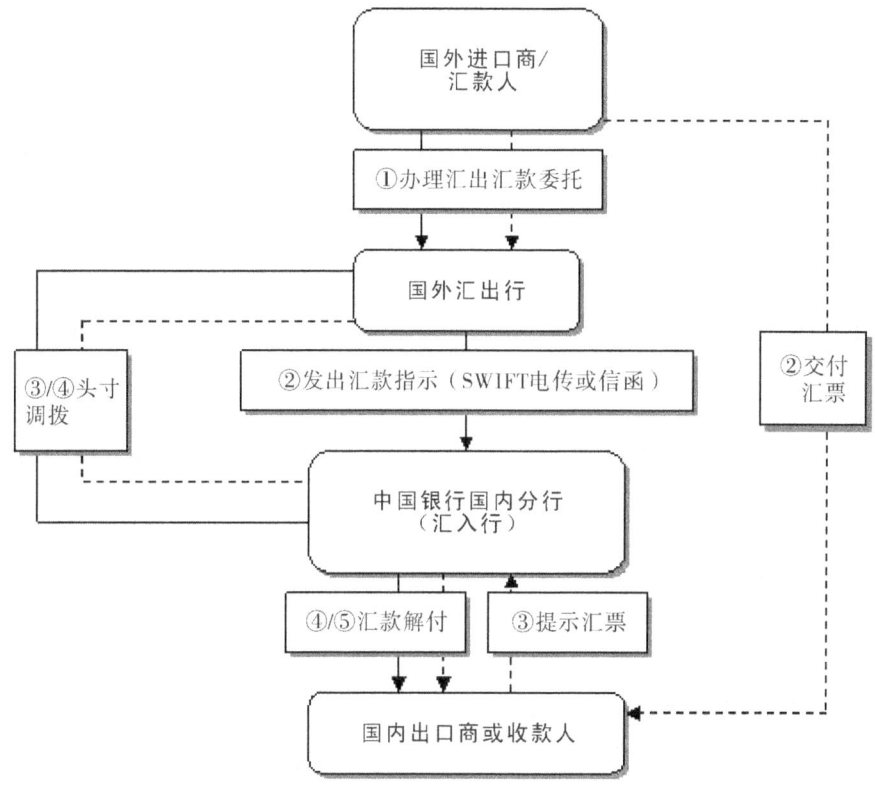

图 6-5 汇款出口结算业务流程

二、预收出口货款

(一)含义

预收出口货款是对出口商而言的。它是指国外进口商不通过银行开立信用证,在出口商未发货前,先将货款的一部分或全部由银行汇交出口商,出口商收到货款后,按合约规定立即或在一定时间内将货物运出的一种结算方式。

对出口商而言,这种结算方式是先收款后发货。由于出口商对进口商资信不甚了解,担心发货后收不到货款,为了安全起见以预收货款作为保证。这种方式有利于出口商资金周转,可减少出口收汇中的一些风险。但对于进口商来说,是先付款后收货,这不但使资金被占用,损失了利息,而且进口商还可能承担出口商不按合约规定按期交货的风险,所以进口商一般不轻易接受这种方式。进口商一般在采购市场急需的畅销商品并可取得较好利润的情况下,才使用这种方式。同时,进口商为了保障自身利益,减少其预付货款风险,在预付货款时往往会规定一些解付条件,要求汇入行按解付条件办理付款结汇。其账务处理分为收到汇款和解付汇款两个阶段。

(二)收到汇款的核算

汇入行收到国外汇出行的已贷记报单和有关解付凭证后,填制汇入汇款通知书,通知收款单位前来取款。其会计分录为:

借:港澳及国外联行往来等　　　　　　　　　　　　　　外币××
　　贷:汇入汇款　　　　　　　　　　　　　　　　　　外币××

(三)解付汇款的核算

解付汇款要注意解付条件,如果为交单解付,要等出口商交单后,才能解付;如果汇入的预收货款不附带任何解付条件,汇入行收到后则应立即解付。

(1)原币入账的会计分录为:

借:汇入汇款　　　　　　　　　　　　　　　　　　　外币××
　　贷:单位活期存款　　　　　　　　　　　　　　　　外币××

(2)结汇入账的会计分录为:

借:汇入汇款　　　　　　　　　　　　　　　　　　　外币××
　　贷:外汇买卖(汇买价)　　　　　　　　　　　　　　外币××
借:外汇买卖(中间价)　　　　　　　　　　　　　　　人民币××
　　贷:单位活期存款　　　　　　　　　　　　　　　　人民币××
　　　　外汇买卖价差　　　　　　　　　　　　　　　　人民币××

(3)其他外币入账的会计分录为:

借:汇入汇款　　　　　　　　　　　　　　　　　　　汇款外币××
　　贷:外汇买卖(汇款外币的汇买价)　　　　　　　　　汇款外币××
借:外汇买卖(汇款外币的中间价)　　　　　　　　　　人民币××
　　贷:外汇买卖(其他外币的中间价)　　　　　　　　　人民币××
　　　　外汇买卖价差　　　　　　　　　　　　　　　　人民币××
借:外汇买卖(其他外币的卖出价)　　　　　　　　　　其他外币××
　　贷:单位活期存款　　　　　　　　　　　　　　　　其他外币××

例 6-4

在外汇银行 A 行开户的外资企业美华公司与美国某公司采取预付出口货款结算方式。6月5日,A 行收到美国某联行的信汇委托书一份和已贷记报单,委请解付外资企业美华公司货款 USD 80 000,并款已贷记 A 行账,A 行当日填制汇入汇款通知书,通知收款人美华公司来行取款。6月7日,收款单位美华公司持通知书来行要求将此笔汇款存入其欧元活期存款账户(388250361315),银行同意并办理此业务。假设当天美元的汇买价为 652.51%,中间价为 653.82%;欧元的卖出价为 740.13%,中间价为 737.55%。

要求:列出 A 行该业务全套会计分录。

(1)6月5日收到汇款

借:港澳及国外联行往来——美国某联行　　　　　　　USD 80 000
　　贷:汇入汇款　　　　　　　　　　　　　　　　　USD 80 000

(2)6月7日解付汇款

80 000×652.51‰÷740.13‰=EUR 70 529.23

借:汇入汇款　　　　　　　　　　　　　　　　USD 80 000
　贷:外汇买卖(汇买价652.51‰)　　　　　　　　USD 80 000
借:外汇买卖(中间价653.82‰)　　　　　　　　　CNY 523 056
　　　　　　　　　　　　　　　　　　　　　(USD 80 000×653.82‰)
　贷:外汇买卖(中间价737.55‰)　　　　　　　　CNY 520 188.34
　　　　　　　　　　　　　　　　　　　(EUR 70 529.23×737.55‰)
　　外汇买卖价差　　　　　　　　　　　　　　　CNY 2 867.66
借:外汇买卖(卖出价740.13‰)　　　　　　　　　EUR 70 529.23
　贷:单位活期存款(388250361315)　　　　　　　EUR 70 529.23

二、外贸自寄出口单证

(一)含义

外贸自寄出口单证是指出口商在货物运出时,将货运单据不经银行直接寄进口商,进口商收到货物后,按规定的价格、期限将货款通过银行汇给出口商的一种特定的结算方式。这种方式的特点是先发货后结汇,这对进口商有利,而对出口商不利。在国际贸易结算中,除特殊需要外一般很少采用这种结算方式。我国内地外贸公司对港澳地区出口的鲜活商品,因运输路途短,寄单往往迟于货运到达时间,影响货物交换,而且因为这类商品在运输中容易发生各种变化,有关交货数量和质量难以掌握,根据这些特殊情况,可以采用先出口后结汇的方式进行结算。其账务处理的会计分录与预收出口货款基本相同。

这种结算方式必须申报外汇管理部门核准后方可办理,有关自寄出口单据的发票,必须统一顺序编号,不得缺漏。出口时必须将发票副本交外汇银行。

(二)收到发票副本的会计核算

收入:外贸自寄出口单证　　　　　　　　　　　外币××

(三)收到汇款的会计核算

付出:外贸自寄出口单证　　　　　　　　　　　外币××
借:港澳及国外联行往来等　　　　　　　　　　外币××
　贷:汇入汇款　　　　　　　　　　　　　　　外币××

(四)解付汇款的会计核算

外贸自寄出口单证结算方式下解付汇款的会计分录与预收出口货款结算方式下解付汇款的会计分录相同。如果是解付人民币,其会计分录如下:

借:汇入汇款　　　　　　　　　　　　　　　　外币××
　贷:外汇买卖(汇买价)　　　　　　　　　　　外币××
借:外汇买卖(中间价)　　　　　　　　　　　　人民币××
　贷:单位活期存款　　　　　　　　　　　　　人民币××
　　外汇买卖价差　　　　　　　　　　　　　　人民币××

例 6-5

设某外贸公司用自寄单据方式出口一批新鲜家畜到香港,金额为 HKD 60 000,公司 8 月 2 日交发票副本到外汇银行 M 行。8 月 6 日,M 行接到香港某联行信汇委托书和已贷记报单,M 行在该行开有港元账户,因运输损耗实际金额减少为 HKD 58 000,当天即对公司办理结汇。假设当天港元的汇买价为 88.29%,中间价为 88.46%。

要求:列出外汇银行 M 行该业务全套会计分录。

(1) 8 月 2 日收到发票副本

收入:外贸自寄出口单证　　　　　　　　　　　　HKD 60 000

(2) 8 月 6 日收到出口款项

付出:外贸自寄出口单证　　　　　　　　　　　　HKD 60 000

借:港澳及国外联行往来——香港某联行　　　　　HKD 58 000
　　贷:汇入汇款　　　　　　　　　　　　　　　　　　HKD 58 000

借:汇入汇款　　　　　　　　　　　　　　　　　HKD 58 000
　　贷:外汇买卖(汇买价 88.29%)　　　　　　　　　　HKD 58 000

借:外汇买卖(中间价 88.46%)　　　　　　　　　CNY 51 306.80
　　　　　　　　　　　　　　　　　　　　　　(HKD 58 000×88.46%)
　　贷:单位活期存款　　　　　　　　　　　　　　　CNY 51 208.20
　　　　　　　　　　　　　　　　　　　　　　(HKD 58 000×88.29%)
　　　　外汇买卖价差　　　　　　　　　　　　　　　CNY 98.60

本章练习

一、单项选择题

1.(　　)是开证行根据申请人(进口商)的要求和指示向出口商(受益人)开立的一定金额,在一定期限内凭议付行寄来的规定单据,付款或承兑汇票的书面保证文件。

　　A.信用证　　　　B.银行汇票　　　　C.出口托收　　　　D.汇款

2.(　　)是用来核算国外银行开来委托本行代为通知各出口单位办理的信用证等保证凭信。

　　A.外贸自寄出口单证　　　　　　　B.重要空白凭证
　　C.国外开来保证凭信　　　　　　　D.承兑汇票

3."出口押汇"会计科目的性质为(　　)。

　　A.资产类　　　　B.负债类　　　　C.共同类　　　　D.损益类

4.外汇银行办理出口结汇,使用(　　)。

　　A.现钞买入价　　B.中间价　　　　C.现汇买入价　　D.卖出价

5.外汇银行在收到国外开证行寄来的(　　)后,才表明已收妥出口款项。

　　A.请借记报单　　B.已借记报单　　C.请贷记报单　　D.已贷记报单

6.出口托收业务核算中,国外代收行扣收的银行费用,原则上由(　　)负担。

A.托收行　　　　　B.代收行　　　　　C.国内出口商　　　D.国外进口商

7.出口商接到信用证后,按信用证要求备货出运时,若资金有困难,可申请(　　)。

　　A.出口打包放款　　B.出口押汇　　　　C.出口卖方信贷　　D.福费廷

8.当出口商的产品属于买方市场且进口商要求融资便利时,为了进一步开拓市场和打开局面,可以选择(　　)方式。

　　A.付款交单　　　　B.承兑交单　　　　C.信用证　　　　　D.汇款

9."打包放款"会计科目的性质为(　　)。

　　A.资产类　　　　　B.负债类　　　　　C.共同类　　　　　D.损益类

10.收到国外开证行寄来的即期信用证,审核无误后,应做(　　)的会计处理。

　　A.只在登记簿登记　　　　　　　　　　B.付出:国外开来保证凭信

　　C.收入:国外开来保证凭信　　　　　　D.收入:重要空白凭证

二、多项选择题

1.信用证项下出口结算主要包括(　　)等环节。

　　A.受证与通知　　　B.审单议付　　　　C.审单付款　　　　D.出口结汇

2.信用证的特点包括(　　)。

　　A.是一种以银行信用做担保的凭证

　　B.只对单证负责,不对商品负责

　　C.信用证业务处理的是单据

　　D.银行对信用证项下不能控制的一切事故免责

3.信用证以开证行所负的责任为标准可以分为(　　)。

　　A.不可撤销信用证　　　　　　　　　　B.保兑信用证

　　C.可撤销信用证　　　　　　　　　　　D.不保兑信用证

4.我国外汇银行接受的都是不可撤销的信用证,但遇到下列(　　)情况时可以办理退证注销。

　　A.信用证逾期而又未办理延期手续

　　B.信用证有效期内遇到战争、动乱等特殊情况

　　C.信用证余额不足以支付以后货款金额,受益人要求注销信用证

　　D.进口商发货错误,但是单单相符、单证相符

5.根据权责发生制的原理,出口银行在寄出议付单据后,对国外银行拥有了收取货款的权益,其索汇金额包括(　　)。

　　A.货款　　　　　　B.通知费　　　　　C.议付费　　　　　D.修改费

6.凡属下列(　　)情况之一,议付行可不予办理出口押汇。

　　A.单证不符

　　B.来证有限制议付条款××银行议付

　　C.开证行所在地局势不稳定

　　D.收汇地区外汇短缺,资金冻结或索汇路线迂回

7.出口托收与其他结算方式相比,其业务特点为(　　)。

　　A.费用较高　　　　B.费用较低　　　　C.简便易行　　　　D.风险较小

8.光票托收适用于(　　)。
   A.贸易、非贸易项下的小额支付
   B.贸易、非贸易项下的大额支付
   C.外汇支票、本票等有价凭证的托收业务
   D.在国内不能兑换的外币现钞

9.即期信用证结算方式下,我国出口方银行接到出口公司交来的全套出口单据议付,审单相符后,寄单索汇,账务处理涉及的会计科目有(　　)。
   A.应收即期信用证出口款项　　　　B.应收出口托收款项
   C.代收即期信用证出口款项　　　　D.代收出口托收款项

10.作为出口方的托收行,主要有(　　)两个环节需要进行会计核算。
   A.受理信用证　　B.寄单托收　　C.审单议付　　D.收汇结汇

三、判断题

1.在单证相符、单单相符的条款下,开证行不管进口商是否能够偿付给它,都必须付款给受益人或被指定银行。　　　　　　　　　　　　　　　　　　　　(　　)

2."国外开来保证凭信"科目反映一定时期我国信用证项下出口业务情况,是匡算待收外汇资金的基础,也是监督出口单位备货出运的依据。　　　　　　　(　　)

3.信用证结算方式下出口业务核算中,信用证减额用反方向蓝字冲减。　(　　)

4.出口银行在寄出议付单据后,由于不存在实际的资金收付行为,可以不进行账务处理。　　　　　　　　　　　　　　　　　　　　　　　　　　　　(　　)

5.承做出口押汇的银行,实际上是以出口方提交的与信用证项下或托收项下的单据为抵押,向出口商发放的一笔抵押贷款,对抵押银行来说,是预先垫款买下一笔尚未收妥的外汇,因此,担负着一定风险。　　　　　　　　　　　　　　　　(　　)

6.出口托收结算方式和信用证一样属于银行信用。　　　　　　　　　(　　)

7.出口托收款项一律实行收妥进账的做法,即根据国外银行的已贷记报单办理收汇或结汇。　　　　　　　　　　　　　　　　　　　　　　　　　　　　(　　)

8.实际收到的金额与应托收的款项不一致时,按应收到款项办理结汇;但按实际收到的金额核销应收出口托收款项和代收出口托收款项。　　　　　　　(　　)

9.在汇款方式下出口业务核算中,如汇入的预收货款不附带任何解付条件,汇入行收到后则应立即解付。　　　　　　　　　　　　　　　　　　　　　(　　)

10.外贸自寄出口单据结算方式必须申报当地外汇管理部门核准后方可办理,出口时必须将发票副本交外汇银行。　　　　　　　　　　　　　　　　　　(　　)

11.出口托收结算方式下,当处于卖方市场时,出口商宜选择D/A方式;当处于买方市场且进口商要求给予融资便利时,出口商可选择D/P方式。　　　　　(　　)

12.托收行发出委托书及有关跟单汇票后,代表"物权"的单据已寄出,但货款尚未收妥,可以不用进行账务处理。　　　　　　　　　　　　　　　　　　(　　)

13.使用预收出口货款这种方式,有利于出口商资金周转,可减少出口收汇中的一些风险。　　　　　　　　　　　　　　　　　　　　　　　　　　　(　　)

14.汇入行收到国外汇出行的已贷记报单和有关解付凭证后,应当借记"汇入汇款"

科目。   (   )

15.外贸自寄出口单据结算方式的特点是先发货后结汇,这对进口商有利,而对出口商不利,其账务处理的会计分录基本与预收出口货款相同。   (   )

四、业务题

要求:列出外汇银行 M 行下列业务全套会计分录。(假设本章习题涉及的外汇牌价为:美元汇买价 675.42‰,中间价 676.78‰;港币的现汇买入价 79.93‰,中间价80.08‰)

1.(1)M 行于 9 月 5 日收到纽约某联行开来的不可撤销即期信用证,金额为 USD 10 000,受益人为外贸工艺品公司。

9月15日,M 行又接到纽约联行来电,要求修改信用证,减少金额 USD 2 000,经受益人同意,当天复电。

9月22日,公司交来全套出口单据,随同信用证送来议付,经审单相符后,当天寄出,计收通知费、议付费、修改费共 USD 600 向开证行索偿。

10 月 5 日,收到纽约联行已贷记报单后,即对公司结汇。

(2)M 行于 9 月 5 日收到纽约某联行开来的不可撤销即期信用证,金额为 USD 10 000,受益人为外贸工艺品公司。

9月15日,M 行又接到纽约联行来电,要求修改信用证,减少金额 USD 2 000,经受益人同意,当天复电。

9月22日,公司交来全套出口单据,随同信用证送来议付,经审单相符后,当天寄出,计收通知费、议付费、修改费共 USD 600 向开证行索偿。假设 9 月 22 日公司交单时,要求叙做出口押汇,经 M 行审查同意,当天即办理并按 7.5%利率扣除 12 天的原币贴息。

10 月 5 日,M 行收到纽约联行已贷记报单后即转账。

2.M 行受理某进出口公司托收出口货款业务一笔,全过程如下:

9月3日,公司交来全套单据,金额为 USD 10 020,交单方式为 D/P 即期,委请纽约某联行代收(该行与 M 行有美元账户关系),当天填发出口托收委托书并寄出全套单据。

9月5日,公司因故要求增加托收金额 USD 500,按规定办妥手续。

9月24日,接到代收行已贷记报单及委托书回单,内扣银行费用 USD 20,余额 USD 10 500 结汇,同时 M 行扣收 1.25‰托收手续费(结汇金额按牌价折算成人民币的 1.25‰)。

3.设某外贸公司用自寄单据方式出口一批新鲜家畜到香港,金额为 HKD 10 000,公司 3 月 1 日交发票副本到 M 行。3月6日,M 行接到香港某联行信汇委托书和已贷记报单,M 行在该行开有港币账户,因运输损耗金额减少为 HKD 9 800,当天即对公司结汇。

第七章 进口贸易结算业务的核算

> **学习目的**
>
> 通过本章的学习,学生应了解信用证、进口代收的概念,熟悉它们的结算业务流程,掌握不同结算方式下进口业务各环节的会计业务处理手续。

第一节 信用证结算方式下进口业务的核算

一、概述

(一)定义

信用证项下进口业务是指外汇银行根据批准的进口单位申请向出口商开立信用证或保证书,凭国外寄来信用证项下规定的单据,按信用证条款规定核对无误后对外付款并向公司办理结账的一种结算方式。进口信用证的特点有:

(1)改善进口商谈判地位。开立信用证相当于为出口商提供了商业信用以外的有条件付款承诺,提高了进口商的信用,进口商可据此争取到比较合理的货物价位。另外,开立进口信用证,进口商将以承担较多银行费用为代价为出口商收款提供额外保证,因此进口商在合同签订时据此要求出口商给予价格方面的优惠或提供其他便利。

(2)货物有所保证。变商业信用为银行信用,银行的介入可以使贸易本身更有保证,通过单据和条款,有效控制货权、装期以及货物质量。

(3)减少资金占压。对于使用授信开证的进口商,从开证后到付款前可减少自有资金的占用。

(二)适用客户

(1)进出口双方希望对彼此的行为进行一定约定以提升贸易的可信度;

(2)进口商品处于卖方市场,且出口商坚持使用信用证方式进行结算;

(3)进出口双方流动资金不充裕,有使用贸易融资的打算。

(三)进口信用证结算方式的基本程序

信用证结算的基本当事人,有开证申请人、开证行、通知行和受益人,还可能涉及付款行、议付行、保兑行和偿付行等有关当事人。一般而言,出口方当事人主要是通知行、议付行,其主要的任务是受证与通知、审单议付和收汇结汇;进口方涉及的主要是对外开证和审单付款两个环节。这些环节构成了信用证核算的整个流程,如图7-1所示。

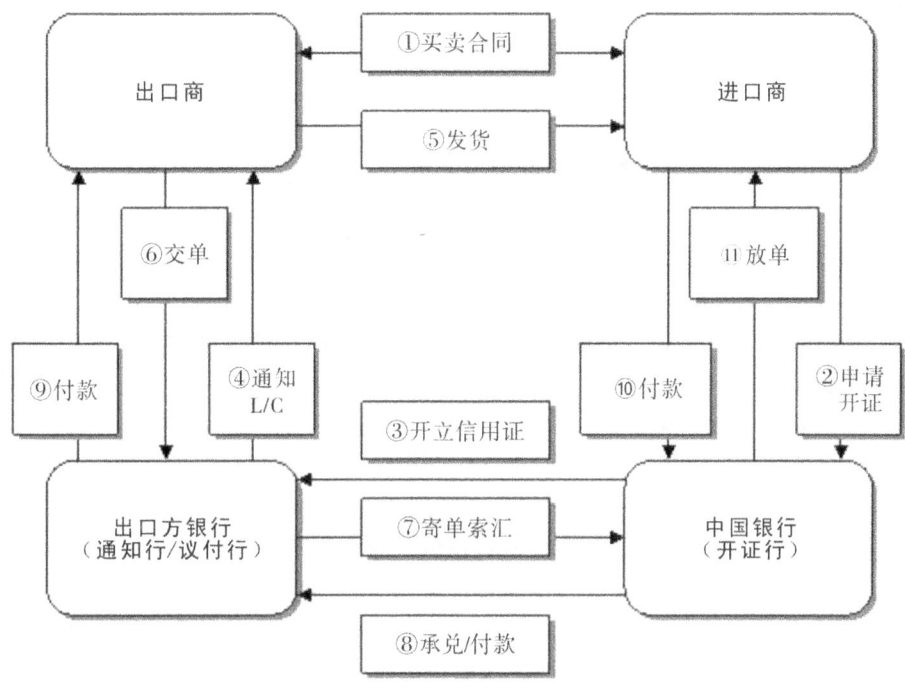

图 7-1　信用证结算方式的主要程序

二、进口开证的核算

(一)开证申请书

国内进口商申请开证时须提交"开证申请书"、贸易合同、外贸进口批文(如进口配额许可证明、机电产品进口登记证明等)、外管部门规定的有关文件(如"购汇申请书""进口付汇核销单""进口付汇备案表"等)。首次办理进口信用证业务还须提供经营进出口业务的批文、工商营业执照等,办理保证金账户的开立手续。进口商在申请开立信用证时,应填制好"开证申请书"一式两联,"开证申请书"是银行开出信用证的依据,是开证申请人与开证行之间的合约。主要内容包括两部分:

(1)信用证的依据。进口商立信用证的具体内容,及申请人依据合同主要条款要求在信用证加列的条款内容,是银行开立信用证的依据。

(2)进口商、开证行应负责任的条款。根据国际惯例,银行开证时并无向进口商索阅合同的义务,贸易合同中所规定的条款对开证行无约束力,银行只是根据开证申请书所载内容对外开证。

(二)审查

开证行在收到申请人递交的开证申请书后,要认真审查,通常审查以下几方面:

(1)检查申请单位公章与申请人名称是否相符。对于第一次来外汇银行办理开证业务的单位,须要求提供营业执照影印件和进口经营的批文,以确定申请人具有进出口权。

(2)内容要完整、清楚。"开证申请书"必须用英文缮打,申请书内容一定要完整、清楚,条款要正确且不相互矛盾。若申请书内容不完整,条款不正确或存在其他问题,必须在征得申请人同意后方可改动,且须申请人签字确认。

(3)信用证条款必须符合 UCP 600 的有关要求。

(4)货运目的港必须是我国的口岸,避免出现套取国家外汇的现象。

(三)收取信用证保证金

1.原则上收取足额的保证金

开立信用证原则上要收取足额的保证金,特别对于因资信情况没有把握或资信情况不佳而不能保证按期资金到位的开证申请人,或属代理进口项下开证业务,应收取足额保证金后方能开证。不能以申请人自身付款保证或进账计划作为开证保证。

2.免收保证金开证,但对免保部分要落实好担保措施

开证行对于一些资信良好、实力雄厚,且经常发生业务往来的进出口企业可以实行免收保证金开证,但对免保部分要落实好担保措施。银行主要采取以下担保措施:

(1)签订进口开证授信合同。进口企业向银行提供各种账务文件(包括会计报表)、企业介绍等,申请进口授信额度。银行结算部门会同信贷部门按外汇贷款审批办法对企业固定资产、经营状况、资金周转和支付能力等一系列指标进行严格审核,并以书面形式向信贷部门及行长汇报审查结果,经批准后与进口企业签订进口开证授信合同,给予企业一定量的授信额度,在额度内,进口企业可以免保开证。

(2)凭金融机构出具保函开证。如果以本行贷款保证开证,信贷部门必须出具证明,并经行长批准,提供备用贷款以确保到期付款。凭其他金融机构出具保函开证,原则上只接受本市市级以上有权叙做担保业务的分行或金融机构出具的保函,确定担保的有效性,落实好资金划拨途径。如果以银行承兑汇票等有价证券抵押开证,要办妥抵押合同并列明抵押品变现的有关权利及手续。

3.银行可收取外币保证金,也可收取人民币保证金。其会计分录为:

借:单位活期存款　　　　　　　　　外币(人民币)××
　　贷:存入保证金　　　　　　　　　外币(人民币)××

关于保证金,在外汇会计核算中要注意以下几点:

(1)对外付汇时,要先从保证金中开支,保证金不足时再从存款中补付,或者从外汇贷款、进口押汇中支付;

(2)注意保证金的货币与对外支付的货币是否一致,如果不一致,要通过"外汇买卖"科目进行核算;

(3)银行要向开证申请人支付保证金从存入日到对外付汇日的利息。

4.收取开证手续费

开证行按规定向开证申请人收取开证手续费(一般按 1.5‰ 收取),其会计分录为:

借:单位活期存款——开证申请人　　　　　　　　　　　　　人民币××
　　贷:手续费收入——担保费收入　　　　　　　　　　　　　人民币××

(四)开出信用证

1.缮打一式六联信用证

收到开证申请,银行审核申请人各种开证手续,经各级领导批准同意开证,进口开证经办员按规定对信用证进行编号,并在开证登记簿上登记有关内容,然后严格按照已经审核的"开证申请书"缮打信用证一式六联,各联的用途为:第一联信用证正本,经有权签字人员签字后航寄国外通知行;第二联信用证副本,第二次寄开证行;第三联信用证副本,开证行代统计卡;第四联信用证副本,第五联信用证副本,加盖进口业务公章后,退回进口单位;第六联随开证行申请书留存。

开证行将信用证送达通知行的方式有以下三种:

(1)信函开证。即将第一、第二联信用证正本、副本交有权签字人双签证实后航寄通知行。

(2)简电开证。在对外寄发上述信用证同时,向通知行拍发加押简文电报或SWIFT,请通知行将信用证主要内容预告信用证受益人。

(3)全文开证。将信用证全部内容,按规定拍发电报或电传或SWIFT,经加押后传通知行。按国际惯例,全电开证只凭电报、电传办理,不再另寄证实书。

2.账务处理

根据权责发生制的原理,信用证一经开出,开证行就拥有了对进口商收取货款的权利,并承担了对国外银行付款的责任,为了如实反映开证行的这一权责关系,要登记或有资产、或有负债账户,填制传票办理转账。其会计分录为:

借:应收开出信用证款项　　　　　　　　　　　　　　　　　外币××
　　贷:应付开出信用证款项　　　　　　　　　　　　　　　　外币××

这两个科目的数字经常被有关方面作为国家外汇使用情况的重要参考数据之一,开证行必须经常检查核对以保证账卡一致,对信用证已过期失效的未用金额应及时撤销,尽可能使该科目数据真实。

(五)修改信用证

1.修改信用证增加额

不可撤销的信用证开出以后,进口商因某种原因要求修改信用证条款或金额,必须征得受益人和有关当事人的同意。未经开证行、保兑行(如有的话)及受益人的同意,信用证既不能修改也不能撤销。修改时应由进口商提交一式两份的信用证修改申请书,经开证行审核同意,一联退给申请人,一联留存,并凭以缮制"信用证修改书",以电改或信改方式通知国外银行,同时须在信用证留底联上注明情况。

增加信用证金额的会计分录与开证时的会计分录相同,其会计分录为:

借:应收开出信用证款项　　　　　　　　　　　　　　　　外币(增额)××
　　贷:应付开出信用证款项　　　　　　　　　　　　　　　外币(增额)××

减少金额的会计分录与开证时的分录相反,其会计分录为:

借：应付开出信用证款项　　　　　　　　　　　　　　　外币（减额）××
　　贷：应收开出信用证款项　　　　　　　　　　　　　　外币（减额）××

2.计收修改手续费

按规定，每修改一次，须按规定费率计收修改手续费。

(1)开证申请人主动提出修改。其会计分录为：

借：单位活期存款　　　　　　　　　　　　　　　　　　人民币××
　　贷：手续费收入　　　　　　　　　　　　　　　　　　人民币××

(2)受益人主动提出修改，计收等值外汇修改费。其会计分录为：

借：存放国外同业或港澳及国外联行往来等有关科目　　　外币××
　　贷：手续费收入——国外银行费用　　　　　　　　　外币××

(3)撤证的账务处理同修改减额，但还要返还保证金。其会计分录为：

借：存入保证金　　　　　　　　　　　　　　　　　　　外币××
　　利息支出　　　　　　　　　　　　　　　　　　　　外币××
　　贷：单位活期存款或有关科目　　　　　　　　　　　外币××

二、审单与付款的处理

(一)收单审单

开证行在收到国家外议行寄来的单据后，一般要做如下工作：

(1)对单据编写付汇号码、议付行名称、议付行发来的出口案单 BP(bill of purchase)编号，其次将信用证号码、付汇号码、议付金额、收单日期等记载于来单登记册上，以便查阅。

(2)核对收到的单据份数、种类是否与寄单面函(covering letter)标注的单据种类、份数相符。如果有缺少或未提示的单据，应立即与寄单行联系，告知情况，要求寄单行补寄单据。

(3)将信用证留底从活卷调出，将来单金额批注在信用证上，并注明日期，结出余额。

(4)检查该证是否已办理担保提货，若已经办理，则不必审单，只须核对单据内的正本提单及发票。如果一切相等，则在提单上注明外汇银行担保编号，以便申请人从船务公司换回银行出具的担保函，同时通知申请人直接办理承兑、付款工作。

(5)若没有办理担保提货，则按照单证相符、单单相符的原则审核单据。

(二)审核无误后，缮打"进口信用证单据通知书"一式三联

各联的用途为：第一联是收到单据通知书，第二联是实际付款赎单通知书，第二联是实际通知书银行不留存备查。第一、第二联进口全套单据送进口商单后(一般3个工作日)在第二联上签注确认承付或拒付理由，并加盖银行公章。将第一、二联通知书通知进口商单据已到，要求申请人付款赎单；第三联由银行按序号排列后保管备查。对远期信用证，根据开证行与申请人之间的协议，将单据交给公司，或要求公司交纳一定的保证金。由于单据往往代表物权，因而须与申请人办好单据交接手续。

在实际工作中，开证银行应按如下原则处理不符点：

(1)开证行要独立行使审单职能，不要听命于申请人的不正当要求，利用不符点来达

到某些商业目的。

(2)不符点只能挑与单据无关的,即单据以外的货物、服务、签字有效性等。

(3)不应从信用证未规定单据中寻找不符点。

(4)已做提货担保的单据,即使有不符点也不能对外拒付。

(5)开证行确定单据存在不符点,可以决定联系申请人,使其放弃不符点。若决定拒收单据,则必须在不迟于自收到单据次日起7个工作日内,以电讯方式,如果不可能,则以其他快捷的方式,向寄单行发出通知。

(6)不符点必须一次性提出,并说明是持单听候交单行处理,还是径退单据给交单行。议付行议付单据时,如果发现许多无法更改的不符点,发电征求开证行意见时,开证行应同申请人联系,决定是否接受不符点。如果同意接受,则向议付行发确认电。该单据到达开证行后,仍要进行审单处理,若发现新的不符点,仍可以对外拒付。

(三)对外付汇

进口商提交海关申报单、涉外付汇申报单及外汇管理局批文、付汇确认书,审核无误后,在付款登记簿上,详细登记信用证号码、付款日期、付款金额、账户行名称、寄单行名称行及业务编号,以备查阅。

根据付款时间不同,信用证可以分为即期信用证和远期信用证。根据信用证条款规定的付款方式,即期信用证项下进口付款,主要有单到国内审单付款和国外审单付款两种。国外审单付款又分为国外审单主动借记我行账、国外审单后电报向我开证行索汇及授权国外议付行向我国外账户行索汇三种具体的形式。远期信用证项下付款分承兑和付汇两个阶段。

1.单到国内审单付款

单到国内审单付款是指国外议付行寄来的进口单据,经进口商确认承付后,银行即填制付款报单对外汇和对进出口商扣款。付汇金额应包括由进口商负担的银行费用。其会计分录为:

借:单位活期存款或存入保证金　　　　　　　　　　　　　人民币××
　　贷:外汇买卖(中间价)　　　　　　　　　　　　　　　人民币××
　　　　外汇买卖价差　　　　　　　　　　　　　　　　　人民币××
借:外汇买卖(卖出价)　　　　　　　　　　　　　　　　　外币××
　　贷:存放国外同业或其他科目　　　　　　　　　　　　 外币××

进口付汇后,开证行与进口商及境外银行的债权债务关系已消除,故应转销或有资产、或有负债科目。

借:应付开出信用证款项　　　　　　　　　　　　　　　　外币××
　　贷:应收开出信用证款项　　　　　　　　　　　　　　外币××

根据规定,进口单位在付汇或申请开证信用证前,应向所在地外汇管理局提交"进口付汇备案表",未经批准的进口单位不得直接到外汇银行办理进口付款。进口单位办理付汇时,应当按规定如实填写"贸易进口付汇核销单"一式三联,连同其他付汇单证一并交银行审核。银行办理付汇手续后,应将核销单第一联按结算方式分类,分别装订成册并定时向当地外汇管理局报送;第二联退还给进口单位;将第三联与其他付汇单证一并留存备查。

例 7-1

外汇银行 M 行应某侨资企业的申请,开出即期信用证到伦敦购买原料,开证金额 CBP 8 000,条款规定"单到国内审单付款"。8 月 4 日开证申请人按规定预交 100%的英镑保证金,付人民币 685 元的开证手续费。8 月 5 日开证到伦敦某联行。9 月 10 日开证行收到该联行寄来的全套进口单据 GBP 8 000,另加收由进口商承担的银行费用 GBP 100,开证申请人在 9 月 12 日确认付款后,开证行即从其保证金日存款账户中付汇,不足款项从其英镑活期存款中补付,同时发出请借记报单 CBP 8 100(开证行在议付行有英镑账户)。

要求:列出外汇银行 M 行该业务全套会计分录。

(1)8 月 4 日开证申请人存入保证金和支付开证费

借:单位活期存款　　　　　　　　　　　　　　　　GBP 8 000
　　贷:存入保证金　　　　　　　　　　　　　　　　GBP 8 000
借:单位活期存款　　　　　　　　　　　　　　　　CNY 685
　　贷:手续费收入——担保费收入　　　　　　　　CNY 685

(2)8 月 5 日开出信用证

借:应收开出信用证款项　　　　　　　　　　　　　GBP 8000
　　贷:应付开出信用证款项　　　　　　　　　　　GBP 8000

(3)9 月 12 日对外付汇

借:存入保证金　　　　　　　　　　　　　　　　　GBP 8 000
　　单位活期存款　　　　　　　　　　　　　　　　GBP 100
　　贷:港澳及国外联行往来——伦敦某联行　　　　GBP 8 100

同时注销或有资产、或有负债:

借:应付开出信用证款项　　　　　　　　　　　　　GBP 8 000
　　贷:应收开出信用证款项　　　　　　　　　　　GBP 8 000

例 7-2

外汇银行 M 行根据某外贸机电进口公司申请,于 8 月 11 日对纽约某联行开出即期信用证向某外商购买机电产品配件,开证金额为 10 500 美元,支付方式为单到国内审单付款。开证时从其中活期存款账户(0180900261)中支取人民币 50 000 元,存入其保证金,M 行收取 1.5‰的开证费,按美元卖出价折算成人民币,但不通过"外汇买卖"科目核算,由公司人民币活期存款账户(0180900261)支出。8 月 13 日,公司因故要求减少开证金额 500 美元,征得受益人同意后银行做了修改开证金额手续。8 月 25 日,接到纽约中行寄来该证项下全套单据,金额 10 000 美元,同时加收银行费用 200 美元,公司于 8 月 27 日送来确认承付书,全额承付,银行当日对外付款。即从企业保证金账户中转出款项,不足部分另从企业美元存款户支取(1482500750)。

要求:列出外汇银行 M 行该业务全套会计分录。(假设美元卖出价为 660.72%,中间价为 659.40%)

(1)8 月 11 日开出信用证

借:应收开出信用款项 USD 10 500
　　贷:应付开出信用证款项 USD 10 500
借:单位活期存款(0180900261) CNY 50 000
　　贷:存入保证金 CNY 50 000
借:单位活期存款(0180900261) CNY 104.06
　　（USD 10 500×660.72‰×1.5‰）
　　贷:手续费收入——担保费收入 CNY 104.06

(2) 8月13日修改开证金额
借:应付开出信用证款项 USD 500
　　贷:应收开出信用证款项 USD 500

(3) 8月27日对外付汇
补付美元数：

$$10\,200 - 50\,000 \div 660.72\% = 10\,200 - 7\,567.50 = 2\,632.50$$

借:存入保证金 CNY 50 000
　　贷:外汇买卖(中间价659.40‰) CNY 49 900.10
　　　　（USD 7 567.50×659.40‰）
　　　　外汇买卖价差 CNY 99.90
借:外汇买卖(卖出价660.72‰) USD 7 567.50
　　单位活期存款(1482500750) USD 2 632.50
　　贷:港澳及国外联行往来——纽约某联行 USD 10 200
借:应付开出信用证款项 USD 10 000
　　贷:应收开出信用证款项 USD 10 000

假设不足款项从人民币存款账户(0180900261)中补付。其会计分录如下：

补付人民币数：$10\,200 \times 660.72\% - 50\,000 = 17\,393.44$

借:存入保证金 CNY 50 000
　　单位活期存款(018090026) CNY 17 393.44
　　贷:外汇买卖(中间价659.40‰) CNY 67 258.80
　　　　（USD 10 200×659.40‰）
　　　　外汇买卖价差 CNY 134.64
借:外汇买卖(卖出价660.72‰) USD 10 200
　　贷:港澳及国外联行往来——纽约某联行 USD 10 200
借:应付开出信用证款项 USD 10 000
　　贷:应收开出信用证款项 USD 10 000

2.国外审单主动借记

国外审单主动借记是指议付行审单后主动借记进口方银行在议付行开立的账户,并将单据连同已借记报单一并寄开证行。开证行必须注意两个问题：

(1)把进口单据交进口商后,不必再由进口商承付。
(2)计收外币垫款利息。指议付行审单后主动借记日到国内开证行向进口商收款日之间的外币垫款利息应一并向进口商计收。账务处理与国内开证行审单付款方式相同。如国外议付行 8 月 21 日发出单据和已借记报单 USD 200 000,那么我国国内开证行在议付行开立的账户存款 USD 200 000 从 8 月 21 日开始就没有计算利息了,而国内开证行 8 月 31 日才收到已借记报单,办理售汇。其中开证行垫付了 10 天的外币利息。公司之所以同意采用这种方式,有的是因为进口商品在市场上比较紧俏,有的是因为这种方式可以获得价格上的若干优惠,情况不一。

例 7-3

外汇银行 M 行根据某合资企业的申请于 8 月 1 日对纽约某联行开出即期信用证向某外商购配件,金额 USD 11 500,支付条款注明"国外验单相符,主动借记我行账",开证时企业从其美元账户(1482500502)中支取信用证金额的 80% 存入保证金,M 行收取 1.5‰ 的开证费,按美元卖出价折成人民币,但不通过"外汇买卖"科目核算,从企业人民币存款账户(0182500271)中支出。此后,该企业因故要求增加开证金额 USD 500,征得受益人同意后于 8 月 10 日修改了开证金额。议付行议付单后,8 月 21 日寄有关单据和已借记报单到开证行,金额为 USD 12 000,同时加收银行费用 USD 40。M 行于 8 月 31 日才收到已借记报单,即从企业保证金账户中转出款项,不足部分另从其美元账户(1482500502)中支取,同时按 5‰ 的利率算收 10 天垫款利息,保证金账户按 2% 的利率计付企业利息转入其存款账户。

要求:列出外汇银行 M 行对该笔业务全套会计分录。(假设美元卖出价为 660.72%,中间价为 659.40%)

(1)8 月 1 日开出信用证

借:应收开出信用证款项　　　　　　　　　　　　　　USD 11 500
　　贷:应付开出信用证款项　　　　　　　　　　　　USD 11 500
借:单位活期存款(1482500502)　　　　　　　　　　　USD 9 200
　　　　　　　　　　　　　　　　　　　　　(USD 11 500×80%)
　　贷:存入保证金　　　　　　　　　　　　　　　　USD 9 200
借:单位活期存款(0182500271)　　　　　　　　　　　CNY 113.97
　　　　　　　　　　　　　　　　　(USD 11 500×660.72%×1.5‰)
　　贷:手续费收入——担保费收入　　　　　　　　　CNY 113.97

(2)8 月 10 日修改开证金额

借:应收开出信用证款项　　　　　　　　　　　　　　USD 500
　　贷:应付开出信用证款项　　　　　　　　　　　　USD 500

(3)8 月 31 日

　　垫款利息=USD 12 040×5‰×10=USD 60.20
　　保证金账户利息=USD 9 200×2%÷360×30=USD 15.33

借:存入保证金　　　　　　　　　　　　　　　　　　USD 9 200
　　单位活期存款　　　　　　　　　　　　　　　　　USD 2 900.20
　　　　　　　　　　　　　　　　　(USD 12 040+60.20-9 200)
　　贷:利息收入　　　　　　　　　　　　　　　　　USD 60.20
　　　　港澳及国外联行往来——纽约某联行　　　　　USD 12 040

借:利息支出   USD 15.33
    贷:单位活期存款(1482500502)   USD 15.33
借:应付开出信用证款项   USD 12 000
                                            (USD 11 500+500)
    贷:应收开出信用证款项   USD 1 2000

3.国外审单电报索汇

这种支付方式下,议付行审单后不能主动借记我国国内开证行账户,而必须用加押电报向我开证行索偿。开证行收到电报核押相符,即用电汇方式对国外付汇并向进口商收取货款。开证行应注意三个问题:

(1)如果国外来电说明单据存在某些不符点,应如实通知进口商,经进口商确认后办理付汇。

(2)在付汇的同时缮打"进口信用证单据通知书",注明"已凭电索付款",待收到单据核对相符,再送进口商,防止重复付款。

(3)这种支付方式下,开证行没有垫付外汇资金,故不能向进口商收取垫款利息。

会计分录与单到国内审单付款方式相同。

4.授权国外议付行向我国外账户行索汇

这种方式适用于境外议付行与开证行及其总行均无账户关系,只得指定偿付行(第三家银行)办理三角清算的情况。开出信用证时,必须加列指定"偿付行"的特别条款,同时必须将信用证副本一份寄偿付行,以便该行凭议付行 BP 联核对拨款。议付行审单相符后,即将 BP 联寄出向偿付行索汇,同时将单据寄开证行,偿付行收到 BP 联与信用证副本核对相符并验对议付行签章后,即主动借记开证行账,贷记议付行账。我行凭国外账户行(偿付行)已借报单计算外汇垫款利息。如国外偿付行 10 月 15 日主动借记我开证行账,开证行 10 月 20 日收到已借记报单,开证银行垫款 5 天利息,要向进口商算收。会计分录与国外审单主动借记方式相同。

总之,国外审单主动借记和授权国外议付行向我国外账户行索汇,进口公司要承担国外付款日至单到国内这段时间银行垫付的外币垫款利息。

5.远期信用证项下进口付汇的处理

远期信用证是指承兑信用证或议付信用证的远期部分,它的汇票付款日期不是见票即付,而是约定一定期限到期付款的一种方式。远期信用证付款期限有开证行出票后几天付款,也有议付后几天付款等,具体使用哪一种,事先应在信用证上注明,以便计算到期日。远期信用证项下付款分承兑和付汇两个阶段:

(1)承兑。开证行在收到议付行寄来的远期信用证项下进口单据后,将单据连同"进口信用证单据通知书"送公司确认到期付款。公司确认后,外汇银行即办理远期汇票承兑手续,并通知国外议付行。承兑是指远期汇票的付款人,以其签名表示同意按照出票人的命令付款。承兑有两个行为——第一写明"承兑"字样并签字,第二将承兑汇票交给持票人,这样承兑就是有效的和不可撤销的。远期信用证项下的承兑,经常由承兑行发出承兑通知书给持票人,用来代替交付已承兑汇票给持票人。在远期信用证项下,开证行决定接受寄单行提交的单据,必须在接到单据次日起的 7 个工作日内,做出承兑行为。

在实际工作中,按下列步骤进行远期信用证的承兑:开证行决定承兑汇票,须要求申请人签署同意承兑的书面意见,连同远期信用证专卷管理,并在远期信用证登记簿上详细登记信用证号、承兑日、付款到期日、承兑金额、寄单行名称、寄单号码等,以备查阅。缮制"承兑通知书"经复核员认真核对无误后,以信函或电传形式致议付行,以便其确认到期付款。办理承兑手续后,应将或有资产、或有负债科目进行调整,以反映承兑确定下来的权责关系。由于承兑后的单据反映承兑行对国外议付行承担到期付款的责任,也反映承兑行对进口公司拥有的权益,因此要填制传票办理转账,其会计分录为:

借:应收承兑汇票款　　　　　　　　　　　　　　　　　外币××
　　贷:承兑汇票　　　　　　　　　　　　　　　　　　　外币××

同时转销或有资产、或有负债科目,其会计分录为:

借:应付开出信用证款项　　　　　　　　　　　　　　　外币××
　　贷:应收开出信用证款项　　　　　　　　　　　　　　外币××

如果开证行在对外函/电承兑后又收到寄单行来电要求将汇票承兑后退回时,必须收到寄单行的加押电撤销开证行某月某日的承兑函/电后才能办理,以免对外发生两笔债务,同时必须做到影印汇票副本留存,只能寄出一张汇票。对于已承兑汇票且汇票已退议付行,一律不再对外付款承诺,以防重复付款风险。

(2)付汇。付款到期日要及时付款,决不能发生迟付或拒付现象。若申请人资金未到位,开证行应以备用垫款垫付。银行应抽出"承兑汇票"科目卡片账注明销账日期后办理转账。在账务处理上同单到国内审单付款方式下付款的会计分录。同时转销承兑登记的或有资产、或有负债科目。其会计分录为:

借:承兑汇票　　　　　　　　　　　　　　　　　　　　外币××
　　贷:应收承兑汇票款　　　　　　　　　　　　　　　　外币××

例 7-4

11月5日,某公司向外汇银行 M 行提出申请开立以荷兰阿姆斯特丹通用银行为议付行的远期60天付款信用证,金额为 USD 32 700。11月7日,M 行审核后开出了以荷兰阿姆斯特丹通用银行为议付行的远期60天付款。金额为 USD 32 700 的信用证。11月10日公司因故减少开证金额 USD 700,银行当天做了修改手续。12月5日,通用银行寄来全套单据,要求通知承兑汇票,并在到期日将款项交纽约大通行(中间行)贷记其在该行账户。12月8日,该公司确认承兑后于第二年到期付款,即通知通用银行。第二年2月6日,汇票到期,M 行向公司办理结算,并且发请借记报单授权纽约大通行借记总行开在该行的账户,同时 M 行以"全国联行往来"报单划收总行账。

要求:列出外汇银行 M 行对该笔业务全套会计分录。

(1)11月7日开出信用证

借:应收开出信用证款项　　　　　　　　　　　　　　USD 32 700
　　贷:应付开出信用证款项　　　　　　　　　　　　　USD 32 700

(2)11月10日修改开证金额

借:应付开出信用证款项　　　　　　　　　　　　USD 700
　　贷:应收开出信用证款项　　　　　　　　　　　　　USD 700
(3)12月8日承兑
借:应收承兑汇票款　　　　　　　　　　　　　　USD 32 000
　　贷:承兑汇票　　　　　　　　　　　　　　　　　　USD 32 000
借:应付开出信用证款项　　　　　　　　　　　　USD 32 000
　　贷:应收开出信用证款项　　　　　　　　　　　　　USD 32 000
(4)第二年2月6日到期付款
借:单位活期存款　　　　　　　　　　　　　　　USD 32 000
　　贷:全国联行往来——总行　　　　　　　　　　　　USD 3 2000
借:承兑汇票　　　　　　　　　　　　　　　　　USD 32 000
　　贷:应收承兑汇票款　　　　　　　　　　　　　　　USD 3 2000

第二节　进口代收结算方式下进口业务的核算

进口代收是指国外出口商根据托收的有关规定,不经银行开立信用证,于货物装运后,将全套单据经由托收银行寄往进口方代收银行向进口商代收货款或其从属费用的结算方式。

一、收到进口代收单据

代收行收到托收行寄来的托收单据时,须认真清点委托书上所列单证种类及份数,确认无误后,编列顺序号,登记"进口单据通知书"(格式与"进口信用证单据通知书"相同),通知进口商备款赎单,同时通过或有资产、或有负债账户反映代收行与进口商及托收行的权责关系。其会计分录为:

借:应收进口代收款项　　　　　　　　　　　　　外币××
　　贷:进口代收款项　　　　　　　　　　　　　　　　外币××

若进口商不同意承付,应提出拒付理由,连同单据退交代收行转告托收行;如果部分拒付,则在征得托收行同意后再按实际金额付款。

在账务处理方面,如果是全部拒付,应反方向冲减收到进口代收单据时所做或有资产、或有负债账户的记录;如果是部分拒付,则在征得托收行同意后再按拒付金额调整或有资产、或有负债账户记录。

二、进口商确认后对外付汇

进口公司审核同意承付后,交来通知书第二联("代承付确认书")和"贸易进口付汇核销单"一式三联,通知银行代为付款,代收行即办理售汇和对外划款,其会计分录为:

借：单位活期存款 　　　　　　　　　　　　　　　　　人民币××
　　贷：外汇买卖（中间价） 　　　　　　　　　　　　　人民币××
　　　　外汇买卖价差 　　　　　　　　　　　　　　　　人民币××
借：外汇买卖（卖出价） 　　　　　　　　　　　　　　　外币××
　　贷：港澳及国外联行往来或存放国外同业 　　　　　　外币××
同时销记或有资产和或有负债账户的记录。
借：进口代收款项 　　　　　　　　　　　　　　　　　　外币××
　　贷：应收进口代收款项 　　　　　　　　　　　　　　外币××

按国际惯例，代收行须按规定费率计收进口代收手续费。此项费用若按规定由进口商负担，当然向进口商计收；若托收委托书上没有明确由谁负担，则从收妥的进口代收款项中扣收等值外汇。出口商如有异议，由交易双方直接交涉，代收行不必过问。

例 7-5

外汇银行 M 行 8 月 20 日收到香港某代理行寄来的进口代收单据，交单方式为即期付款交单，金额 HKD 60 000，委托向某公司收取货款，该行通知进口商后，进口商于 8 月 22 日确认付款，银行办理售汇付汇手续，扣收 HKD 60 手续费后把余款划收给香港某代理行（当日港币汇卖价为 88.20%，中间价为 88.035%）。

要求：列出 M 行该笔业务的全套会计分录。

(1) 8 月 20 日收到进口单据，通知进口商
借：应收进口代收款项 　　　　　　　　　　　　　　　　HKD 60 000
　　贷：进口代收款项 　　　　　　　　　　　　　　　　HKD 60 000

(2) 8 月 22 日售汇付汇
借：单位活期存款 　　　　　　　　　　　　　　　　　　CNY 52 920
　　　　　　　　　　　　　　　　　　　　　　　　（HKD 60 000×88.20%）
　　贷：外汇买卖（中间价 88.035%） 　　　　　　　　　CNY 52 821
　　　　　　　　　　　　　　　　　　　　　　　　（HKD 60 000×88.035%）
　　　　外汇买卖价差 　　　　　　　　　　　　　　　　CNY 99
借：外汇买卖（卖出价 88.20%） 　　　　　　　　　　　 HKD 60 000
　　贷：手续费收入 　　　　　　　　　　　　　　　　　HKD 60
　　　　存放国外同业——香港某代理行 　　　　　　　　 HKD 59 940
同时销记或有资产、或有负债：
借：进口代收款项 　　　　　　　　　　　　　　　　　　HKD 60 000
　　贷：应收进口代收款项 　　　　　　　　　　　　　　HKD 60 000

三、拒付

进口公司收到单据提出不同意承付时，应填写"拒付理由书"连同单据一并退回银行，由银行转告委托行。如果是全部拒付，必须退回全部单证，否则公司承担全部付款责任。

如果是部分拒付,在取得委托行同意后,按实际支付的金额办理划款手续,并按实际支付金额转销或有资产、或有负债账户的记录。

本章练习

一、单项选择题

1.( )是银行开出信用证的依据,是开证申请人与开证行之间的合约。
   A.开证申请书　　B.贸易合同　　C.信用证条款　　D.国际惯例
2.银行开立信用证可以向申请人收取保证金,使用"存入保证金"科目,该科目的性质为( )。
   A.资产类　　B.负债类　　C.共同类　　D.损益类
3.单到国内审单付款是指国外议付行寄来的进口单据,经进口商确认承付后,银行即填制付款报单对外汇和对进出口商扣款。开证行填发的报单为( )。
   A.请借记报单　　B.已借记报单　　C.请贷记报单　　D.已贷记报单
4.国外审单电报索汇的会计分录与( )相同。
   A.单到国内审单付款
   B.国外审单主动借记
   C.进口代收方式下的付汇
   D.授权国外议付行向我国国外账户行索汇
5.外汇银行办理进口售汇业务应使用( )。
   A.现钞买入价　　B.中间价　　C.现汇买入价　　D.卖出价

二、多项选择题

1.信用证项下进口结算主要包( )环节需要会计核算。
   A.对外开证　　B.审单议付　　C.审单付款　　D.出口结汇
2.进口信用证的特点有( )。
   A.改善进口商谈判地位　　　　B.改善出口商谈判地位
   C.减少资金占压　　　　　　　D.货物有所保证
3.进口信用证适用客户一般符合( )条件。
   A.进出口双方希望对彼此的行为进行一定约定以提升贸易的可信度
   B.进口商品处于卖方市场,且出口商坚持使用信用证方式进行结算
   C.进口商品处于买方市场,且出口商坚持使用信用证方式进行结算
   D.进出口双方流动资金不充裕,有使用贸易融资的打算
4.( )付款方式下,进口公司要承担国外扣款日至单到国内这段时间银行垫付的外币垫款利息。
   A.单到国内审单付款　　　　　B.国外审单主动借记
   C.国外审单电报索汇　　　　　D.授权国外议付行向我国国外账户行索汇
5.开证行在收到申请人递交的开证申请书后,要认真审查,通常审查( )。
   A.申请单位公章与申请人名称是否相符

B.内容是否完整、清楚

C.信用证条款是否符合 UCP 600 的有关要求

D.货运目的港是否是我国的口岸

6.国外审单主动借记是指议付行审单后主动借记进口方银行在议付行开立的账户,并将单据连同已借记报单一并寄开证行。开证行必须注意(　　)。

A.把进口单据交进口商后,不必再由进口商承付

B.把进口单据交进口商后,必须由进口商承付

C.计收外币垫款利息

D.不计收外币垫款利息

7.开证行审核单据应按(　　)原则处理不符点。

A.开证行要独立行使审单职能

B.不应从信用证未规定单据中寻找不符点

C.不符点必须一次性提出

D.已做提货担保的单据,即使有不符点也不能对外拒付

8.即期信用证项下进口付款,主要有单到国内审单付款和国外审单付款两种,国外审单付款又分为(　　)具体的形式

A.国外审单主动借记我行账　　　　B.国外审单后电报向我开证行索汇

C.单到国内审单主动付款　　　　　D.授权国外议付行向我国外账户行索汇

9.关于进口代收费,正确的表述有(　　)。

A.代收行须按规定费率计收进口代收手续费

B.代收费若按规定由进口商负担,向进口商计收

C.若托收委托书上没有明确由谁负担,则从收妥的进口代收款项中扣收等值外汇

D.出口商若有异议,由交易双方直接交涉,代收行不必过问

10.关于国外审单电报索汇,开证行应注意(　　)问题。

A.若国外来电说明单据存在某些不符点,应如实通知进口商,经进口商确认后办理付汇

B.在付汇的同时缮打"进口信用证单据通知书",注明"已凭电索付款",防止重复付款

C.开证行没有垫付外汇资金,故不能向进口商收取垫款利息

D.开证行垫付了外汇资金,故能向进口商收取垫款利息

三、判断题

1.开证申请书是银行开出信用证的依据,是开证申请人与开证行之间的合约。(　　)

2.根据国际惯例,银行开证时并无向进口商索阅合同的义务,贸易合同中所规定的条款对开证行无约束力,银行只是根据开证申请书所载内容对外开证。(　　)

3.开证行可以申请人自身付款保证或进账计划作为开证保证。(　　)

4.开立信用证原则上要收取足额的保证金,特别因对于资信情况没有把握或资信情况不佳而不能保证按期资金到位的开证申请人,或属代理进口项下开证业务,应收取足额保证金后方能开证。(　　)

5.开证行对于一些资信良好、实力雄厚,且经常发生业务往来的进出口企业可以实行

免收保证金开证,对免保部分无须落实担保措施。   (   )

6.银行开立信用证可以向申请人收取外币保证金,也可收取人民币保证金。 (   )

7.根据权责发生制的原理,信用证一经开出,开证行就拥有了对进口商收取货款的权利,并承担了对国外银行付款的责任,因此,要登记或有资产和或有负债账户。 (   )

8.不可撤销的信用证一经开出,未经开证行及受益人的同意,信用证可以修改或撤销。   (   )

9.信用证项下出口结算和进口结算方式下的减额会计处理是相同的。   (   )

10.国外审单主动借记方式下开证行把进口单据交进口商后,不必再由进口商承付。
                                                                  (   )

11.国外审单主动借记和授权国外议付行向我账户行索汇,进口公司都要承担国外扣款日至单到国内这段时间银行垫付的外币垫款利息。   (   )

12.国外审单电报索汇开证行要向进口商收取垫款利息。   (   )

13.远期信用证下进口业务承兑环节和进口代收业务远期汇票承兑环节的会计核算相同。   (   )

14.若托收委托书上没有明确进口代收手续费由谁负担,则从收妥的进口代收款项中扣收等值外汇。   (   )

15.在进口代收结算方式下,若进口商不同意承付,应提出拒付理由,连同单据退交代收行转告托收行;若部分拒付,则在征得托收行同意后再按实际金额付款。 (   )

四、业务题

要求:列出外汇银行 M 行下列业务全套会计分录。(假设本章习题涉及的外汇牌价为:美元卖出价为 689.16%,中间价为 687.79%)

1.外汇银行 M 行接到某合资企业的申请,要求开立即期信用证 USD 82 000 购买原料,信用证条款规定"单到国内审单付款"。

8月2日开证申请人按规定预交100%美元保证金,计付银行开证手续费人民币845元。

8月3日该外汇银行开证到美国某联行。

9月8日开证行收到该联行寄来的全套单据 USD81 500,另加收由进口商承担的银行费用 USD 200,经审核后,通知开证申请人。

开证申请人于9月10日确认后,开证行即从保证金账户付汇,并把余款转收其存款户,同时对议付行发出请借记报单 USD 81 700(开证行与议付行有美元往来账户关系)。

2.外汇银行 M 行根据外贸盛华进口公司申请,于11月12日对纽约某联行开出即期信用证 262 000 美元向某外商购买进口设备,支付方式为单到国内审单付款。开证时从其0180900126 账户中支取 CNY 900 000,存入其保证金,并取 1.5‰ 的开证费(由盛华公司人民币 0180900126 存款账户支出)。11月15日,公司因故要求减少开证金额2 000 美元,征得受益人同意后银行当天做了修改开证金额手续。11月23日,接到纽约某联行寄来该证项下全套单据,金额 260 000 美元,同时加收银行费用 2 500 美元,公司于11月25日送来确认承付书,全额承付,银行当日对外付款。即先从公司保证金账户中转出款项,不足部分另从公司人民币存款户(0180900126)中支取。

3.外汇银行M行根据某外资企业的申请于7月5日对纽约某联行开出即期信用证向某外商购原材料,金额USD 86 500,支付条款注明"国外验单相符,主动借记我行账"。开证时企业从其美元存款账户(1482500350)中支取信用证金额的80%存入保证金,并交1.5‰的开证费(M行按美元卖出价折收人民币,用企业人民币存款账户0182501272支出)。

此后,该企业因故要求增加开证金额USD 500,征得受益人同意后于7月8日修改开证金额。议付行议付单据后,7月18日寄有关单据和已借记报单到开证行,金额为USD 87 000,同时加收银行费用USD 260。

外汇银行M行7月30日才收到已借记报单,即从企业保证金账户中转出款项,不足部分另从其美元账户(1482500350)中支取,同时按5‰的利率算收12天垫款利息,保证金账户按2%利率计付企业利息收入其存款账户。

4.外汇银行M行应某外贸公司的申请8月5日对香港联行开出不可撤销远期信用证购买货物,金额是USD 30 500,支付条款规定"承兑后30天付款"。

8月8日,公司因故要求减少开证金额USD 500,A行按规定办理了修改手续。

8月28日开证行收到议付行全套单据及跟单汇票,金额USD 30 000,A行审单后即通知公司。

8月31日公司确认承兑,银行办理承兑手续。开证行即对议付行发出承兑通知书,确认9月30日为付款日。

9月30日,A行向公司办理售汇,向议付行发出请借记报单,对外付款。

5.外汇银行M行8月10日收到美国某代理行寄来进口代收单据一套,交单方式为D/P即期,金额USD 20 000,委托向某合资企业收取货款,该行把单据签送进口商后,8月12日进口商确认承付,款项从美元外汇存款账户中支取,该行按规定扣收USD 25手续费后,将余款划收委托行(托收行与代收行有美元账户关系)。

第八章 国际汇兑业务的核算

学习目的

通过本章的学习,学生应了解国际汇兑结算的意义、种类及其核算要求,熟悉有关会计科目的使用,掌握汇出与汇入的电汇、信汇、票汇等国际结算方式下的具体核算手续。

国际汇兑业务是外汇银行主要业务之一,也是完成国际结算的主要方式之一。国际汇兑业务通常指的是汇出汇款、汇入汇款,是银行通过联行或同业相互间款项的划拨代替现金运送,所以,银行办理国际汇兑业务和国外联行往来、代理行往来业务密不可分,在学习本章时要特别注意这点。

第一节 国际汇兑业务概述

一、定义

(一)汇兑

汇兑是银行凭信用通过联行或同业之间的款项划拨代替现金运送,利用一定的结算工具(如汇票、支付委托书、加押电传等),通过电汇、信汇、票汇等方式,将资金从一地拨付到另一地债权人或收款人所在地的分行或代理行转付给债权人或收款人,以清算两地间债权债务的一种业务。

(二)国际汇兑

国际汇兑是银行在不运送现金的情况下,利用汇票和其他信用工具,将资金从本国拨付到国外债权人或收款人所在地的分行或代理行转付给债权人或收款人,使处于不同国家的债权人或债务人了清相互间的债权债务。

国际汇兑是早期国际结算业务中的主要方法,由于其具有灵活、方便、收费低廉的特点,因而也一直是国际结算业务中经常使用的方法。一般而言,国际贸易项下金额不大的货款或有关的从属费用、非贸易结算、国际金融交易大都采取汇款方式办理结算。

二、汇付方式

汇付方式可分为信汇、电汇和票汇三种。

1.信汇(mail transfer,简称 M/T)

信汇是指汇出行应汇款人的申请,将"信汇付款委托书"寄给汇入行,授权解付一定金额给收款人的一种汇款方式。信汇方式的优点是费用较为低廉,但收款人收到汇款的时间较迟。

2.电汇(telegraphic transfer,简称 T/T)

电汇是指汇出行应汇款人的申请,采用 SWIFT(环球银行间金融电讯网络)等电讯手段将"电汇付款委托书"发给汇入行,指示解付一定金额给收款人的一种汇款方式。电汇方式的优点是收款人可迅速收到汇款,但费用较高。

3.票汇(demand draft,简称 D/D)

票汇是指汇出行应汇款人的申请,代汇款人开立以其联行或代理行(国外账户行)为解付行的银行即期汇票(banker's demand draft),支付一定金额给收款人的一种汇款方式。

票汇与信汇、电汇的不同之处在于,票汇传递不通过银行,汇入行无须通知收款人取款,而由收款人自行持票到汇入行请求解付票款;电汇、信汇则需要经汇入行通知收款人前来取款。另外,票汇的收款人可以通过背书转让汇票,受让人可到银行领取汇款;电汇、信汇的收款权则不能转让。因此,票汇收款人主动性、灵活性较大,且收费也比较低。票汇的缺点是汇票遗失和被窃的可能性较大。

不论采用以上哪一种方式,在贸易项下,汇款都可以分为预付货款和货到付款两种。

预付货款是指买方(进口商)先将货款的全部或者一部分通过银行汇交卖方(出口方),卖方收到货款后,根据买卖双方事先约定好的合同规定,在一定时间内或立即将货物发运给出口商。预付货款对出口商是有利的,因为对于出口商来说,货物未发出,已经收到一笔货款,等于利用他人的款项,或者等于得到无息贷款;收款后再发货,预收的货款成为货物担保,降低了货物出售的风险,如果进口商毁约,出口商即可没收预付款;出口商甚至还可以做一笔无本钱的生意,在收到货款后再去购货。反过来,预付货款对进口商是不利的,因为进口商未收到货物已经先垫款,将来如果货物不能收到或不能如期收到,或即使收到但货物有问题,将遭受损失和承担风险;而且,货物到手前付出货款,资金被他人占用,造成利息损失甚至是资金周转困难。

货到付款,是出口商先发货,进口商后付款的结算方式。这种方式实际上是属于赊账交易或者延期付款性质。显然,这种方式对进出口商产生了同预付货款截然相反的影响,有利于进口商而不利于出口商。所以在国际贸易中,进口商倾向于运用货到付款的方式,而出口商则偏好预付货款的方式。在实际操作中,采用哪一种方式是由市场形势等造就的买卖双方力量对比决定的。为了避开这种明显不利于一方的结果,贸易结算方式向托收演进。

在进出口贸易中,汇款如果使用在资信可靠或关系密切友好的贸易伙伴之间,能高效、安全、及时、低成本结汇。对出口商来说，如果能争取到预付货款方式对其极为有利，但如果是货到付款方式，只要发运了货物就很难对进口商品进行有效控制。在此情形下，出口商能否收到货款则完全取决于进口商的商业信用，如果进口商不守信用，出口商最终可能会面临钱货两空的风险。对进口商而言，争取货到付款方式有利；反之，如果采用预付货款方式，风险加大。

三、汇兑当事人

1. 汇款人(remitter)

汇款人是指向银行缴款付费，委托银行将款项汇交给国外债权人或收款人的当事人。在进出口贸易中，汇款人通常是进口方、被索赔的出口方或其他人。

2. 收款人(payee or beneficiary)

收款人是指被通知收取款项的人，也叫受益人。收款人或受益人通常是商品或劳务的供应方或出口商，或其他款项的收款人。

3. 汇出行(remitting bank)

汇出行是接受汇款人的委托，将资金转至收款人所在地的联行或代理行，并指示后者向收款人解付一定金额的银行。汇出行通常是汇款人所在地的银行，如进口地银行。

4. 汇入行(paying bank)

汇出行委托支付汇款的银行，一般是收款人的开户银行。

汇入行或称解付行，是接受港澳及国外联行或代理行的委托，按汇出行的指示或支付命令，解付一定金额给收款人的银行。汇入行或解付行通常是收款人所在地的银行。

四、国际汇兑方法

(一)汇出法

汇出法又叫顺汇法，由债务人主动通过银行将款项汇给国外债权人以了清债权债务关系，其资金的流向和结算工具的传递方向相同。

(二)出票法

出票法又叫逆汇法，由收款人主动索汇，债权人向债务人签发汇票，委托银行收款的方式，其资金的流向和结算工具的传递方向相反。

五、国际汇兑的应用

买卖双方对每一种结算方式，都从手续费用、风险和资金负担的角度来考虑它的利弊。汇款的优点在于手续简便、费用低廉。汇款的缺点是风险大，资金负担不平衡。因为以汇付方式结算，可以是货到付款，也可以是预付货款。如果是货到付款，卖方向买方提供信用并融通资金。而预付货款则是买方向卖方提供信用并融通资金。无论哪一种方式，风险和资金负担都集中在一方。在我国外贸实践中，汇付一般只用来支付订金、货款尾数、佣金等项费用,不是一种主要的结算方式。在发达国家之间,由于大量的贸易是跨国公司的内部交易,而且外贸企业在国外有可靠的贸易伙伴和销售网络,因此,汇付是主要的结算方式。在分期付款和延期付款的交易中,买方往往用汇款方式支付货款,但通常需辅以银行保函或备用信用证,所以又不是单纯的汇付方式了。

六、会计科目

(一)汇出汇款

1.使用

(1)汇款汇出境外;

(2)国内异地票汇。

凡国内外汇银行委托港澳及国外联行、代理行解付的汇款以及委托国内联行解付的票汇,用"汇出汇款"科目核算。

2.性质

汇出汇款属负债类科目,汇出境外,国外行尚未解付,贷记该科目,国外行已解付,借记该科目,余额为零。如果该科目有贷方余额,则为外汇银行款项已经汇出,但是国外行尚未解付的金额。

(二)汇入汇款

1.使用

凡港澳及国外联行、代理行委托我国国内外汇银行解付汇款时,用"汇入汇款"科目核算。

2.性质

汇入汇款属负债类科目,收到汇款,尚未解付,贷记该科目,解付后借记该科目,余额为零。如果该科目有贷方余额,则为外汇银行收到汇款,但是国外行尚未解付的金额。

第二节 汇出汇款业务的核算

一、概述

(一)定义

汇出汇款业务是指外汇银行接受汇款人的委托,以约定的汇款方式委托海外联行或代理行将一定金额的款项付给指定收款人的业务。汇出汇款业务主要用于满足国际资金汇划结算需求。汇款方式包括电汇、信汇和票汇,目前常用的是电汇和票汇。

(二)业务特点

汇出汇款业务和其他结算方式相比,有如下特点:

(1)费用少。与信用证和托收方式相比,汇款手续简便,费用低廉。

(2)速度快。电汇速度较快,有利于出口商及时收款,加快资金周转速度。
(3)操作简便。操作简单易行,适用范围较广。

(三)适用范围

汇出汇款业务适用于以下客户:
(1)进口商流动资金充足,当前的主要目标是控制财务费用而不是取得融资便利;
(2)贸易结算项下,出口商接受见到付款的条件,但对收款速度有较高要求;
(3)进口商与出口商有良好合作关系且对其充分信任,愿意接受预付货款的条件;
(4)资料费、技术费、贸易从属费用(包括运费保费)等宜采用汇出汇款方式;
(5)贸易项下的尾款一般宜采用汇出汇款方式。

(四)提交材料

客户办理汇出汇款业务需要向外汇银行提供以下材料:
(1)办理各类汇出汇款均需向外汇银行提供汇出汇款申请书、现汇账户的支款凭证、用于购汇的人民币支票;
(2)办理汇出汇款需符合国家有关外汇管理规定,提交外汇管理办法要求的有效凭证,例如有关批汇文件、国际收支申报表、贸易进口付汇核销单。

(五)申请条件

(1)依法核准登记,具有经年检的法人营业执照或其他足以证明其经营合法性和经营范围的有效证明文件;
(2)拥有贷款卡;
(3)拥有开户许可证,并在外汇银行开立结算账户;
(4)具有进出口经营资格;
(5)在外汇银行有授信额度。

(六)业务流程

外汇银行汇出汇款业务流程如图8-1所示。(电汇和信汇以实线表示,票汇以虚线表示)
(1)汇款人向银行提交"汇出汇款申请书",以及现汇账户支款凭证或用于购汇的人民币支票。
(2)银行经审核后向海外联行或代理行发出汇款指示电报(电汇项下)或指示信函(信汇项下),或开具汇票(票汇项下)交付汇款人。
(3)电汇或信汇项下,海外联行或代理行按银行指示向收款人解付汇款。
(4)票汇项下,汇款人将汇票自行交付收款人,收款人向汇票注明的付款银行提示汇票,付款银行向收款人解付汇款。

二、汇出时的核算

(一)汇出有关凭证

1.汇款申请书(一式两联)

单位或个人要求汇款时,必须填制"汇款申请书"一式两联,银行审查同意后,收妥款

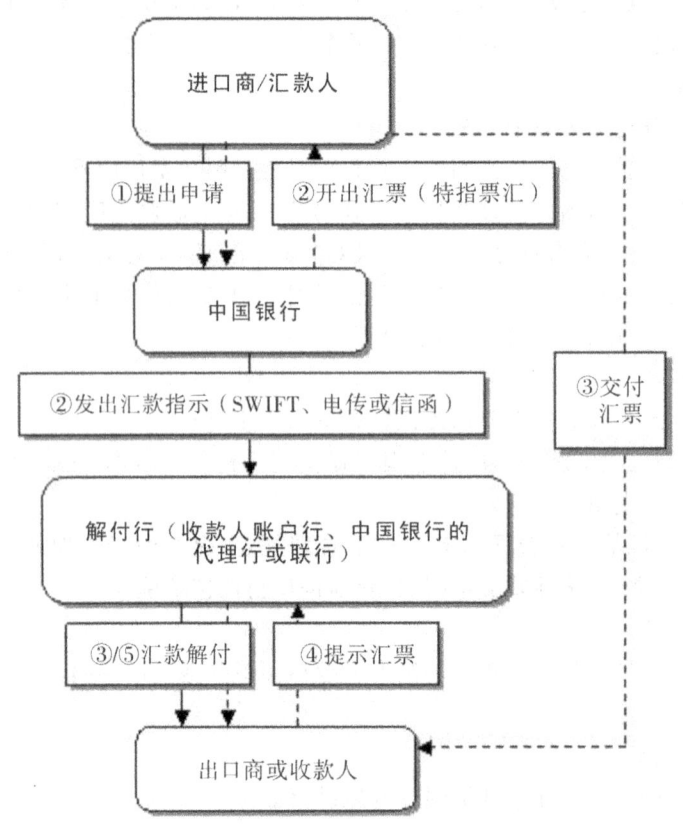

图 8-1　汇出汇款业务流程

项和有关费用后,一联作为"汇出汇款"传票附件,一联作为回单加盖业务公章后退给汇款人。接受汇出汇款申请,选择国外解付行首先选择国外联行,然后选择有账户关系的代理行,最后考虑双方在同一家银行都有账户关系的代理行。

2.电汇凭证(一式四联)

第一联:电汇电稿,编押后作为拍电报的依据;

第二联:汇出汇款科目贷方传票;

第三联:汇出汇款科目卡片账;

第四联:汇出汇款科目借方传票。

3.信汇凭证(一式七联)

第一联:信汇委托书,有权人签字后寄解付行;

第二联:信汇通知书,解付行通知收款人;

第三联:正收条,收款人签章后寄还汇款行;

第四联:副收条,解付行代传票;

第五联:汇出汇款科目贷方传票;

第六联:汇出汇款科目卡片账;

第七联:汇出汇款科目借方传票。

4.票汇凭证(一式五联)

第一联:汇票正本,取款依据;

第二联:汇票通知书,通知付款行已签发汇票;

第三联:汇出汇款科目贷方传票;

第四联:汇出汇款科目卡片账;

第五联:汇出汇款科目借方传票。

(二)会计核算

1.从原币存款下汇出

从原币存款下汇出会计分录如下:

 借:有关存款   外币××

  贷:汇出汇款   外币××

2.售汇下汇出(人民币现汇存款下汇出)

售汇下汇出会计分录如下:

 借:有关人民币存款   人民币××

  贷:外汇买卖(中间价)   人民币××

    外汇买卖价差   人民币××

 借:外汇买卖(卖出价)   外币××

  贷:汇出汇款   外币××

3.存款外币与汇款外币不同

套汇下汇出会计分录如下:

 借:有关存款   存款外币××

  贷:外汇买卖(汇买价)   存款外币××

 借:外汇买卖(中间价)   人民币××

  贷:外汇买卖(中间价)   人民币××

    外汇买卖价差   人民币××

 借:外汇买卖(卖出价)   汇款外币××

  贷:汇出汇款   汇款外币××

4.汇款手续费的收取

 借:有关存款   外币(或人民币)××

  贷:手续费收入   外币(或人民币)××

二、结清汇款的核算

(一)收到国外行的已借记报单(分散记账)

收到国外汇入行的已借记报单和已解讫通知书,汇出行可以结清汇款,其会计分录如下:

 借:汇出汇款   外币××

  贷:港澳及国外联行往来或存放国外同业   外币××

(二)收到总行的划付报单(集中记账)

如果采用集中记账,汇出行收到总行的划付报单(邮划借方报单)后就可以结清汇款,其会计分录如下:

借:汇出汇款　　　　　　　　　　　　　　　　　　外币××
　　贷:全国联行往来——总行　　　　　　　　　　　外币××

例 8-1

6月15日某汽车进出口公司要求从其美元账户中兑取 60 000 英镑电汇往伦敦某联行,支付某英商的货款,外汇银行 M 行同意并办理汇出汇款业务,M 行与伦敦某联行有英镑账户关系。M 行按规定收取手续费 CNY 562。6月22日收到伦敦某联行的已借记报单,结清汇款。假设当日美元汇买价为 652.15‰,中间价为 653.82‰,英镑卖出价为 959.40‰,中间价为 956.05‰。

要求:列出 M 行该业务全套会计分录。

(1)6月15日电汇汇出

　　GBP 60 000×959.40‰÷652.51‰=USD 88 219.34

借:单位活期存款　　　　　　　　　　　　　USD 88 219.34
　　贷:外汇买卖(汇买价 652.51‰)　　　　　USD 88 219.34
借:外汇买卖(中间价 653.82‰)　　　　　　 CNY 576 795.69
　　　　　　　　　　　　　　　　　　　(USD 88 219.34×653.82‰)
　　贷:外汇买卖(中间价 956.05‰)　　　　　CNY 573 630
　　　　　　　　　　　　　　　　　　　(GBP 60 000×956.05‰)
　　　　外汇买卖价差　　　　　　　　　　　CNY 3 165.69
借:外汇买卖(卖出价 959.40‰)　　　　　　 GBP 60 000
　　贷:汇出汇款　　　　　　　　　　　　　GBP 60 000

(2)收取手续费

借:单位活期存款　　　　　　　　　　　　　CNY 562
　　贷:手续费收入　　　　　　　　　　　　CNY 562

(3)6月22日结清汇款

借:汇出汇款　　　　　　　　　　　　　　　GBP 60 000
　　贷:港澳及国外联行往来——伦敦某联行　　GBP 60 000

三、汇款的退汇

(一)客户申请

汇款人申请退汇,必须提供书面申请,并交验汇款回单,汇出行审查同意后,在回单及汇款留底联上批注申请退汇的理由和日期。

(二)向国外行申请退汇

汇出行收到客户申请审查同意后根据汇款人要求,用电报或信函向国外解付行申请退汇。

(三)办理退汇

收到国外行同意退汇的通知,并查明国外解付行确实尚未借记我外汇银行账,方可办理退汇,原汇款回单作为传票附件。

借:汇出汇款　　　　　　　　　　　　　　　　　外币××
　贷:有关存款　　　　　　　　　　　　　　　　　外币××

四、挂失、止付

(1)汇票如果已被寄出国外,汇出行一般不受理挂失、止付。

(2)如果汇票被窃或由于灾害等特殊情况,须由汇款人或持票人提供适当的担保或办理必要的法律手续,并经国外解付行同意止付后,方可受理,待汇票有效期后,再办理退款手续。如果票证在挂失、止付前款项已被人领取,则由汇款人自行负责。

五、查询

汇出汇款后,已经超过预计的解付期,而收款人尚未收到款项,汇款人可持汇款单向汇出行查询,经自查确未收到国外解付行的已借记报单和已解讫通知书,汇出行应立即向国外汇入行发出查询。非银行责任而发生的查询,邮电费均由汇款人负责。

第三节　汇入汇款业务的核算

一、概述

(一)定义

汇入汇款业务是指港澳和国外联行及国外代理行委托我国国内外汇行解付的汇入汇款。办理汇入汇款业务主要用于满足国际资金汇划结算需求。非贸易外汇汇款,主要是指境外汇款人交驻华外交机构、民间组织、访华团体的经费以及汇入的外宾、外国侨民、留学生、实习生、旅游者等个人汇款。汇款方式包括电汇、信汇和票汇,目前常用的是电汇和票汇。汇入汇款业务的特点和汇出汇款业务一样,即费用少,速度快,操作简单易行,适用范围较广。

(二)适用范围

(1)若客户对资金周转速度或控制财务费用有较高要求,宜选择汇入汇款;

(2)对于非贸易以及资本项下的结算,需采用汇入汇款方式的客户。

(二)解付原则

1.坚持收妥解付原则

(1)收到头寸报单(已贷报单);

(2)收到授权借记通知书(注明头寸划拨办法的委解通知书)。

外汇银行办理汇入汇款业务以收妥汇款头寸为原则,即在接到港澳及国外汇出行的头寸报单或可以立即借记汇款行存款账户的借记通知书后,才办理解付。

2.坚持印押相符原则

电汇要核对密押,信汇要核对有权人签字。

3.坚持收款人签收原则

解付电汇、信汇应由收款人在正、副收条上签章,解付票汇经背书才能解付。

(三)解付依据

(1)电汇凭电报解付;

(2)信汇凭信汇委托书正本解付;

(3)票汇凭汇票正本解付。

(四)业务流程

外汇银行汇入汇款业务的流程如图8-2所示。(电汇和信汇以实线表示,票汇以虚线表示)

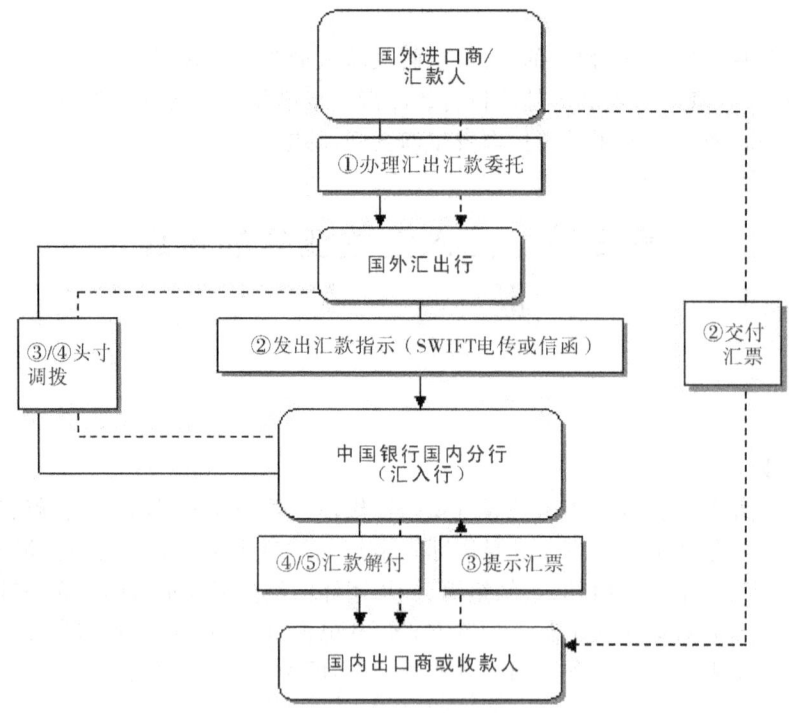

图 8-2 汇入汇款业务流程

(1)外汇银行收到国外汇出行发出的汇款指示电报(电汇项下)或指示信函(信汇项下),或收到收款人向银行提示的汇票(票汇项下)。

(2)外汇银行对上述指示电报、信函或汇票审核无误并收妥头寸后,向收款人解付汇款。

二、会计核算

(一)收到汇款

1.填制汇入汇款通知书

接到汇出行的汇款电报或信汇委托书,电汇应核对密押,信汇应核对印鉴,经核对人员签章后,填制汇入汇款通知书,一式五联:

第一联:汇入汇款通知书;

第二联:正收条,收款人签章后,寄还国外汇出行;

第三联:副收条,汇入汇款科目借方传票;

第四联:汇入汇款贷方传票;

第五联:汇入汇款卡片账。

2.收到头寸报单

收到港澳及国外联行或代理行发来的已贷记报单或总行发来的划收报单,其会计分录为:

借:港澳及国外联行往来或存放国外同业或全国联行往来　　外币××
　　贷:汇入汇款　　　　　　　　　　　　　　　　　　　　外币××

3.收到注明头寸划拨办法的委解通知书

收到国外行委解通知书,汇款头寸尚未收到,而委解通知书上已列明汇款头寸划拨办法的,可以先通过"未达户"。其会计分录为:

借:港澳及国外联行往来——未达户　　　　　　　　　　　外币××
　　贷:汇入汇款　　　　　　　　　　　　　　　　　　　　外币××

后收到头寸报单,其会计分录为:

借:港澳及国外联行往来　　　　　　　　　　　　　　　　外币××
　　贷:港澳及国外联行往来——未达户　　　　　　　　　　外币××

凡下列情况不能先通过"未达户",必须先向国外行查询:

(1)委解通知书没有注明头寸划拨办法;

(2)汇款密押或印鉴不符。

(二)汇款解付

1.解付原币

外汇银行如果解付原币,直接转入单位现汇存款账户,其会计分录为:

借:汇入汇款　　　　　　　　　　　　　　　　　　　　　外币××
　　贷:单位活期存款或定期存款　　　　　　　　　　　　　外币××

2.解付人民币

外汇银行如果解付人民币,比照结汇业务进行会计处理,其会计分录为:

借:汇入汇款　　　　　　　　　　　　　　　　　　　　　外币××
　　贷:外汇买卖(汇买价)　　　　　　　　　　　　　　　　外币××

借:外汇买卖(中间价)　　　　　　　　　　　　　　　　　人民币××
　　贷:有关存款　　　　　　　　　　　　　　　　　　　　人民币××
　　　　外汇买卖价差　　　　　　　　　　　　　　　　　　人民币××

3.解付其他外币

借:汇入汇款　　　　　　　　　　　　　　　　　　　汇款外币××
　　贷:外汇买卖(汇款外币汇买价)　　　　　　　　　　汇款外币××
借:外汇买卖(汇款外币中间价)　　　　　　　　　　　　人民币××
　　贷:外汇买卖(存款外币中间价)　　　　　　　　　　人民币××
　　　　外汇买卖价差　　　　　　　　　　　　　　　　人民币××
借:外汇买卖(存款外币卖出价)　　　　　　　　　　　　存款外币××
　　贷:有关存款　　　　　　　　　　　　　　　　　　存款外币××

例 8-2

7月8日,外汇银行M行收到英国某联行的信汇委托书一份和已贷记报单,委请解付某合资企业的货款GBP 60 000,款已贷记M行账,M行当日填制"汇入汇款通知书",通知收款人来行取款。7月9日,收款单位持通知书来行要求将此笔汇款存入其美元活期存款账户(148250361326),银行同意并办理此业务。假设当日美元卖出价为689.16‰,中间价为687.79‰,英镑汇买价为861.59‰,中间价为864.62‰。

要求:列出M行该笔业务的全套会计分录。

(1)7月8日收到汇款

借:港澳及国外联行往来——英国某联行　　　　　　　GBP 60 000
　　贷:汇入汇款　　　　　　　　　　　　　　　　　GBP 60 000

(2)7月9日解付汇款

　　　60 000×861.59‰÷689.16‰=75 012.19 美元

借:汇入汇款　　　　　　　　　　　　　　　　　　　GBP 60 000
　　贷:外汇买卖(汇买价861.59‰)　　　　　　　　　　GBP 60 000
借:外汇买卖(中间价864.62‰)　　　　　　　　　　　　CNY 518 772
　　　　　　　　　　　　　　　　　　　　　　(GBP 60 000×864.62‰)
　　贷:外汇买卖(中间价687.79‰)　　　　　　　　　　CNY 515 926.34
　　　　　　　　　　　　　　　　　　　　　　(USD 75 012.19×687.79‰)
　　　　外汇买卖价差　　　　　　　　　　　　　　　CNY 2845.66
借:外汇买卖(卖出价689.16‰)　　　　　　　　　　　　USD 75 012.19
　　贷:单位活期存款(148250361326)　　　　　　　　　USD 75 012.19

(三)转汇

转汇汇入行收到国外汇入汇款,收款人在外地的应办理转汇,委托所在地银行解付。

转汇方式是转汇行划收解付行。凡收款人是企业的,转汇行应将汇款通过"全国联行往来"或"辖内往来"科目划收解付行账。转汇行原则上电来电转,信来信转,信转不再收费,电转要收费。

1.转汇行会计分录

借:港澳及国外联行往来　　　　　　　　　　　　　　外币××
　　贷:全国联行往来或辖内往来　　　　　　　　　　外币××

2.解付行会计分录

借:全国联行往来或辖内往来　　　　　　　　　　　　外币××
　　贷:汇入汇款　　　　　　　　　　　　　　　　　　外币××
借:汇入汇款　　　　　　　　　　　　　　　　　　　外币××
　　贷:有关存款　　　　　　　　　　　　　　　　　　外币××

(四)退汇

国外汇出行在汇出后要求退汇时,经查明汇款头寸确已收妥,且尚未解付,经收款人同意可以办理退汇手续。汇入行在办理退汇时,先在汇款留底上批注退汇的原因、退汇日期,并做好会计分录,填发请借记报单将汇款头寸退回汇出行。注意外汇银行已根据原已贷记报单入账,所以原已贷记报单不能和汇款解付凭证一并退回汇出行。

借:汇入汇款　　　　　　　　　　　　　　　　　　　外币××
　　贷:港澳及国外联行往来等　　　　　　　　　　　　外币××

如果收款人已在外地,汇款行应代为转汇,汇款行要求退汇时,应立即通知解付行办理退汇手续,待汇款退回时再和汇入行办理退款手续。汇入行在退汇时,将汇入时的会计分录做借贷反方向冲转。

例 8-3

设外汇银行 M 行 5 月 3 日收到香港某联行的信汇委托书一份和随附的已贷记报单,金额为 HKD 5 000,但经查明,收款人已迁省内 A 联行所在地,故于当天将汇款头寸随同转汇通知划收 A 行。

5 月 4 日,A 行收到后即通知收款人前来取款,但收款人因故要求退汇,A 行通过 M 行转告香港汇出行。

5 月 10 日,A 行收到 M 行转来的汇出行同意退汇的通知,当天即将头寸划收 M 行。

5 月 11 日,M 行收到划收报单后,将汇款头寸划回汇出行香港某联行。

要求:列出 M 行、A 行该业务有关会计分录。

(1) 5 月 3 日 M 行转汇 A 行
借:港澳及国外联行往来——香港某联行　　　　　　HKD 5 000
　　贷:辖内往来——A 行　　　　　　　　　　　　　HKD 5 000

(2) 5 月 4 日 A 行通知收款人
借:辖内往来——M 行　　　　　　　　　　　　　　HKD 5 000
　　贷:汇入汇款　　　　　　　　　　　　　　　　　HKD 5 000

(3) 5 月 10 日 A 行划收 M 行
借:汇入汇款　　　　　　　　　　　　　　　　　　　HKD 5 000
　　贷:辖内往来——M 行　　　　　　　　　　　　　HKD 5 000

(4) 5 月 11 日 M 行办理退汇
借:辖内往来——A 行　　　　　　　　　　　　　　HKD 5 000
　　贷:港澳及国外联行往来——香港某联行　　　　　HKD 5 000

第四节 侨汇业务的核算

一、概述

(一)有关概念
1.侨汇
侨汇是海外侨胞、港澳同胞、台湾同胞汇给国内亲属的一种汇款,现在泛指来自国外的私人汇款。
2.通汇行
通汇行是相互可直接委托汇款业务的银行。它可以为账户行,也可以不为账户行。
3.清算行
清算行是彼此按对方行名开立账户,可进行汇款头寸清算的银行。它一定为账户行。
(二)业务种类
(1)解付行既是通汇行,又是清算行。这种情况下,通汇行和清算行为同一家银行。这种业务处理比照单位汇入汇款业务。
(2)解付行只是通汇行,头寸清算通过指定的清算行清算。

二、会计核算

(一)解付行既是通汇行,又是清算行
1.收到汇款
汇入行收到国外的侨汇汇款头寸,即已贷记报单,填制"汇入汇款通知书",通知收款人前来取款,其会计分录为:

借:港澳及国外联行往来或存放国外同业　　　　　　　　外币××
　　贷:汇入汇款　　　　　　　　　　　　　　　　　　外币××

2.解付汇款
收款人前来外汇银行取款,外汇银行根据收款人的要求,可以存入个人外汇存款账户,也可以办理结汇支付人民币。如果是存入个人活期或定期外汇存款,其会计分录为:

借:汇入汇款　　　　　　　　　　　　　　　　　　　　外币××
　　贷:活期外汇存款或定期外汇存款　　　　　　　　　　外币××

如果外汇银行支付人民币,其会计分录为:

借:汇入汇款　　　　　　　　　　　　　　　　　　　　外币××
　　贷:外汇买卖(汇买价)　　　　　　　　　　　　　　外币××
借:外汇买卖(中间价)　　　　　　　　　　　　　　　　人民币××
　　贷:现金或活期储蓄存款　　　　　　　　　　　　　　人民币××
　　　　外汇买卖价差　　　　　　　　　　　　　　　　　人民币××

(二)解付行只是通汇行,头寸清算通过指定的清算行清算

1.通汇行的处理

(1)收到汇款解付凭证和清单前三联,其会计分录为:

借:辖内往来　　　　　　　　　　　　　　　　　　外币××
　贷:汇入汇款　　　　　　　　　　　　　　　　　　外币××

(2)解付汇款

解付汇款的会计分录和解付行既是通汇行又是清算行情况下的解付分录是相同的,如果是原币存入个人外汇存款账户,其会计分录为:

借:汇入汇款　　　　　　　　　　　　　　　　　　外币××
　贷:活期外汇存款或定期外汇存款　　　　　　　　　外币××

2.清算行的处理

(1)先收到国外汇出行的已贷记报单和总清单第四联,其会计分录为:

借:港澳及国外联行往来　　　　　　　　　　　　　外币××
　贷:汇入汇款　　　　　　　　　　　　　　　　　　外币××

后收到国内通汇行的划付报单和清单副本联,其会计分录为:

借:汇入汇款　　　　　　　　　　　　　　　　　　外币××
　贷:辖内往来　　　　　　　　　　　　　　　　　　外币××

(2)先收到国内通汇行的划付报单和清单副本联,其会计分录为:

借:港澳及国外联行往来(未达户)　　　　　　　　　外币××
　贷:辖内往来　　　　　　　　　　　　　　　　　　外币××

后收到国外汇出行的已贷记报单和总清单第四联,其会计分录为:

借:港澳及国外联行往来　　　　　　　　　　　　　外币××
　贷:汇入汇款　　　　　　　　　　　　　　　　　　外币××

借:汇入汇款　　　　　　　　　　　　　　　　　　外币××
　贷:港澳及国外联行往来(未达户)　　　　　　　　　外币××

例 8-3

5月5日,外汇银行S行收到新加坡某联行的经收侨汇总清单一份以及所附的信汇委托书,金额为SGD 5 000,假设S行汇款头寸要通过管辖行M行清算,并于当日解讫人民币现金。5月6日,M行收到新加坡联行的已贷记报单和总清单第四联。5月8日,M行收到S行的邮借报单和总清单副本。假设新加坡元当日汇买价为520%,中间价为522%。

要求:列出外汇银行S行、M行各自的会计分录。

(1)5月5日S行收到经收侨汇总清单和信汇委托书

借:辖内往来——M行　　　　　　　　　　　　　　SGD 5 000
　贷:汇入汇款　　　　　　　　　　　　　　　　　　SGD 5 000

(2)解付汇款

借:汇入汇款　　　　　　　　　　　　　　　　　　SGD 5 000
　贷:外汇买卖(汇买价520%)　　　　　　　　　　　SGD 5 000

借:外汇买卖(中间价522‰) CNY 26 100(SGD 5 000×522‰)
  贷:现金 CNY 26 000(SGD 5 000×520‰)
    外汇买卖价差 CNY 100

(3)5月6日M行收到新加坡联行的已贷记报单和总清单第四联
借:港澳及国外联行往来——新加坡联行 SGD 5 000
  贷:汇入汇款 SGD 5 000

(4)5月7日M行收到S行的邮借报单和总清单副本
借:汇入汇款 SGD 5 000
  贷:辖内往来——S行 SGD 5 000

例 8-4

5月5日外汇银行S行收到新加坡某联行的经收侨汇总清单一份以及所附的信汇委托书,金额为SGD 5 000,假设S行汇款头寸要通过管辖行M行清算,并于当日解讫人民币现金。5月6日,M行收到S行的邮借报单和总清单副本。5月8日,收到S行的邮借报单和总清单副本。假设新加坡元当日汇买价为520‰,中间价522‰。

要求:列出外汇银行S行、M行各自的会计分录。

(1)5月5日S行收到经收侨汇总清单和信汇委托书
借:辖内往来——M行 SGD 5 000
  贷:汇入汇款 SGD 5 000

解付汇款:
借:汇入汇款 SGD 5 000
  贷:外汇买卖(汇买价520‰) SGD 5 000
借:外汇买卖(中间价522‰) CNY 26 100
                      (SGD 5 000×522‰)
  贷:现金 CNY 26 000
                      (SGD 5 000×520‰)
    外汇买卖价差 CNY 100

(2)5月6日M行收到S行的邮借报单和总清单副本
借:港澳及国外联行往来(未达户)——新加坡联行 SGD 5 000
  贷:辖内往来——S行 SGD 5 000

(3)5月8日M行收到S行的邮借报单和总清单副本
借:港澳及国外联行往来——新加坡联行 SGD 5 000
  贷:汇入汇款 SGD 5 000
借:汇入汇款 SGD 5 000
  贷:港澳及国外联行往来(未达户)——新加坡联行 SGD 5 000

(三)侨汇的转汇

1.转汇方式

转汇行不主动划收解付行,而是解付行先解付,划付转汇行。侨汇的汇款人一般需要见到收款人签章的收据,因此侨汇的转汇,转汇行不主动将头寸划给解付行,而由解付行解讫后,以邮划借方报单随附正收条划付转汇行。

2.转汇行转汇时

借:港澳及国外联行往来　　　　　　　　　　　　　　　　　外币××
　　贷:汇入汇款　　　　　　　　　　　　　　　　　　　　　外币××

3.解付行解付

借:辖内往来　　　　　　　　　　　　　　　　　　　　　　　外币××
　　贷:活期或定期外汇存款　　　　　　　　　　　　　　　　外币××

4.转汇行收到划付报单

借:汇入汇款　　　　　　　　　　　　　　　　　　　　　　　外币××
　　贷:辖内往来　　　　　　　　　　　　　　　　　　　　　外币××

(四)汇款的查询

1.姓名、地址不清查询

凡因收款人的姓名、地址不清,有误或迁移等无法解付时,应及时向国外汇款行查询,非直接通汇行应通过原转汇行向国外汇款行查询。

2.总清单与附件有误

(1)总清单与附件笔数、金额不符但所有签章无误,为避免积压,可按正常手续解付。对所附的侨汇委托书逐笔抄列清单,连同原总清单及有关附件专夹保管,一面以"应收及暂付款项"解付,一面向汇出行查询,待汇出行查复后,再按正常手续转账,同时核销"应收及暂付款项"。

例 8-5

外汇银行 A 行收到香港某联行的总清单一份,计 HKD 10 000,经审核发现所附信汇委托书仅 HKD 9 000,所有签章无误。假设当日港币的汇买价为 87.87％,中间价为 88.035％。

要求:列出外汇银行 A 行该笔业务相关会计分录。

(1)A 行一面按信汇委托书解付,一面发函向香港某联行查询

借:应收及暂付款项　　　　　　　　　　　　　　　HKD 9 000
　　贷:外汇买卖(汇买价 87.87％)　　　　　　　　　HKD 9 000
借:外汇买卖(中间价 88.035％)　　　　　　　　　　CNY 7 923.15
　　　　　　　　　　　　　　　　　　　　　　　(HKD 9 000×88.035)
　　贷:现金　　　　　　　　　　　　　　　　　　　CNY 7 908.30
　　　　　　　　　　　　　　　　　　　　　　　(HKD 9 000×87.87％)
　　　　外汇买卖价差　　　　　　　　　　　　　　　CNY 14.85

(2)收到香港某联行答复书,确认汇款金额为 HKD 9 000

借:港澳及国外联行往来——香港某联行　　　　　　HKD 9 000
　　贷:汇入汇款　　　　　　　　　　　　　　　　　HKD 9 000
借:汇入汇款　　　　　　　　　　　　　　　　　　　HKD 9 000
　　贷:应收及暂付款项　　　　　　　　　　　　　　HKD 9 000

(2)误寄本行按转汇方式处理。

3.印押有误

无论哪种情况,为减少风险,外汇银行都要先查询,收到准确答复后才能办理解付,不能先行办理解付手续。

五、退汇

(1)国内收款人拒收要求退汇,应摸清拒收原因,分辨情况,必要时与国外汇出行联系,不得随便办理退汇。

(2)国内外汇银行收到国外汇出行的"退汇申请书"申请退汇,经查明该笔侨汇确未解付,可办理退汇手续,填发请借记报单。

借:汇入汇款　　　　　　　　　　　　　　　　　　外币××
　贷:港澳及国外联行往来　　　　　　　　　　　　　外币××

本章练习

一、单项选择题

1."汇入汇款"和"汇出汇款"科目的性质都是(　　)。
　A.资产类　　　B.负债类　　　C.共同类　　　D.损益类
2.汇入汇款和汇出汇款账务登记使用(　　)。
　A.甲种账　　　B.乙种账　　　C.丙种账　　　D.丁种账
3.外汇银行办理汇出汇款业务国外解付行的选择应首选(　　)。
　A.国外联行
　B.双方在同一家银行都有账户关系的代理行
　C.选择有账户关系的代理行
　D.双方在同一家银行都有业务关系的代理行
4.外汇银行应在收到国外解付行的(　　)才能结清汇出汇款。
　A.请借记报单　B.已借记报单　C.请贷记报单　D.已贷记报单
5.贸易项下的尾款支付一般宜采用(　　)方式。
　A.即期信用证支付　　　　　　B.远期信用证支付
　C.托收支付　　　　　　　　　D.汇出汇款
6.凡港澳及国外联行、代理行委托我国国内外汇银行解付汇款时,用(　　)科目核算。
　A.汇出汇款　　B.汇入汇款　　C.应付及暂收款项　D.应收及暂收款项
7.票汇凭(　　)解付。
　A.电报　　　　B.托收委托书　C.汇票正本　　D.汇票副本
8.国内汇入行收到国外汇出行寄来的(　　),表明汇款头寸已经收妥。
　A.已借记报单　B.已贷记报单　C.请借记报单　D.请贷记报单
9.外汇银行 A 行收到香港某联行的汇款头寸 HKD 100 000,但因故无法解付,办理退汇,则 A 行应向香港某联行填发( )退汇。

A.已借记报单　　B.已贷记报单　　C.请借记报单　　D.请贷记报单

10.如果解付行头寸清算要通过辖内指定的清算行清算,收到汇款解付凭证和清单前三联,其会计分录为( )。

A.借:港澳及国外联行往来;　贷:汇入汇款

B.借:存放国外同业;　贷:汇入汇款

C.借:辖内往来;　贷:汇入汇款

D.借:全国联行往来;　贷:汇入汇款

二、多项选择题

1.一般而言,( )大都采取汇款方式办理结算。

A.国际贸易项下金额不大的货款　　B.国际贸易项下金额较大的货款

C.国际贸易从属费用　　D.非贸易结算

2.无论采用以上哪一种方式,在贸易项下,汇款都可以分为( )。

A.预付货款　　B.信用证　　C.托收　　D.货到付款

3.国际汇兑的当事人包括( )。

A.汇款人　　B.汇出行　　C.收款人　　D.汇入行

4.凡国内外汇银行( )用汇出汇款科目核算。

A.委托港澳及国外联行解付的汇款

B.委托国外有账户关系的代理行解付的汇款

C.委托国内联行解付的信汇、电汇

D.委托国内其他联行解付的票汇

5.汇出汇款业务和其他结算方式相比,有( )特点。

A.费用少　　B.费用高　　C.速度快　　D.操作简便

6.汇出汇款业务适用( )。

A.进口商流动资金充足,当前的主要目标是控制财务费用而不是取得融资便利

B.进口商流动资金不充足,当前的主要目标是取得融资便利

C.进口商与出口商有良好合作关系且对其充分信任,愿意接受预付货款的条件

D.贸易结算项下,出口商接受货到付款的条件,但对收款速度有较高要求

7.外汇银行处理汇入汇款业务应遵循的解付原则有( )。

A.垫款解付原则　　B.收妥解付原则　　C.收款人签收原则　　D.印押相符原则

8.汇入汇款业务坚持收妥解付原则,这里的收妥指( )。

A.收到已贷记报单

B.收到注明头寸划拨办法的委解通知

C.收到已借记报单

D.收到未注明头寸划拨办法的委解通知书

9.( )情况下,侨汇必须先查询。

A.凡因收款人的姓名、地址不清无法解付

B.印押有误

C.总清单与附件笔数不符

D.总清单与附件金额不符

10.凡下列（　　）情况下汇入汇款账务处理不能先通过"未达户"，必须先向国外行查询再做处理。

A.委解通知书没有注明头寸划拨办法　　B.汇款密押不符

C.汇款印鉴、签字不符　　D.委解通知书注明了头寸划拨办法

三、判断题

1.国际汇兑是银行在不运送现金的情况下，利用汇票和其他信用工具，使处于不同国家的债权人或债务人了清相互间的债权债务。　　（　　）

2.凡国内外汇银行委托港澳及国外联行、代理行解付的汇款以及委托国内联行解付的票汇，用"汇出汇款"科目核算。　　（　　）

3.汇票如已被寄出国外，汇出行可以受理挂失止付。　　（　　）

4.汇入汇款业务是指港澳和国外联行及国外代理行委托我国国内行解付的汇款。

（　　）

5.收到国外行委解通知书，汇款头寸尚未收到，可以先通过"未达户"核算。（　　）

6.凡收款人是企业的，转汇行应将汇款通过"全国联行往来"或"辖内往来"科目划付解付行账户。　　（　　）

7.外汇银行办理汇入汇款退汇业务，应将所有的凭证及国外汇款行寄来的已贷记报单一起退回原汇款行。　　（　　）

8.票汇与信汇、电汇的不同之处在于，票汇传递不通过银行，汇入行无须通知收款人取款，而由收款人自行持票到汇入行请求解付票款。　　（　　）

9.票汇方式的优点是收款人可迅速收到汇款，但费用较高。　　（　　）

10.预付货款对出口商是有利的，而对进口商是不利的。所以在国际贸易中，进口商倾向于运用货到付款的方式，而出口商则偏好预付货款的方式。　　（　　）

11.在我国外贸实践中，汇付一般只用来支付订金货款尾数、佣金等项费用，不是一种主要的结算方式。　　（　　）

12.收到国外行同意退汇的通知，并查明国外解付行确实尚未借记我外汇银行账，方可办理退汇，原汇款回单作为传票附件。　　（　　）

13.清算行是彼此按对方行名开立账户，可进行汇款头寸清算的银行，它一定为账户行。　　（　　）

14.通汇行是相互可直接委托汇款业务的银行，它一定为账户行。　　（　　）

15.侨汇的转汇，转汇行应主动将头寸划给解付行。　　（　　）

四、业务题

要求：列出外汇银行 M 行下列业务的全套会计分录。（假设本章习题涉及的外汇牌价为：美元汇买价为 675.42％，中间价为 676.78％；欧元卖出价为 789.71％，中间价为 786.96％；英镑卖出价为 880.59％，中间价为 877.52％）

1.8 月 12 日某外贸公司要求从其美元账户(148250068)中兑取 80 000 欧元电汇往德国某联行，支付某德商的货款，外汇银行 M 行同意并办理汇出汇款业务，M 行与德国某

联行有欧元账户关系。M 行按规定收取手续费 CNY 650。8 月 18 日收到德国某联行的已借记报单,结清汇款。

2.3 月 16 日,外汇银行 M 行收到美国某联行的信汇委托书一份和已贷记报单,委请解付某外资企业货款 USD 200 000,并款已贷记 A 行账,A 行当日填制"汇入汇款通知书",通知收款人来行取款。3 月 18 日,收款单位持通知书来行要求将此笔汇款存入其英镑活期存款账户(128250361327),银行同意并办理此业务。

3.9 月 5 日,外汇银行 M 行接到香港某联行经收侨汇总清单一份、所附的信汇委托书五份和已贷记报单,金额共为 HKD 1 500,并于当日解讫,存入收款人的定期 1 年的港币存款账户。(假设 M 行既是通汇行,又是清算行)

4.10 月 5 日,外汇银行 M 行接到香港国华银行(联行)经收侨汇总清单一份,以及所附的信汇委托书三份,金额共为 HKD 2 000,并于当日解讫,存入收款人的 3 个月定期港币存款账户。(假设该行头寸要通过省内管辖行 S 行清算)

(1)10 月 8 日,S 行接到 M 行的邮划借方报单和总清单副本。

10 月 9 日,S 行又接到汇出行香港某联行总清单第四联和已贷记报单。

(2)10 月 8 日,S 行接到汇出行香港某联行总清单第四联和已贷记报单。

10 月 9 日,S 行接到 M 行的邮划借方报单和总清单副本。

5.侨汇清算行 M 行收到香港某联行的经收侨汇总清单、划收报单及信汇委托书三份,其中一份金额 HKD 1 000 的收款人因故迁居到异省 A 联行所在地,经收款人同意开立丙种定期 1 年港币存款账户。要求:简述外汇银行 M 行应如何办理转汇,并分别列出 M 行、A 行的会计分录。

第九章　非贸易外汇业务的核算

学习目的

通过本章的学习,学生应了解哪些非贸易外币票据可以垫款买入,哪些外币票据必须收妥付款;此外,还要掌握非贸易外币票据的买入和托收的核算手续。

国际结算的总体内容由两大部分组成:一是国际贸易结算,二是国际非贸易结算。国际贸易结算项下收支的外汇称为贸易外汇,或称为有形贸易外汇;国际非贸易结算项下收支的外汇称为非贸易外汇,或称为无形贸易外汇。非贸易外汇指不通过对外贸易途径所发生的外汇收支。外汇银行非贸易外汇业务主要包括非贸易外汇汇款、外币兑换、买入非贸易外币票据、非贸易外币票据托收等。非贸易外汇是国家外汇收支的一个重要组成部分,其收入量的多少和支出量的多少,直接影响一个国家外汇收支平衡。因此,严格按照国家有关非贸易外汇管理的有关规定,正确组织对非贸易外汇资金的管理,开展对这部分资金的核算,有着重要的意义。由于非贸易外汇汇款、外币兑换业务核算在第八章、第四章分别介绍过,因此本章重点介绍买入非贸易外币票据、非贸易外币票据托收业务的会计核算。

第一节　买入非贸易外币票据业务的核算

一、概述

(一)定义

我国旅居国外的华侨众多,他们汇入国内的赡家汇款除一部分通过银行直接汇入外,亦有相当一部分是以国外票据的形式直接寄交国内收款人,由收款人持票据到银行办理取款手续。按照习惯做法,票据须向国外银行办理托收,待收妥款项后才能付款给持票人。收妥付款的做法对银行来说是比较稳妥的一种方法,但对票据收款人来说,意味着要等候相当长的时间才能用款,而且国外银行还要扣收托收费用。为了增加外汇收入,便利外币票据持有者的资金融通,加快收汇速度,避免国外扣收费用,近年来,已对部分货币的票据采取立即买入的办法,亦称为"买汇"。买入非贸易外币票据又称买汇,是指外汇银行兑付非本行付款的票据。对持票人申请兑付的非本行付款的票据,在票款未收妥前,外汇银行先行垫款,将票款扣除一定贴息后的净额兑付给收款人,然后向付款行收回票款;或与票据签发行事先订立委托兑付协议,兑付后通过借记委托行按协议开在经办行或其总行的账户上收回票款。前者称垫款买汇,后者属不垫款买汇。

买汇业务可增加外汇收入和业务收入,方便持票人的资金融通,促进国际交往。但因票据指定付款人并非买汇行,买汇行垫款兑付后,可能有得不到出票人偿付的风险,因而要掌握好买入外币票据的条件和范围。

(二)外币票据的必要项目

1.汇票的要项

根据《日内瓦统一票据法》,汇票必须具备下列要项,缺任何一项都不能成立。

(1)汇票上必须写明"汇票"字样。

(2)无条件支付一定金额的承诺。

(3)付款人姓名。

(4)付款期限(未载明付款期限者,即为见票即付)。

(5)付款地点(未载明付款地点者,付款人姓名旁的地点视作付款地点)。

(6)收款人或其指定人。收款人又称汇票抬头,通常有三种填列方式:一是限制性抬头,是指仅限于交付款项给收款人,不得转让。例如,"Pay Dana Only"(仅付戴纳),或"Pay Dana Not Transferable"(仅付戴纳,不得转让)。出票人开立限制性抬头的汇票,是不愿使汇票流入第三者手中。二是指示性抬头,是指汇票人除写有收款人名称外,其后还有"或其指定人"。例如,"Pay to the order of Bank of China"(付给中国银行的指定人)或"Pay to Bank of China or order"(付给中国银行或其指定人)。指示性抬头的汇票经抬头人背书后,可自由转让。三是持票来人抬头。例如,"Pay to Bearer"(付给持票来人),即不规定汇票的收款人,任何持票人均可作为收款人。

(7)出票日期和地点(未载明出票地点者,出票人姓名旁的地点视为出票地点)。

(8)出票人签字。

2.本票要项

根据《日内瓦统一票据法》,本票的要项为:

(1)必须写明"本票"字样;

(2)无条件支付一定金额的承诺;

(3)付款期限(未载明付款期限者,即为见票即付);

(4)付款地点(未载明付款地点者,出票地视为付款地);

(5)收款人或其指定人;

(6)出票日期和地点(未载明出票地点者,出票人姓名旁的地点视为出票地点);

(7)出票人的签字。

3.支票的要项

根据《日内瓦统一票据法》,支票的要项为:

(1)必须写明"支票"字样;
(2)无条件支付一定金额的承诺;
(3)付款人姓名;
(4)付款地点(未载明付款地点者,以票面所载付款人所在地为付款地点);
(5)出票日期和地点(未载明出票地点者,出票人姓名旁的地点视为出票地);
(6)出票人签字。

(三)买入外币票据常规性审核

外汇银行在兑付外币票据时,首先应常规性审核下列各点:

(1)核对票据货币名称、金额大小写是否相符,对国际限额汇票则要核对票据金额有无超过最高限额,超过限额则不能买入;

(2)核对票据有无过期,对规定有兑付期限的汇票,一旦逾期,只能办理托收;

(3)只兑付不准转让的票据,即只限于对汇票抬头的本人取款,而对第三者,因兑付无法验明背书的连续性及其真伪,只能办理托收;

(4)如果票据付款人(drawee)非银行,而是一家私人公司(corporation),则不能做买汇处理,只能办理托收;

(5)提示的外币票据,没有载明确切的币种,只显示货币的符号,应根据付款地点的国家来识别,如以加元票据误作美元兑付,在汇率上就要遭受损失;

(6)核对收款人证件是否与票据抬头相符,兑付外币票据要贯彻"谁款谁收"的原则。

根据以上各点经审核可受理时,须经票据收款人当面签具背书,始可买入。

(四)买入外币票据的条件

买入外币票据简称买汇,对符合下列买汇原则的非贸易票据,均可买入:

(1)签发票据的港澳及国外银行是我国外汇银行的账户行,没有"禁止或限制议付"字样,且往来账户行资信良好。

(2)签发的外币票据币种系我国订有外汇牌价并可转入我国外汇银行账户的货币。

(3)经办行具备鉴别票据的真伪和核对印鉴的条件。提示的外币票据,一定要核对印鉴相符后才能做买汇。买汇的对象一般限境内居民。对短期来华旅游的外国人、华侨、港澳台同胞持有的非国内银行为付款行,核对不到印鉴或印鉴不相符的票据,不能按买汇处理,应办理托收。

但是,随着我国对外开放的进一步扩大,外币票据业务也日益增多,随之而来的外币票据的欺诈行为,从技术手段上显得越来越高明。因此,许多票据虽符合上述三个条件,但银行在买入外币票据时也持越来越谨慎的态度。所以,对买入票据不仅要符合上述条件,还要根据实际情况办理。

(五)买入外币票据业务的特点

(1)票据的付款行不是本行。

(2)内扣贴息。买入外币票据一律按规定的贴现率(7.5‰)扣减原币贴息。兑付行应设立"买入票据登记簿",将买入的外币票据逐笔编号登记造册。

(3)保留追索权。兑付行经审核持票人所持的外币票据符合买汇条件后,请客户填写"买入外币票据申请书"。申请书的主要内容有出票银行、票据号码、出票日期、票据金额、付款银行、收款人、收款人证件、地址等,并在申请书上用醒目的黑体字注明"如发生退票或国外银行费用等情况,概由收款人(或代领人)负责偿付"。客户填写的申请书作为兑付行传票的附件。

(4)买入后办理托收。买入外币票据,实际上是银行先垫付一笔资金,再凭票据向国外银行收回外汇垫款,因此,要尽快将买入的票据以快邮方式,就近向国外联行或代理托收票款。

三、买入外币票据的会计处理

(一)垫款买汇的处理

垫款买汇是指银行对买入的外币票据先垫款支付票据金额,再向国外银行办理托收手续,因此核算上应分买汇和托收两个过程进行处理。

银行可垫款买入的外币票据有:旅行支票、银行汇票和本票。旅行支票对旅行者而言因为方便和相对安全而被广泛使用。目前,我国银行经常兑入的至少有16家机构签发的旅行支票,这些机构有维萨集团、万事达集团、美国运通公司、美洲银行、花旗银行、富士银行、三和银行、三菱银行、住友银行、第一劝业银行等。

垫款买入外币票据时,首先应对持票人提示的票据进行审核。

1.审核

(1)旅行支票。重点审核本行是否为委托兑付行;支票是否逾期;当面复签与初签是否相符;验对护照及其他身份证件。核对无误后,再将证件名称和号码抄在该支票背面和水单上。买入旅行支票,按票面额扣收7.5‰的贴息,若支取同种货币,一般加以5‰的手续费。

(2)本票。本票原则上只买入境外资信良好、信誉较好的大银行签发的;对于非银行或小银行签发的本票不可买入。买入本票时,主要审核出票行的印鉴,没有印鉴样本或印鉴不完全相符的,不能买入。

(3)银行汇票。审核重点为出票行的信誉以及核对出票行的印鉴,以确认其真实性。

2.会计处理

买入外币票据时,应填制一式五联的"外汇兑换水单"(格式见图9-1),第一联为兑换证明交给客户,第二联为"外汇买卖"科目外币贷方传票,第三联为"利息收入"科目贷方传票,第四联为"外汇买卖"科目外币借方传票,第五联为银行买入外汇统计卡。在水单摘要栏内要详细填明票面金额、兑换率、贴息、实付金额、票面金额以及申请人姓名、地址和有关证件,并加盖"若票据发生退票,本行具有追索权"戳记,交客户收执,其账户处理通过"买入外币票据"账户处理。该水单的作用是客户可在6个月内凭水单和有关证件兑回外币,本水单一次使用有效。

		编号 No.
	Exchange Memo	日期 Date

请妥为保管,以备出境时检查,在六个月有效期内可凭以兑回外汇。

购自　　　　　　This memo is to show to the inspector
Bought from when crossing the border or for reconversion ＿＿＿＿＿＿
Of Renminbi in to foreign currency within six months.

外汇金额 Amount in foreign currency	牌价 Rate	人民币金额 Amount in RMB

摘要 Particulars

图 9-1　外汇兑换水单

(1) 垫款买汇

垫款买汇的会计分录如下:

借:买入外币票据　　　　　　　　　　　　　　　外币××
　贷:利息收入　　　　　　　　　　　　　　　　　外币××
　　　外汇买卖(汇买价)　　　　　　　　　　　　　外币××
借:外汇买卖(中间价)　　　　　　　　　　　　　　人民币××
　贷:外汇买卖价差　　　　　　　　　　　　　　　人民币××
　　　现金　　　　　　　　　　　　　　　　　　　人民币××

(2) 发出托收

已买入的票据要尽快寄往国外银行办理托收。办理托收时,需填制一式四联的"票据托收委托书"。

第一联:票据托收委托书连同买入的外币票据邮寄国外银行委托收款;

第二联:"买入外币票据"科目借方传票,买入票据时使用;

第三联:"买入外币票据"科目贷方传票,票据收妥后,转销本科目时使用。

第四联:"买入外币票据"科目卡片账。

发出非贸易托收的会计分录为:

借:应收非贸易托收款项　　　　　　　　　　　　外币××
　贷:代收非贸易托收款项　　　　　　　　　　　　外币××

(3) 收妥票据款项

收到国外银行发来的已贷记报单,抽出票据托收委托书第三联,转销"买入外币票据"科目,同时核销或有资产、或有负债科目。

借:港澳及国外联行往来等科目　　　　　　　　　外币××
　贷:买入外币票据　　　　　　　　　　　　　　　外币××
借:代收非贸易托收款项　　　　　　　　　　　　　外币××
　贷:应收非贸易托收款项　　　　　　　　　　　　外币××

(二)不垫款买汇

1.票据种类

(1)旅行信用证。它是银行为了便于旅行者出国旅行时在沿途各地支取费用而开立的,由旅客亲自携带出国,准许其在一定金额及有效期限内,在指定的议付行支款的一种非贸易信用证。其特点是开证申请人与受益人是同一人。

议付行在议付时应审核受益人提示的旅行信用证正本与委托行寄来的副本或开证通知书的内容是否一致;核对开证行的印鉴、开证日期、信用证有效期、信用证未用金额等,客户要求支取的金额是否超过信用证的未用余额。受益人当面复签与预留印鉴核对相符则可办理兑付,兑付后,将支款收据正本寄委托行索偿。

(2)光票信用证。它是供长驻国外机构定期支取经费的一种支付方式,它与旅行信用证的不同在于:光票信用证是限制在一个国家、一个城市、一家银行的兑取证款,审核与议付和旅行信用证基本相同。

(3)环球旅行信用证。它准许受益人在信用证的未用金额及有效期内,要求与开证行有代理关系的任何一家国外银行议付,只要议付行严格按信用证条款付款,凭受益人当面签署的支款收据向开证行索偿,开证行必须履行偿付责任。

它与旅行信用证的区别在于:开证行不指定议付行和议付地点,开证行无须向国外银行寄送信用证副本,议付行在核对开证行的印鉴相符后,即可凭收据付款。议付行按买汇原则审定可否议付。

(4)国际限额汇票。它是由大银行签发的,以其自己付款,并规定有最高限额的银行汇票。它实质上属于银行本票的范畴。发行银行签发国际限额汇票后,应将票样及有关有权签字人的签字样本寄送协议兑付行,以便兑付时鉴别真伪。

兑付行兑付时,应审核国际限额汇票的发行额是否超过限额,是否不准转让,有无特殊暗记,是否逾期,有无涂改等。审核无误后,再验对复签、背书与护照,然后买入。兑付后在汇票上加具背书,寄发行行索偿。

2.会计处理

(1)发出托收时

银行不垫款买汇时,也应填制"外汇兑换水单",但是不能先垫款支付。其会计分录为:

借:应收非贸易托收款项　　　　　　　　　　　　　外币××
　贷:代收非贸易托收款项　　　　　　　　　　　　　外币××

(2)收到款项

银行收到付款行的已贷记报单,会计分录如下:

借:存放国外同业等　　　　　　　　　　　　　　　外币××
　贷:外汇买卖(汇买价)　　　　　　　　　　　　　外币××
借:外汇买卖(中间价)　　　　　　　　　　　　　　人民币××
　贷:现金　　　　　　　　　　　　　　　　　　　　人民币××
　　外汇买卖价差　　　　　　　　　　　　　　　　人民币××
借:代收非贸易托收款项　　　　　　　　　　　　　外币××
　贷:应收非贸易托收款项　　　　　　　　　　　　　外币××

例 9-1

设某外汇银行 M 行 6 月 2 日买入纽约某联行签发的旅行支票一张,金额为 USD 1 000,兑付时按 7.5‰扣收外币贴息,支付人民币现金。6 月 3 日,发出托收。6 月 12 日,收到纽约联行的已贷记报单。6 月 15 日,客户持水单将未用完的 CNY 1 000 要求兑回美元。(假设美元汇买价为 658.08%,卖出价为 660.72%,中间价为 659.40%)

要求:列出 M 行该业务全套会计分录。

(1) 6 月 2 日买入旅行支票

借:买入外币票据	USD 1 000
贷:利息收入	USD 7.5
外汇买卖(汇买价 658.08%)	USD 992.5
借:外汇买卖(中间价 659.40%)	CNY 6 544.55
	(USD 992.50×659.40%)
贷:现金	CNY 6 531.44
	(USD 992.50×658.08%)
外汇买卖价差	CNY 13.11

(2) 6 月 3 日发出托收

借:应收非贸易托收款项	USD 1 000
贷:代收非贸易托收款项	USD 1 000

(3) 6 月 12 日收到票据款项

借:代收非贸易托收款项	USD 1 000
贷:应收非贸易托收款项	USD 1 000
借:港澳及国外联行往来——纽约某联行	USD 1 000
贷:买入外币票据	USD 1 000

(4) 6 月 15 日客户持水单将未用完的 CNY 1 000 兑回美元

借:现金	CNY 1 000
贷:外汇买卖(中间价 659.40%)	CNY 998
	(USD 151.35×659.40%)
外汇买卖价差	CNY 2
借:外汇买卖(卖出价 660.72%)	USD 151.35
	(CNY 1 000÷660.72%)
贷:现金	USD 151.35

第二节　非贸易外汇托收业务的核算

一、非贸易外汇托收范围

凡不能按买汇处理的各种外币票据,如国外私人开立的私人支票,因无银行信用保证,容易发生退票。为了确保银行资金安全,采取收妥款项后付款的方式,称为非贸易外汇托收方式。

凡属以下情况之一者,均应办理非贸易外汇托收:
(1)不能以买入外币票据处理的各种非贸易外币票据;
(2)未列入外汇银行公布的"外钞收兑牌价表"的各种外钞,或虽列入"外钞收兑牌价表",但无法鉴别真伪或残损破旧不能立即收兑的外币现钞;
(3)港澳地区或国外有市价的外币有价证券的出售或收取息金;
(4)代收港澳或国外地区银行的存款本息等。

非贸易外汇托收业务均应遵循"收妥结汇、银行不予垫款"的结算原则进行会计处理。

二、非贸易外汇托收业务的处理

(一)发出托收的核算

1.托收款项申请书

托收款项申请书客户持外币票据前来办理托收时,经审查确属规定的托收范围后,由客户填具"托收款项申请书"一式两联,经审核无误后,一联由银行留存,一联作为收据交客户收执。同时向委托人收取托收手续费。

2.票据托收委托书

银行受理业务后,根据"托收款项申请书"中的托收内容,填制票据托收委托书,各联用途如下:

第一联:票据托收委托书,由经办行有权签字人签字后,连同托收的外币现钞或外币票据寄港澳及国外联行或代理行代收;

第二联:应收非贸易托收款项借方传票,发出托收时使用;

第三联:上科目的贷方传票,款项收妥时使用;

第四联:托收款项回单;

第五联:托收收妥通知书;

第六联:卡片账。

3.会计分录

委托行发出托收时的会计分录如下:

借:应收非贸易托收款项　　　　　　　　　　　　　　　　　　外币××
　　　　贷:代收非贸易托收款项　　　　　　　　　　　　　　　　外币××

(二)收妥托收款

抽出托收款项卡片账及有关凭证,批注收妥日期,办理转账,通知收款人前来取款。
　　借:代收非贸易托收款项　　　　　　　　　　　　　　　　　　外币××
　　　　贷:应收非贸易托收款项　　　　　　　　　　　　　　　　外币××
　　借:港澳及国外联行往来等　　　　　　　　　　　　　　　　　外币××
　　　　贷:应付及暂收款项　　　　　　　　　　　　　　　　　　外币××

(三)委托人前来取款

1.转收外汇存款

若委托人有外汇存款账户,办理原币转账,其会计分录为:
　　借:应付及暂收款项　　　　　　　　　　　　　　　　　　　　外币××
　　　　贷:活期外汇存款等　　　　　　　　　　　　　　　　　　外币××

2.支付人民币

若委托人要求办理结汇付款。其会计分录为:
　　借:应付及暂收款项　　　　　　　　　　　　　　　　　　　　外币××
　　　　贷:外汇买卖(汇买价)　　　　　　　　　　　　　　　　　外币××
　　借:外汇买卖(中间价)　　　　　　　　　　　　　　　　　　　人民币××
　　　　贷:外汇买卖价差　　　　　　　　　　　　　　　　　　　人民币××
　　　　　　现金等科目　　　　　　　　　　　　　　　　　　　　人民币××

3.按规定向委托人收取手续费,可以收外汇或等值人民币。

例 9-2

某华侨执美国某银行签发的汇票一张,金额为 USD 500,要求外汇银行 M 行兑付人民币现金,因不符合买入外币票据的规定,经客户同意,5 月 2 日寄纽约某联行代收,M 行在该行开有美元分账户。5 月 10 日,M 行收到纽约某联行的已贷记报单,通知委托人前来取款。5 月 12 日,委托人提取人民币现金并扣收 1‰ 托收手续费。(假设美元汇买价为 658.08‰,汇卖价为 660.72‰,中间价为 659.40‰)

要求列出 M 行该业务全套会计分录。

5 月 2 日发出托收
　　借:应收非贸易托收款项　　　　　　　　　　　　　　　　　　USD 500
　　　　贷:代收非贸易托收款项　　　　　　　　　　　　　　　　USD 500

5 月 10 日收到非贸易托收款
　　借:港澳及国外联行往来——纽约某联行　　　　　　　　　　　USD 500
　　　　贷:应付及暂收款项　　　　　　　　　　　　　　　　　　USD 500
　　借:代收非贸易托收款项　　　　　　　　　　　　　　　　　　USD 500
　　　　贷:应收非贸易托收款项　　　　　　　　　　　　　　　　USD 500

5 月 12 日委托人前来取款

借:应付及暂收款项		USD 500
贷:外汇买卖(汇买价658.08‱)		USD 500
借:外汇买卖(中间价659.40‱)		CNY 3 297
		(USD 500×659.40‱)
贷:手续费收入		CNY 3.29
		(CNY 500×658.08‱×1‰)
现金		CNY 3 287.11
		(USD 500×658.08‱－3.29)
外汇买卖价差		CNY 6.60

本章练习

一、单项选择题

1.买入外币票据业务中签发票据的境外银行必须是我国外汇银行的(　　)。
   A.账户行　　　　B.非账户行　　　　C.国外联行　　　　D.代理行

2.买入外币票据时,应填制"外汇兑换水单",客户可在(　　)内凭水单和有关证件兑回外币。
   A.1个月　　　　B.2个月　　　　C.3个月　　　　D.6个月

3.外汇银行垫款买入外币票据时使用的"买入外币票据"科目属于(　　)性质。
   A.资产类　　　　B.负债类　　　　C.共同类　　　　D.损益类

4.外汇银行垫款买入外币票据时使用的牌价是(　　)。
   A.现钞买入价　　B.中间价　　　　C.现汇买入价　　D.卖出价

5.外汇银行买入旅行支票,目前按票面额(　　)扣收贴息。
   A.3.5‰　　　　B.7.5‰　　　　C.8‰　　　　D.9.5‰

二、多项选择题

1.外汇银行非贸易外汇业务主要包括(　　)。
   A.非贸易外汇汇款　　　　　　B.外币兑换
   C.买入非贸易外币票据　　　　D.非贸易外币票据托收

2.外汇银行对符合(　　)的非贸易外币票据可买入。
   A.签发票据的境外银行是我国外汇银行的账户行
   B.提示的票据系我国订有外汇牌价并可转入经办行账户的
   C.未列入外汇银行公布的外钞收兑牌价表的各种外钞
   D.经办行具备鉴别票据真伪和核对印鉴等条件

3.买入外币票据业务特点包括(　　)。
   A.票据的付款行不是本行　　　B.内扣贴息
   C.保留追索权　　　　　　　　D.买入后办理托收

4.外汇银行可垫款买入的外币票据有(　　)。
   A.旅行支票　　B.旅行信用证　　C.银行汇票　　D.本票

5.垫款买入旅行支票时,首先应对持票人提示的旅行支票进行审核,审核的主要内容包括(　　)。

　　A.本行是否为委托兑付行　　　　　　B.支票是否逾期

　　C.当面复签与初签是否相符　　　　　D.验对护照及其他身份证件

6.外汇银行不垫款买入的外币票据有(　　)。

　　A.旅行支票　　　B.旅行信用证　　　C.银行汇票　　　D.国际限额汇票

　　E.环球旅行信用证

7.凡属以下(　　)情况之一者,外汇银行均应办理非贸易外汇托收。

　　A.凡不能以买入外币票据处理的各种外币票据

　　B.未列入外汇指定银行公布的"外钞收兑牌价表"的各种外钞

　　C.虽列入收兑牌价表,但无法鉴别真伪或残损破旧,不能立即收兑的外钞

　　D.国外有市价的外币有价证券的出售或收取息金

8.外汇银行在兑付外币票据时,首先应常规性审核(　　)。

　　A.票据货币名称,金额大小写是否相符

　　B.核对票据有无过期

　　C.核对收款人证件是否与票据抬头相符

　　D.兑付的票据是否不准转让

9.根据《日内瓦统一票据法》,支票的要项为(　　)。

　　A.支票上必须写明"支票"字样　　　　B.无条件支付一定金额的承诺

　　C.付款人姓名和付款地点　　　　　　D.出票日期、出票地点及出票人签字

10.根据《日内瓦统一票据法》,本票的要项为(　　)。

　　A.本票上必须写明"本票"字

　　B.无条件支付一定金额的承诺、付款期限和付款地点

　　C.付款人

　　D.出票日期、出票地点及出票人签字

三、判断题

1.垫款买汇是指银行对买入的外币票据先垫款支付票据金额,再向国外银行办理托收手续,因此核算上应分买汇和托收两阶段进行处理。　　　　　　　　　　(　　)

2.外汇银行对一般本票和小银行签发的本票可以垫款买入。　　　　　　　(　　)

3.外汇银行对垫款买入的银行汇票的审核重点为出票行的信誉以及出票行的印鉴,以确认其真实性。　　　　　　　　　　　　　　　　　　　　　　　　　(　　)

4.买入外币票据业务中,客户可凭水单和有关证件兑回外币,水单可多次使用。(　　)

5.对于旅行信用证和旅行支票,外汇银行都可以垫款买入。　　　　　　　(　　)

6.非贸易外汇托收业务中,外汇银行收妥托收款,通知收款人前来取款时可以通过"汇入汇款"科目核算。　　　　　　　　　　　　　　　　　　　　　　　(　　)

7.买入外币票据的银行是该票据的指定付款人。　　　　　　　　　　　　(　　)

8.若银行汇票未载明付款期限,则作为见票即付。　　　　　　　　　　　(　　)

9.若银行汇票是限制性抬头,是指仅限于交付款项给收款人,不得转让。　(　　)

10. 外汇银行对规定有兑付期限的汇票,虽然逾期,但是仍然可以买入。　　（　）

11. 外币票据金额大小写金额不相符,以大写为准。　　（　）

12. 买入外币票据,实际上是银行先垫付了一笔资金,再凭票据向国外银行收回外汇垫款,因此,要尽快将买入的票据以快邮方式,就近向国外联行或代理托收票款。　　（　）

13. 外汇银行只兑付不准转让的票据,即只限于对汇票抬头的本人取款,而对第三者,因兑付无法验明背书的连续性及其真伪,只能办理托收。　　（　）

14. 对国际限额汇票要核对票据金额有无超过最高限额,超过限额也可以买入。（　）

15. 非贸易外汇托收业务均应遵循"收妥结汇、银行不予垫款"的结算原则进行会计处理。　　（　）

四、业务题

要求:列出外汇银行 A 行下列业务的全套会计分录。（假设本章习题涉及的外汇牌价为:美元汇买价 652.51‰,卖出价为 655.13‰,中间价为 653.82‰）

1. 外汇银行 A 行买入美国某代理行签发的银行汇票一张 USD 600,扣收 7.5‰贴息后,直接存入客户的定期外汇存款账户,票据委托香港中行代收,香港中行代收后,贷记中行总行在其开立的美元账户,该账户总行集中代收。

2. 5 月 12 日,某外宾执美国某联行签发的旅行支票一张,金额为 USD 30 000,要求外汇银行 A 行兑付人民币现金,因符合买入外币票据条件,在扣收 7.5‰贴息后,银行垫款买下,兑付人民币现金。5 月 13 日,A 行向美国某联行发出托收。5 月 20 日,收到美国联行的已贷记报单。5 月 30 日,外宾持 5 000 元人民币现金要求兑回美元现钞,银行办理该业务。

3. 9 月 10 日,某华侨执美国某银行签发的汇票一张金额 USD 2 000,要求外汇银行 A 行兑付人民币现金,因不符合买汇规定,经客户同意,寄纽约某联行委托代收,A 行在该行开有美元分账户,9 月 15 日收到纽约某联行的已贷报单,通知委托人。9 月 17 日委托人提取人民币现金并扣收 1‰托收手续费。

第十章 外汇贷款业务的核算

学习目的

通过本章的学习，学生应了解外汇贷款、出口押汇、进口押汇和票据贴现的对象、作用、种类以及业务特点，并掌握外汇贷款、出口押汇、进口押汇和票据贴现业务各环节的会计处理。

外汇贷款业务是外汇银行的主要业务之一，它不同于人民币贷款业务，外汇银行发放外汇贷款还要承担外汇汇率的风险，为了减少汇率风险对银行的影响，商业银行主要发放短期外汇贷款，而长期外汇贷款目前主要由政策性银行如进出口银行办理，所以本章主要讲述短期外汇贷款、押汇和票据贴现的会计核算。

第一节 外汇贷款业务概述

一、外汇贷款的概念

(一)定义

外汇贷款是外汇银行办理的以外币为计量单位的放款，它是外汇银行一项重要的信贷业务，是银行外汇资金的主要运用形式之一。外汇银行按照信贷原则把筹集到的各项外汇资金，贷给需要外汇资金的企业，对于加速企业资金周转，引进国外先进设备、技术以及国内短缺的原材料，促进我国经济的发展，扩大出口等都具有重要意义。

(二)外汇贷款的特点

(1)借外汇还外汇，借什么货币还什么货币。外汇银行目前发放的外汇贷款货币主要有美元、港币、日元、英镑、欧元五种。贷款贷什么货币，还什么货币，计收原币利息。贷款使用的货币由借款人选择，汇率风险由借款人承担。

(2)实行浮动利率收取承担费。利率按伦敦银行同业拆放利率(LIBER)加上银行管理费计算得出，并不定期公布。浮动利率不固定，随国际资金市场的供求关系变化而浮动，有按1个月、3个月或6个月浮动三种。

(3)借款单位必须具有外汇收入或有其他外汇来源。

(4)一般不产生派生性存款。外汇贷款批准后,具体的发放使用办法是按照国际惯例处理的。贷款发放是从贷款账户直接对外支付,不存在贷款转作存款后对外支付,因而不会形成借款单位的派生性存款。

(5)对从业人员工作要求高、政策性强、涉及面广。外汇贷款主要用于向国外进口付汇,必然涉及国际金融与国际贸易等方面的知识,同时,外汇贷款用于发展国内生产,渗透各行各业,也需要从业人员熟悉国内的方针、政策,才能把外汇会计工作做好。

二、与人民币贷款的主要区别

(一)利率确定不同

人民币贷款的利率相对固定。外汇贷款利率则是以浮动为主,贷款利率由总行不定期公布,浮动利率外汇贷款从第一笔用汇之日起到还清本息止,一般不超过 1 年,最长不超过 3 年。

(二)贷款的发放不同

人民币贷款在借款单位实际用之前,可以转存;而短期外汇贷款一般是指借款单位实际对外支付外汇的同时发放,即什么时候用,什么时候发放,一般不发生派生性存款。外汇贷款经批准后,具体的发放使用办法按国际惯例处理。贷款发放是用贷款账户直接对外支付,不存在贷款转作存款后对外支付,因而不会形成借款单位的派生性存款。目的是加强外汇管理,提高外汇资金的使用效益。借款单位借款时,无论是以信用证、代收或汇款方式办理结算,均需填具短期外汇借款凭证,银行核准后,据以开立外汇贷款账户。

三、外汇贷款的对象和条件

(一)外汇贷款发放的对象

外汇贷款的对象主要是有外汇支付需求的企(事)业法人或经济实体,包括中资国有、集体企(事)业;股份制企业;中外合资、合作企业;外商独资企业;港澳台商投资企业等。

(二)外汇贷款发放的条件

从宏观上来讲,外汇贷款有两个基本条件:一是贷款项目必须按程序上报,经批准并纳入计划;二是国内配套设备要落实。借款人还应具备以下条件:

(1)经济效益好,产品适销对路,有偿还外汇贷款本息的能力。

(2)外汇贷款借款人必须具有独立法人资格,实行独立核算,持有《贷款证》,在银行开立账户;有健全的财务会计制度,资产负债率一般不超过 75%;注册资本金已按期到位,并经合法核资。

(3)固定资产贷款项目须符合国家产业政策,并经有权机关批准,项目配套人民币资金、设备、物资、技术条件落实。

(4)建设项目投资总额中自筹资金不低于 30%,新建项目企业法人所有者权益与项目总投资比例一般不低于30%。

(5)借款人申请外汇贷款须提供贷款银行认可的相关资料。

四、外汇贷款的种类

(一)按外汇贷款投向分

(1).固定资产贷款。固定资产贷款又可分为技术改造贷款和基本建设贷款。

(2).流动资金贷款。流动资金贷款主要是对生产储备、营运、结算融资的贷款和临时贷款。

(二)按融资的目的分

1.对外贸易贷款

该类贷款是进出口融资方式。为国际贸易提供资金融通,是商业银行国际信贷业务的一个重要方面。归结起来,主要有以下几种:

(1)打包贷款。打包贷款是银行针对信用证项下的出口商生产进料、加工、包装运输的资金需要而发放的专项贷款。打包贷款是银行办理出口押汇之前的贷款,与出口押汇有密切关联。

(2)出口押汇。出口押汇是银行应出口商的要求,以装运出口后提交的与信用证要求完全相符的全套单据为依据,以应收的出口款项为抵押对出口商发放的结算贷款。

(3)进口押汇。进口押汇是银行在信用证项下,对进口商付款赎单的资金不足而发放的贷款。

(4)银行承兑。由借款人(进出口商)以对外贸易交易为基础,开立最长期限为6个月的汇票,经国际大银行承兑,然后在金融市场上贴现,以取得资金的融通。

(5)代理融通。代理融通又称代收账款、代客收账、出口账款保理。代理融通是指商业银行或专业代理融通公司购买借款企业的应收账款,并在账款收回前提供融通资金之外的其他服务项目。

(6)包买票据。包买票据,习惯上称为"福费廷",又叫无追索权信贷,是对外贸易中一种新的中期资金融通形式,是一种由出口地银行通过出口商给予进口商的信贷,而出口商无须承担进口商停止或拒付款的风险。

2.出口信贷

出口信贷,是为扩大本国大型成套设备、运输工具的出口,由国家给予利息补贴和承担信贷风险,由本国银行对本国出口商或外国进口商(或银行)提供的优惠贷款。

(三)按外汇资金来源分

1.现汇贷款

2.转贷款

转贷款是指商业银行既作为债务人,对外签订贷款协议,借入资金;又作为债权人,将此资金转贷给国内企业。转贷款多为国际融资贷款。

3.项目贷款

项目贷款是若干贷款人(银团、多国银行、政府、国际金融机构)共同向另一项目公司提供的中长期贷款,专用于大型工程建设或生产性项目的信贷。

4.三贷贷款

三贷贷款包括买方信贷、政府贷款和混合贷款。

(四)按贷款组织的方式分

1.银团贷款

银团贷款又称辛迪加贷款,是由一家或几家银行牵头、多家银行参加,按一定的分工和出资比例组成银行集团,向某一特定借款者发放的贷款。

2.联合贷款

联合贷款是指两家或两家以上银行共同对某一客户或某一项目进行贷款,但各家银行分签贷款合同,分别谈判贷款条件。

3.单一银行贷款

(五)按外汇贷款期限长短分

1.短期贷款

短期贷款是指1年以内(含1年)的外汇贷款,主要包括打包贷款、进出口押汇和票据融资。

2.中长期贷款

中长期贷款是指期限1年以上(不含1年)的外汇贷款。

上述这些外汇贷款,尽管种类很多,但在会计核算上,有的贷款基本属于同一类型,从商业银行外汇贷款的角度出发,本章选择了商业银行有代表性的短期外汇贷款、押汇和票据贴现进行阐述,其他种类的外汇贷款核算可比照进行。

五、外汇贷款"三查"制度

外汇贷款"三查"是外汇银行长期以来对贷款质量进行监督的行之有效的措施。贷款"三查"是指贷前调查、贷时审查和贷后检查。贷前调查是指贷款发放前银行对贷款申请人基本情况的调查,并对其是否符合贷款条件和可发放的贷款额度做出初步判断;调查的重点主要包括申请人资信状况、经营情况、申请贷款用途的合规性和合法性、贷款担保情况等。贷时审查是指审查人员对调查人员提供的资料进行核实、评定,复测贷款风险度,提出审核意见,按规定履行审批手续。贷后检查是指贷款发放后,贷款人对借款人执行借款合同情况及借款人的经营情况进行追踪调查和检查。如果发现借款人未按规定用途使用贷款等造成贷款风险加大的情形,可提前回收贷款或采取相关保全措施。

通过实施贷款"三查",有利于贷款人较为全面地了解和掌握借款人经营状况以及贷款的风险情况,及时发现风险隐患,采取相应风险防范和控制措施,保障银行信贷资金安全。同时,贷款"三查"制度执行情况也是在贷款出现风险后,对相关责任人员进行责任追究或免责的重要依据。

第二节　短期外汇贷款业务的会计核算

短期外汇贷款是指银行将外汇资金贷给具有偿还能力并具备贷款条件的企业单位，进口国内短缺的原材料和现金技术设备，发展出口商品生产，并以外汇收入偿还本息，期限在1年以内的贷款。短期外汇贷款包括短期浮动利率贷款、短期外汇优惠利率贷款和短期周转外汇贷款三种。外汇银行目前发放的以短期外汇浮动利率贷款为主，期限有按1个月、3个月和6个月浮动三种。凡生产出口商品，有偿还能力的企业都可以申请短期外汇贷款。外汇银行目前发放的短期外汇贷款货币主要有美元、港币、日元、英镑、欧元五种。短期外汇贷款贷什么货币，还什么货币，计收原币利息，但是优惠利率贷款只限于美元贷款。

短期外汇贷款通过"短期外汇贷款"科目进行核算，该科目属于资产类科目，发放短期外汇贷款借记该科目，借款人偿还短期外汇贷款贷记该科目，余额最后为零。根据业务需要，该科目下可设立若干明细科目，如"短期浮动利率贷款""外汇优惠利率贷款"和"短期周转外汇贷款"等。该科目按货币分别设置，按贷款单位设立分户账。

一、贷款发放的处理手续

(一)会计凭证：由借款人填制一式五联外汇贷款借款凭证

第一联：借款申请书；
第二联：借款凭证；
第三联：借款凭证副本；
第四联：支款通知；
第五联：备查卡。

经银行信贷部门同意批准后，第一、五联由信贷部门保管，将第二、三、四联借款凭证转交银行会计部门。

(二)会计分录

会计部门审查凭证无误后，对外付款。

1. 以贷款货币对外支付，其会计分录为：

借：短期外汇贷款　　　　　　　　　　　　　　　　　　　外币××
　　贷：港澳及国外联行往来或存放国外同业或汇出汇款　　　　外币××

即期信用证项下进口付汇核销，其会计分录为：

借：应付开出信用证款项　　　　　　　　　　　　　　　　外币××
　　贷：应收开出信用证款项　　　　　　　　　　　　　　　外币××

远期信用证项下进口付汇核销，其会计分录为：

借：承兑汇票　　　　　　　　　　　　　　　　　　　　　外币××
　　贷：应收承兑汇票款　　　　　　　　　　　　　　　　　外币××

进口代收方式下付汇核销,其会计分录为:
借:进口代收款项   外币××
　贷:应收进口代收款项   外币××

2.以贷款货币以外的其他外币对外支付款项,其会计分录为:
借:短期外汇贷款   贷款货币××
　贷:外汇买卖(贷款货币汇买价)   贷款货币××
借:外汇买卖(贷款货币中间价)   人民币××
　贷:外汇买卖(支付外币中间价)   人民币××
　　外汇买卖价差   人民币××
借:外汇买卖(支付外币卖出价)   支付外币××
　贷:港澳及国外联行往来等   支付外币××
核销同上。

二、计收利息的处理手续

(一)利息计算的基本规定

(1)计息公式为:

$$利息 = 贷款本金 \times 利率 \times 期限$$

(2)实行按季结息,每季末20日营业终了为结息日。

(3)贷款期限按实际天数计算,有一天算一天,"算头不算尾"即贷款日计息,还款日不计息。

(4)贷款本金按实际发放的金额计算,合同金额不等于实际发放的金额;贷款本金还和利息的支付方式有关,如果采用息转本,则下一次计息的贷款本金要加上上一次的利息,以此类推。如果采用按期支付利息,则每次计息的贷款本金相同。

(5)利率采用浮动利率计算为主。浮动利率分1个月、3个月、6个月浮动三个档次,所谓按1个月、3个月、6个月浮动,就是指企业在使用银行贷款那天确定的利率在1个月、3个月或3个月内不管利率变动多大都固定不变,过了1个月、3个月或6个月后,按浮动的利率计收利息。

(二)计收利息的处理手续

收息时填制一式三联贷款结息凭证,第一联代短期外汇贷款或单位定期存款科目借方传票,第二联代利息收入贷方传票,第三联代结息通知单,交借款人。

1.按契约规定将利息转入贷款本金,其会计分录为:
借:短期外汇贷款   外币××
　贷:利息收入——外汇贷款利息收入   外币××

2.借款人按期偿付利息,其会计分录为:
借:单位活期存款   外币××
　贷:利息收入——外汇贷款利息收入   外币××

当存款货币和贷款货币不同时,要通过有关外汇买卖科目核算。

三、收回贷款的处理手续

短期外汇贷款期满,借款企业归还贷款时,填写一式两联的进账单和转账支票,也可填制还款凭证,办理还款手续,其会计分录为:

1. 息转本

借:单位活期存款　　　　　　　　　　　　　　　　　　贷款货币××

　　　　　　　　　　　　　　　　　　　　　　　(原始本金＋每次的利息和)

　贷:利息收入——外汇贷款利息收入　　　　　　　　　贷款货币××

　　　　　　　　　　　　　　　　　　　　　(上次结息日至还款日的贷款利息)

　　短期外汇贷款　　　　　　　　　　　　　　　　　　贷款货币××

　　　　　　　　　　　　　　　　　　　(原始本金＋除最后一次的前几次利息和)

2. 按期支付利息

借:单位活期存款　　　　　　　　　　　　　　　　　　贷款货币××

　　　　　　　　　　　　　　　　　　　　　　　　(原始本金＋最后一次利息)

　贷:利息收入——外汇贷款利息收入　　　　　　　　　贷款货币××

　　　　　　　　　　　　　　　　　　　　　　　　　　　(最后一次利息)

　　短期外汇贷款　　　　　　　　　　　　　　　贷款货币××(原始本金)

3. 偿还货币和贷款货币不同时,要通过"外汇买卖"科目核算

借:单位活期存款　　　　　　　　　　　　　　　　　　存款货币××

　贷:外汇买卖(存款货币的汇买价)　　　　　　　　　　存款货币××

借:外汇买卖(存款货币的中间价)　　　　　　　　　　　人民币××

　贷:外汇买卖(贷款货币的中间价)　　　　　　　　　　人民币××

　　外汇买卖价差　　　　　　　　　　　　　　　　　　人民币××

借:外汇买卖(贷款货币的卖出价)　　　　　　　　　　　贷款货币××

　贷:利息收入——外汇贷款利息收入　　　　　　　　　贷款货币××

　　短期外汇贷款　　　　　　　　　　　　　　　　　　贷款货币××

例 10-1

某合资企业与某外汇银行 A 行订立短期浮动利率贷款合同,贷款 30 万美元,向美国某公司进口零部件,期限半年,按 3 个月浮动,利息转入贷款本金。贷款行 4 月 8 日发放贷款,全额支付美国某代理行的托收款,4 月 8 日美元 3 个月浮动利率为 4.9375%,6 月 5 日为 4.88%,7 月 1 日为 4.875%,10 月 8 日借款人从其美元存款户偿还贷款全部本息。

要求:列出 A 行计算外汇贷款利息的计算过程并列出全套会计分录。

(1) 4 月 8 日发放贷款

借:短期外汇贷款　　　　　　　　　　　　　　　　　USD 300 000

　贷:存放国外同业——美国某代理行　　　　　　　　USD 300 000

借:进口代收款项 USD 300 000
    贷:应收进口代收款项 USD 300 000

(2)6月20日计息

利率档次　4月8日—7月7日　4.9375%
　　　　　7月8日—10月8日　4.875%
　　　　　4月8日—6月20日　4.9375%　74天

　　USD 300 000×4.9375%÷360×74＝USD 3 044.79

借:短期外汇贷款 USD 3 044.79
    贷:利息收入——外汇贷款利息收入 USD3 044.79

(3)9月20日第二次计息

　　USD(300 000＋3 044.79)×(4.9375%÷360×17＋4.875%÷360×75)
　　＝USD 3 784.38

借:短期外汇贷款 USD 3 784.38
    贷:利息收入——外汇贷款利息收入 USD 3 784.38

(4)10月8日借款人偿还本息

　　USD（300 000＋3 044.79＋3 784.38）×4.875%÷360×17＝USD 706.35

借:单位活期存款 USD 307 535.52
    贷:短期外汇贷款 USD 306 829.17
       利息收入——外汇贷款利息收入 USD 706.35

四、短期外汇贷款逾期的处理手续

短期外汇贷款到期前10天,银行信贷部门以"催收借款通知书"形式,通知借款单位备足资金偿还贷款。借款单位如果确因客观因素暂时无法偿还贷款,可在贷款到期前向外汇银行提出贷款展期申请并说明原因,经信贷部门审查批准即可办理展期手续,展期时间最长不超过原贷款期限的一半,利率可根据具体情况执行原借款利率,或者重新确定利率。展期贷款仍然在原贷款科目核算。

对借款单位在到期未偿还或申请展期未被批准的短期外汇贷款,会计部门应于贷款到期日的次日,主动将到期外汇贷款转入"逾期贷款"科目核算,到期应收利息一并转入逾期贷款账户,并予催收。其会计分录为:

借:逾期贷款 外币××
    贷:利息收入——外汇贷款利息收入 外币××
       短期外汇贷款 外币××

对不能收回的逾期贷款,采取差别利率或其他经济措施,督促借款单位履行契约,尽早归还。同时,一年仍然未能收回的逾期贷款,应转入呆滞贷款账户;三年都不能收回的逾期贷款,则转入呆账贷款账户管理。

第三节　押汇和票据贴现业务的会计核算

一、出口押汇的会计核算

（一）概述

在国际贸易结算方式下，信用证结算方式由银行信用做保证，不论对出口商的出口收汇还是对进口商的付汇提货，均有较大保证。因此，银行承做进出口押汇，应是在信用证结算方式下，根据进出口商的申请，有选择地叙做。

1.定义

出口押汇是出口商发运商品后，以提货单据为抵押，向银行融通资金的一种业务。承做出口押汇的银行，实际上是以出口方提交的与信用证项下或托收项下的单据为抵押，向出口商发放的一笔抵押贷款，对抵押银行来说，是预先垫款买下一笔尚未收妥的外汇，因此，担负着一定风险。对客户来说，客户出口交单后，凭与信用证要求相符、收汇有保障的单据向银行申请短期融资，客户能在国外收汇到达之前提前从银行得到垫款，加速资金周转。

2.业务特点

（1）出口押汇系短期垫款，押汇期限一般不超过90天；

（2）出口押汇系银行预扣利息后，将剩余款项给予客户，利息按"票面金额×押汇天数×年利率/360"计算，利率按同档次流动资金贷款利率执行；

（3）出口押汇系银行保留追索权的垫款，无论何种原因，如果无法从国外收汇，客户应及时另筹资金归还垫款。

3.业务流程

出口商根据业务需要向议付行提出押汇申请，银行审批同意后，与出口商签订"出口押汇总质权书"，明确双方的权利义务；每次出货后，出口商填写"出口押汇申请书"，向银行提出融资申请，并将信用证或贸易合同要求的所有单据提交银行；银行审核相关单据并向出口商发放押汇款；银行对外寄单索汇，收汇后归还出口押汇。

该业务是指银行凭出口商提供的信用证项下完备的货运单据做抵押，在收到开证行支付的货款之前，向出口商融通资金的业务。贴现则是银行对于未到期的远期票据有追索权地买入，为客户提供短期融资业务。对客户来说若为即期收汇，可申请出口押汇；若为远期收汇，则在国外银行承兑可申请出口贴现。

4.拒绝情况

对有下列情况之一的，银行将拒绝接受客户的出口押汇申请：

（1）来证限制其他银行议付的；

（2）远期信用证超过180天的；

（3）运输单据为非物权凭证的；

（4）未能提交全套物权凭证的；

(5)带有软条款的信用证;
(6)转让行不承担独立付款责任的转让信用证;
(7)单证或单单间有实质性不符点;
(8)索汇路线迂回曲折,影响安全、及时收汇的;
(9)开证行或付款行所在地是局势紧张、动荡或发生战争的国家或地区的;
(10)收汇地区外汇短缺,管制较严,或发生金融危机,收汇无把握的。

(二)出口押汇的会计处理

外汇银行叙做出口押汇业务时,除按正常手续办理信用证议付外,出口商还需填制"出口押汇申请书"一式五联,并与押汇银行签订"出口押汇总质权书"。如果银企双方另订有出口押汇总协议,授权银行对符合出口押汇条件的企业叙做出口押汇的,可免填申请书。"出口押汇申请书"一联由国际业务部留存,一联交由信贷部门归档保管,一联交客户留底,另两联作为"出口押汇"科目借、贷传票随"出口押汇总质权书"复印件一并交会计部门进行账务处理。

外汇银行叙做出口押汇,按出口商应收外汇金额扣收出口押汇利息,其计算公式如下:

$$出口押汇利息 = 票面金额 \times 押汇天数 \times 年利率 / 360$$

其中,利率是按同档次流动资金贷款利率执行;押汇天数是估计收到票款所需日数,一般为押汇之日起加上开证行合理工作日及邮程时间等,可参照过去议付日到结汇日为止所需的天数。

外汇银行叙做出口押汇,通过"出口押汇"会计科目核算,该科目属于资产类。

外汇银行叙做出口押汇后,即办理寄单议付,在 BP 留底联上加注押汇息天数,加盖出口押汇章,将"出口押汇"科目卡片账按各货币合计当日发生额,记入各货币出口押汇登记簿发生额栏内,并以"出口押汇"借方传票办理对出口商的结汇和扣息手续,其会计分录为:

借:出口押汇　　　　　　　　　　　　　　　押汇金额××
　　贷:利息收入——押汇利息收入　　　　　　押息××
　　　　　　　　　　　　　　　　　　　　　(押汇金额×押汇天数×利率)
　　　　外汇买卖(汇买价)　　　　　　　　　实付外币金额××
　　　　　　　　　　　　　　　　　　　　　(押汇金额-押汇利息)
借:外汇买卖(中间价)　　　　　　　　　　　人民币××
　　　　　　　　　　　　　　　　　　　　　(实付外币金额×中间价)
　　贷:单位活期存款　　　　　　　　　　　　实付人民币××
　　　　　　　　　　　　　　　　　　　　　(实付外币金额×汇买价)
　　　　外汇买卖价差　　　　　　　　　　　人民币××

外汇银行办理出口押汇后,仍然要寄单索汇,编制出口寄单议付通知书随单据寄发,并向开证行计收通知费、议付费、修改费、邮费等从属费用。其会计分录为:

借:应收即期信用证出口款项　　　　　　　　外币××
　　　　　　　　　　　　　　　　　　　　　(货款+从属费用)
　　贷:代收即期信用证出口款项　　　　　　　外币××
　　　　　　　　　　　　　　　　　　　　　(货款+从属费用)

付出:国外开来保证凭信 外币××

当收到港澳及国外联行或代理行的"已贷记报单"时,将出口押汇待收妥的 BP 联抽出,并以"出口押汇"贷方传票核销"出口押汇"科目,其会计分录为:

借:港澳及国外联行往来或存放国外同业等 外币××
  贷:手续费收入——国外银行费用收入 外币××
   出口押汇 外币××
借:代收即期信用证出口款项 外币××
  贷:应收即期信用证出口款项 外币××

例 10-2

某合资企业 4 月 11 日把即期信用证项下全套单据金额 USD 80 000,连同押汇申请书送交外汇银行 M 行,经审核符合押汇的要求,M 行当天即按 7.2% 的利率扣收 15 天的贴息,将余额结汇收入受益人的人民币存款账户。经审单相符后,当天寄出全套单据,计收通知费、议付费、修改费共 USD 600 向开证行索偿。4 月 26 日议付行收到开证行纽约联行(纽约联行与议付行 M 行有美元账户关系)的已贷记报单,金额 USD 80 600,其中 USD 600 为国外银行费用收入,立即办理转账手续。(假设美元现汇买入价为 652.51‰,中间价为 653.82‰)

要求:列出外汇银行 M 行该笔业务的全套会计分录。

(1)4 月 11 日叙做出口押汇,寄单议付索汇

押汇利息:

$$USD\ 80\ 000 \times 15 \times 7.2\% \div 360 = USD\ 240$$

借:出口押汇 USD 80 000
  贷:利息——押汇利息收入 USD 240
   外汇买卖(汇买价 652.51‰) USD 79 760
借:外汇买卖(中间价 653.82‰) CNY 521 486.83
             (USD 79 760×653.82‰)
  贷:单位活期存款 CNY 520 441.98
             (USD 79 760×652.51‰)
   外汇买卖价差 CNY 1 044.85
借:应收即期信用证出口款项 USD 80 600
  贷:代收即期信用证出口款项 USD 80 600
付出:国外开来保证凭信 USD 80 000

(2)4 月 26 日收到出口款项

借:港澳及国外联行往来——纽约联行 USD 80 600
  贷:手续费收入——国外银行费用收入 USD 600
   出口押汇 USD 80 000
借:代收即期信用证出口款项 USD 80 600
  贷:应收即期信用证出口款项 USD 80 600

二、进口押汇的会计核算

(一)概述

1.定义

进口押汇是指外汇银行应进口商要求对外开出信用证后,在接到议付行寄来的议付通知书索汇时,经审核无误单单相符、单证相符后,开证申请人因资金周转关系,无法及时对外付款赎单,以该信用证项下代表货权的单据为质押,并同时提供必要的抵押/质押或其他担保,由银行先行代为对外付款的一种业务。

进口信用证开证申请客户无力按时对外付款时,可由开证银行先行代其付款,使客户取得短期的资金融通。银行应客户要求在进口结算业务中给客户资金融通的业务活动,客户申请办理进口押汇,须向银行出具押汇申请书和信托收据,将货物的所有权转让给银行,银行凭此将货权凭证交予客户,并代客户付款。进口押汇可以帮助进口商在无法立即支付货款的情况下及时取得物权单据、提货、转卖,从而抢占市场先机。申请办理进口押汇的企业必须具备下列条件:

(1)依法核准登记,具有经年检的法人营业执照或其他足以证明其经营合法性和经营范围的有效证明文件;

(2)拥有贷款卡;

(3)拥有开户许可证,并在外汇银行开立结算账户;

(4)具有进出口经营资格,有真实的贸易背景。

2.业务特点

(1)专款专用,仅用于履行押汇信用证项下的对外付款;

(2)进口押汇是短期融资,期限一般不超过90天,90天以内的远期信用证,其押汇期限与远期期限相加一般不得超过90天;

(3)进口押汇利率按银行当期流动资金贷款利率计收;

(4)进口押汇必须逐笔申请,逐笔使用。

3.业务流程

外汇银行应进口商申请为其核定授信额度;进口商向外汇银行提交进口押汇申请书;银行审查同意后,与进口商签订进口押汇协议;银行收到议付行寄来的信用证项下的单据,经审查时单单相符、单证相符,代进口商对外垫付押汇款项,并将单据交付进口商;进口商到期向银行付款,用以归还押汇款项。业务流程如图10-1所示。

(二)进口押汇的会计处理

按照国际惯例,银行接受开证申请人的开证申请书,对外开出信用证,必须向开证申请人收取一定数额的保证金。预收保证金的比例大小并无硬性规定,根据开证申请人的资信酌情而定。银行一般很少预收100%的保证金。即使预收100%的保证金,由于对外付汇金额除了进口货款外,还包括各项进口从属费用。所以,以存入保证金支付全部进口款项,通常是不够的,承做的进口押汇就是垫付付汇金额与预收保证金本息的差额。

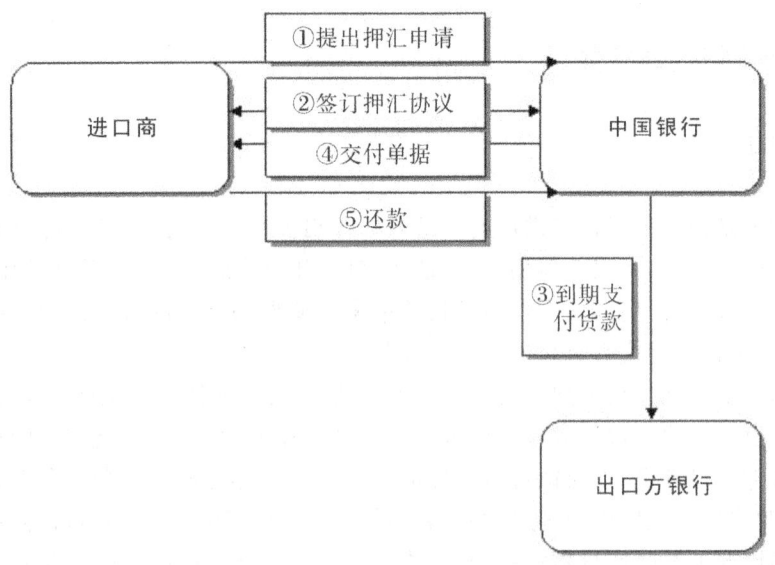

图 10-1 进口押汇业务流程

外汇银行叙做进口押汇,通过"进口押汇"会计科目核算,该科目属于资产类。

收到国外议付行寄来的信用证项下的汇票、单据时,若承做进口押汇,须将有关单证加盖同一进口押汇编号,并将信用证号码、押汇金额、进口押汇日期、进口押汇编号等登入"进口押汇登记簿"备查。同时填制进口押汇凭证一式五联。其中,第一联为进口押汇通知书,经有权人签字后送交开证申请人以备款赎单;第二联为应收开出信用证款项、应付开出信用证款项对转科目传票;第三联为"进口押汇"科目借方传票;第四联为"进口押汇"科目贷方传票;第五联为"进口押汇"科目卡片账。

1.银行对外付汇时承做进口押汇

(1)开证申请人预交的是外币保证金,银行对外付汇时承做进口押汇的会计分录如下:

借:存入保证金　　　　　　　　　　　　　　　　外币××
　　利息支出　　　　　　　　　　　　　　　　　　外币××
　　进口押汇　　　　　　　　　　　　　　　　　　外币××
　贷:港澳及国外联行往来或存放国外同业　　　　　外币××
借:应付开出信用证款项　　　　　　　　　　　　　外币××
　贷:应收开出信用证款项　　　　　　　　　　　　外币××

其中进口押汇金额是对外付汇总金额减去预收的保证金,再减去保证金的利息。

(2)开证申请人预交的是人民币保证金,银行对外付汇时承做进口押汇的会计分录如下:

借:存入保证金　　　　　　　　　　　　　　　　人民币××
　　利息支出　　　　　　　　　　　　　　　　　　人民币××
　贷:外汇买卖(中间价)　　　　　　　　　　　　　人民币××
　　外汇买卖价差　　　　　　　　　　　　　　　　人民币××

借:外汇买卖(卖出价) 外币××
　　进口押汇 外币××
　贷:港澳及国外联行往来或存放国外同业 外币××
借:应付开出信用证款项 外币××
　贷:应收开出信用证款项 外币××

2.开证申请人偿付进口押汇本息赎单

开证申请人接到开证行进口押汇通知,来行偿付进口押汇本息赎单时,如果使用外汇存款账户偿还,其会计分录如下:

借:单位活期存款 外币××
　贷:进口押汇 外币××
　　利息收入——进口押汇利息收入 外币××

如果开证申请人使用人民币存款账户偿还进口押汇本息,其会计分录为:

借:单位活期存款 人民币××
　贷:外汇买卖(中间价) 人民币××
　　外汇买卖价差 人民币××
借:外汇买卖(卖出价) 外币××
　贷:利息收入——进口押汇利息收入 外币××
　　进口押汇 外币××

例 10-3

外汇银行 A 行根据外贸汽车进口公司申请,于 6 月 10 日对纽约某联行开出即期信用证向某外商购买进口汽车 305 000 美元,支付方式为单到国内审单付款。开证时从其 0180900781 账户中支取 CNY 700 000,存入其保证金,并取 1.5‰ 的开证费(由公司人民币存款账户 0180900781 支出)6 月 12 日,公司因故要求减少开证金额 5 000 美元,征得受益人同意后银行当天做了修改开证金额的手续。

6 月 22 日,接到纽约联行寄来该证项下全套单据,金额 300 000 美元,同时加收银行费用 3 000 美元,公司于 6 月 25 日送来确认承付书,全额承付,银行当日对外付款。当天,公司承做了进口押汇,期限为 15 天。银行先从企业保证金账户中转出款项,不足部分另从押汇中支付。7 月 10 日,公司使用人民币存款账户(0180900781)偿还进口押汇本息。(假设美元卖出价为 655.13‰,中间价为 653.82‰,保证金利率为 0.35‰,进口押汇利率为 7.2‰)

要求:列出 A 行该笔业务的全套会计分录。

(1)6 月 10 日开出信用证

借:应收开出信用款项 USD 305 000
　贷:应付开出信用证款项 USD 305 000
借:单位活期存款(0180900781) CNY 700 000
　贷:存入保证金 CNY 700 000

$305\,000 \times 655.13‰ \times 1.5‰ = 2\,997.22(元)$

借:单位活期存款(0180900781)   CNY 2 997.22
  贷:手续费收入   CNY 2 997.22

(2) 6月12日修改信用证
借:应付开出信用证款项   USD 5 000
  贷:应收开出信用证款项   USD 5 000

(3) 6月25日对外付款

   保证金利息＝CNY 700 000×15×0.35％÷360＝CNY 102.08
   进口押汇＝303 000－(700 000＋102.08)÷655.13％
      ＝303 000－106 864.60＝196 135.40(美元)

借:存入保证金   CNY 700 000
  利息支出   CNY 102.08
  贷:外汇买卖(中间价653.82％)   CNY 698 702.13
                (USD 106 864.60×653.82％)
    外汇买卖价差   CNY 1 399.95
借:外汇买卖(卖出价655.13％)   USD 106 864.60
  进口押汇   USD 196 135.40
  贷:港澳及国外联行往来——纽约联行   USD 303 000
借:应付开出信用证款项   USD 300 000
  贷:应收开出信用证款项   USD 300 000

(4) 7月10日公司偿还进口押汇本息

   进口押汇利息＝USD 196 135.40×15×7.2％÷360＝USD 588.41

借:单位活期存款   CNY 1 288 796.70
                (USD 196 723.81×655.13％)
  贷:外汇买卖(中间价653.82％)   CNY 1 286 219.61
                (USD 196 723.81×653.82％)
    外汇买卖价差   CNY 2 577.09
借:外汇买卖(卖出价655.13％)   USD 196 723.81
  贷:利息收入——进口押汇利息收入   USD 588.41
    进口押汇   USD 196 135.40

三、票据贴现的会计核算

(一)概述

1.定义

收款人或持票人持未到期的银行承兑汇票或商业承兑汇票向银行申请贴现,银行按票面金额扣除贴现利息后将余款支付给收款人的一项银行授信业务。对持票人来说,贴现是将未到期的票据卖给银行获得流动性的行为,这样可提前收回垫支于商业信用的资本,而对银行或贴现公司来说,贴现是与商业信用结合的放款业务。票据的所有权人是银行。

可贴现的票据主要有银行承兑汇票、商业承兑汇票等。票据一经贴现便归贴现人所有,贴现人到期可凭票直接向付款人收取票款。如果到期后付款人无力或拒绝付款,银行可向票据的发票人、背书人或承兑人,即票据关系中的任何个人或团体,依法使用追索权,及时追回票款。

2.种类

按可贴现的票据不同可以分为银行承兑汇票贴现和商业承兑汇票贴现。

(1)银行承兑汇票贴现

银行承兑汇票贴现是指当中小企业有资金需求时,持银行承兑汇票到银行按一定贴现率申请提前兑现,以获取资金的一种融资业务。在银行承兑汇票到期时,银行则向承兑人提示付款,银行对贴现申请人保留追索权。其特点是银行承兑汇票贴现以银行的信用为基础的融资,是客户较为容易取得的融资方式,操作灵活、简便。贴现利率市场化程度高,资金成本较低,有助于中小企业降低财务费用。

(2)商业承兑汇票贴现

商业承兑汇票贴现是指当中小企业有资金需求时,持商业承兑汇票到银行按一定贴现率申请提前兑现,以获取资金的一种融资业务。在商业承兑汇票到期时,银行则向承兑人提示付款,当承兑人未给予偿付时,银行对贴现申请人保留追索权。其特点是商业汇票的贴现是以企业信用为基础的融资,如果承兑企业的资信非常好,相对较容易取得贴现融资。对中小企业来说,以票据贴现方式融资,手续简单,融资成本较低。

3.办理条件

商业汇票的持票人向银行办理贴现业务必须具备下列条件:

(1)在银行开立存款账户的企业法人以及其他组织;

(2)与出票人或者直接前手具有真实的商业交易关系;

(3)提供与其直接前手之间的增值税发票和商品发运单据复印件。

申请票据贴现的单位必须是具有法人资格或实行独立核算、在银行开立有基本存款账户并依法从事经营活动的经济单位。贴现申请单位应具有良好的经营状况,具有到期还款能力,贴现申请单位持有的票据必须真实,票式填写完整,盖印、压数无误,凭证在有效期内,背书连续完整。贴现申请单位在提出票据贴现的同时,应出示贴现票据项下的商品交易合同原件并揩供复印件或其他能够证明票据合法性的凭证,同时还应提供能够证明票据项下商品交易确已履行的凭证(如发货单、运输单、提单、增值税发票等复印件)。

(二)票据贴现的会计处理

外汇银行办理贸易项下的外币远期票据贴现,使用"贴现"科目会计核算。该科目属于资产类。

(1)银行受理票据贴现的会计处理

当收款人或背书人(持票人)需要资金时,可以在商业汇票到期前,持未到期的商业汇票到银行申请贴现。申请贴现时,应填制一式五联的贴现凭证(表10-1)。第一联作为"贴现"科目借方凭证;第二联作为持票人账户收款(贷方)凭证;第三联作为贴现"利息收人"贷方凭证;第四联给持票人作为收账通知,交贴现申请人;第五联为第一联作"贴现"科目贷方凭证,连同汇票按到期日顺序排列,专夹保管。第一联按规定盖章后,连同汇票一并交银行,银行信贷部门按照信贷办法和支付结算办法的有关规定审查,主要审查以下内容:申请人是否为在银行开立存款账户的企业法人以及其他组织;与出票人或者直接手前之间是否具有真实的商品交易关系;申请人是否提供与其直接前手之间的增值税发票和商品发运单据复印件等。符合条件的,在贴现凭证"银行审批"栏签注"同意"字样,并由有关人员签章后送交会计部门。

表 10-1 贴现凭证(借方传票)

申请人	名称		贴现汇票	种类						号码				
	账号			发票日						年		月		日
	开户银行			到期日						年		月		日
汇票承兑人(或银行)	名称		账号					开户银行						
汇票金额(即贴现金额)	外币(大写)							十	万	千	百	十	元	角	分
贴现率每月	‰	贴现利息	千	百	十	万	千	百	十	元	角	分	实付贴现金额	
备注								科目(借) 对方科目(贷) 复核 记账						

会计部门接到汇票和贴现凭证后,按规定要求审查汇票并认真审核贴现凭证的填写是否与汇票内容相符,然后按照规定贴现率计算贴现利息和实付贴现金额。计算公式为:

贴现利息＝汇票金额×贴现天数×日贴现率

贴现金额＝汇票金额－贴现利息

其中,贴现天数自贴现之日起至汇票到期日前一天止,实付贴现金额按票面金额扣除贴现日至汇票到期前一日的利率计算。

外汇银行办理票据贴现的同时,即对贴现申请人结汇,其会计分录为:

借:贴现   外币××
  贷:利息收入——贴现利息收入   外币××
    外汇买卖(汇买价)   外币××
借:外汇买卖(中间价)   人民币××
  贷:单位活期存款   人民币××
    外汇买卖价差   人民币××

(2)银行收回到期贴现款的会计处理

贴现银行应经常查看贴现到期的情况,并在汇票到期前匡算邮程,提前填制委托收款

凭证,连同汇票一并寄交承兑银行或承兑人开户银行,收取票款。收到票款后,以贴现凭证第五联做转销贴现处理,其会计分录为:

借:港澳及国外联行往来或存放国外同业 外币××
贷:贴现 外币××

如果票款因付款人无力或拒付未能收回时,银行应向有关的贴现关系人追索。收到追索票款的同时,以贴现凭证第五联做转销贴现处理,其会计分录为:

借:单位活期存款或其他科目 外币××
贷:贴现 外币××

例 10-4

福建 A 进出口公司于 8 月 10 日持纽约某联行承兑汇票 20 万美元来外汇银行 M 行申请贴现,出票日期是 8 月 2 日,承兑日期为 8 月 7 日,到期日 9 月 3 日,贴现率为 7.2%。M 行审查后办理了贴现手续,结汇转入 A 公司人民币存款账户(0182508356)。(假设美元的现汇买入价为 675.42%,中间价为 676.78%)

9 月 3 日,纽约某联行发来已贷记报单 20 万美元,M 行收回到期贴现款。

要求:列出外汇银行 M 行该笔业务的全套会计分录。

(1) 8 月 10 日 M 行办理票据贴现

贴现利息 = USD 200 000 × 24 × 7.2% ÷ 360 = USD 960

实付贴现金额 = USD 200 000 − USD 960 = USD 199 040

计算利息后,在贴现凭证有关栏目上填写贴现率、贴现利息和实付贴现金额,以贴现凭证第一联做"贴现"科目借方凭证,第二、三联分别做有关科目和利息收入科目的贷方凭证,办理转账。会计分录如下:

借:贴现 USD 200 000
 贷:利息收入——贴现利息收入 USD 960
    外汇买卖(汇买价 675.42%) USD 199 040
借:外汇买卖(中间价 676.78%) CNY 1 347 062.91
    (USD 199 040×676.78%)
 贷:单位活期存款 CNY 1 344 355.97
    (USD 199 040×675.42%)
    外汇买卖价差 CNY 2 706.94

转账后,第四联贴现凭证加盖转讫章做收账通知交持票人,第五联和汇票按到期日顺序排列专夹保管。

(2) 9 月 3 日收回到期贴现款

借:港澳及国外联行往来——纽约某联行 USD 200 000
 贷:贴现 USD 200 000

本章练习

一、单项选择题

1. 短期外汇贷款发放是（　　）。
   A. 转作存款后对外支付　　　　　　B. 从贷款账户直接对外支付
   C. 形成借款单位的派生性存款　　　D. 形成借款单位的专项存款

2. "短期外汇贷款"科目属于（　　）性质。
   A. 资产类　　　B. 负债类　　　C. 共同类　　　D. 损益类

3. 外汇贷款借款人必须具有独立法人资格，实行独立核算，资产负债率一般不超过（　　）。
   A. 35%　　　B. 50%　　　C. 75%　　　D. 80%

4. 借款人申请建设项目外汇贷款，建设项目投资总额中自筹资金不低于（　　）。
   A. 20%　　　B. 30%　　　D. 50%　　　D. 70%

5. （　　）是银行应出口商的要求，以装运出口后提交的与信用证要求完全相符的全套单据为依据，以应收的出口款项为抵押对出口商发放的结算贷款。
   A. 打包贷款　　B. 出口押汇　　C. 进口押汇　　D. 包买票据

6. 短期外汇贷款贷什么货币，还什么货币，计收原币利息，但是优惠利率贷款只限于（　　）贷款。
   A. 美元　　　B. 港币　　　C. 英镑　　　D. 欧元

7. 短期外汇贷款发放业务不正确的会计分录有（　　）。
   A. 借：短期外汇贷款　　　　　　　B. 借：短期外汇贷款
      贷：港澳及国外联行往来　　　　　 贷：存放国外同业
   C. 借：短期外汇贷款　　　　　　　D. 借：短期外汇贷款
      贷：单位活期存款　　　　　　　　 贷：汇出汇款

8. 出口押汇和进口押汇科目属于（　　）性质。
   A. 资产类　　　B. 负债类　　　C. 共同类　　　D. 损益类

9. 出口押汇系外汇银行短期垫款，押汇期限一般不超过（　　）天。
   A. 30　　　B. 60　　　C. 90　　　D. 120

10. 外汇银行办理贸易项下的外币远期票据贴现，使用（　　）科目会计核算。
    A. 短期外汇贷款　　B. 出口押汇　　C. 进口押汇　　D. 贴现

二、多项选择题

1. 外汇贷款的业务特点是（　　）。
   A. 借什么货币还什么货币
   B. 实行浮动利率收取承担费
   C. 一般不产生派生性存款
   D. 借款单位必须具有外汇收入或有其他外汇来源

2. 外汇贷款按按融资的目的分为（　　）。

A.固定资产贷款　　　B.流动资金贷款　　　C.对外贸易贷款　　　D.出口信贷

3.银行对外汇贷款发放的条件有(　　)。
　A.经济效益好,产品适销对路,有偿还外汇贷款本息的能力
　B.贷款项目必须按程序上报,经批准并纳入计划
　C.外汇贷款借款人必须具有独立法人资格,实行独立核算
　D.固定资产贷款项目须符合国家产业政策,项目配套人民币资金、设备、技术条件落实

4.短期贷款是指1年以内(含1年)的外汇贷款,主要包括(　　)。
　A.打包贷款　　　B.进出口押汇　　　C.出口信贷　　　D.包买票据

5.外汇银行目前发放的是以短期外汇浮动利率贷款为主,期限有按(　　)浮动三种。
　A.1个月　　　B.2个月　　　C.3个月　　　D.6个月

6.对有下列(　　)情况之一的,外汇银行将拒绝接受客户出口押汇申请。
　A.来证限制其他银行议付的
　B.未能提交全套物权凭证的
　C.索汇路线迂回曲折,影响安全及时收汇的
　D.单证或单单之间有实质性不符点

7.进口押汇的业务特点有(　　)。
　A.专款专用,仅用于履行押汇信用证项下的对外付款
　B.进口押汇是短期融资,期限一般不超过90天
　C.进口押汇利率按银行当期流动资金贷款利率计收
　D.进口押汇必须逐笔申请,逐笔使用

8.申请办理进口押汇的企业必须具备下列(　　)条件。
　A.依法核准登记,具有经年检的法人营业执照或其他足以证明其经营合法性和经营范围的有效证明文件
　B.拥有贷款卡
　C.拥有开户许可证,并在外汇银行开立结算账户
　D.具有进出口经营资格,有真实的贸易背景

9.外汇银行可贴现的票据主要有(　　)。
　A.银行汇票　　　B.银行承兑汇票　　　C.商业承兑汇票　　　D.旅行支票

10.商业汇票的持票人向银行办理贴现业务必须具备(　　)条件。
　A.在银行开立存款账户的企业法人以及其他组织
　B.与出票人或者直接前手具有真实的商业交易关系
　C.提供与其直接前手之间的增值税发票和商品发运单据复印件
　D.在银行有足够的存款,具有一定的支付能力

三、判断题

1.人民币贷款的利率相对固定,而外汇贷款利率则是以浮动为主。　　(　　)
2.短期外汇贷款和人民币贷款一样都可以转存产生派生性存款。　　(　　)
3.短期外汇贷款一般是借款单位实际对外支付外汇时发放,即什么时候用,什么时候

发放。（ ）

4.短期外汇贷款本金按实际发放的金额计算,实际发放的金额等于合同金额。
（ ）

5.外汇贷款使用的货币由借款人选择,汇率风险由借款人、外汇银行共同承担。
（ ）

6.打包贷款是银行办理出口押汇之前的贷款,与出口押汇没有密切关联。（ ）

7.短期外汇贷款贷什么货币,还什么货币,计收原币利息,但是优惠利率贷款只限于美元贷款。（ ）

8.外汇贷款期限按实际天数计算,有一天,算一天,贷款日不计息,还款日计息。
（ ）

9.借款单位如果确因客观因素暂时无法偿还贷款,可在贷款到期前向外汇银行提出贷款展期申请并说明原因,经信贷部门审查批准即可办理展期手续,展期时间最长不超过原贷款期限的 1/3。（ ）

10.对借款单位在到期未偿还或申请展期未被批准的短期外汇贷款,会计部门应于贷款到期日的次日,主动将到期外汇贷款转入"逾期贷款"科目核算,到期应收利息一并转入逾期贷款账户,并予催收。（ ）

11.承做出口押汇的银行,实际上是以出口方提交的与信用证项下或托收项下的单据为抵押,向出口商发放的一笔抵押贷款,对抵押银行来说,是预先垫款买下一笔尚未收妥的外汇,因此,担负着一定风险。（ ）

12.外汇银行办理出口押汇后,仍然要寄单索汇,编制出口寄单议付通知书随单据寄发,不需要向开证行计收通知费、议付费、修改费、邮费等从属费用。（ ）

13.进口押汇可以帮助进口商在无法立即支付货款的情况下及时取得物权单据、提货、转卖,从而抢占市场先机。（ ）

14.申请办理进口押汇的企业必须具有进出口经营资格,有真实的贸易背景。（ ）

15.商业承兑汇票的贴现是以银行信用为基础的融资,如果承兑企业的资信非常好,相对较容易取得贴现融资。对中小企业来说以票据贴现方式融资,手续简单,融资成本较低。（ ）

四、业务题

(假设本章习题涉及的外汇牌价为:美元汇买价 675.42‰,卖出价 678.13‰,中间价 676.78‰)

1.某三资企业经批准与外汇银行 A 行签订借款合同,借得短期外汇浮动利率贷款 USD 22 万,用于进口原材料,期限半年,利率按 3 个月浮动,利息转入贷款本金,要求就下列业务全过程列出 A 行的全套会计分录,并列出 A 行计息的全过程。

(1)2 月 22 日,外汇银行 A 行根据借款人的申请对美国某联行开出不可撤销的即期信用证,金额为 USD 402 000。开证时,从其 148250026 账户中支取 200 000 美元存入其保证金,并收取 1.5‰的开证费(按美元的汇卖价折收,从其 018250012 账户中支取)。2 月 25 日,企业因故减少开证金额 2 000 美元,征得收益人同意后,A 行做了修改手续。

(2)A 行收到美国某联行寄来的全套单据,3 月 26 日企业确认承付,先从企业保证金账户中转出,其余部分用短期外汇贷款支付,A 行按规定办理贷款支付手续,对外付汇金额共为 USD 401 000(其中包括 1 000 美元支付给美国某联行的通知、议付、修改费)。

(3)6 月 20 日和 9 月 20 日为结息日,A 行按规定办法计息,利息转入贷款本金(假设该行公布的利率表上,半年期 3 个月浮动美元贷款利率变动情况:2 月 1 日为 4.5%,2 月 26 日为 4.41%,3 月 18 日为 4.26%,4 月 26 日为 4.23%,6 月 25 日为 4.17%,8 月 28 日为 4.35%,按实际天数计算)。

(4)9 月 26 日期满,借款人办理偿还贷款手续,所需款项从其美元现汇存款账户(148250026)中支付。

2.某外资企业 9 月 10 日把即期信用证项下全套单据金额 USD 50 000,连同押汇申请书送交外汇银行 A 行,经审核符合押汇的要求,A 行当天即按 7.2%的利率扣收 18 天的贴息,将余额结汇收入受益人的人民币存款账户。经审单相符后,当天寄出全套单据,计收通知费、议付费、修改费共 USD 300 向开证行索偿。9 月 28 日议付行收到开证行纽约联行(纽约联行与议付行 A 行有美元账户关系)的已贷记报单,金额 USD 50 300,其中 USD 300 为国外银行费用收入,立即办理转账手续。

要求:列出外汇银行 A 行该笔业务的全套会计分录。

3.外汇银行 A 行 8 月 21 日接到国外议付行纽约联行寄来即期信用证项下全套单据,金额 200 000 美元,同时加收银行费用 2 000 美元,开证申请人某进出口公司 8 月 23 日送来确认承付书,全额承付,银行当日对外付款。当天,公司承做了进口押汇,期限为 18 天。银行先从企业保证金账户中转出保证金款项 USD 160 000(A 行 8 月 2 日向开证申请人收取 USD 160 000 保证金),不足部分另从进口押汇中支付。9 月 10 日,公司使用美元现汇存款账户(1482500681)偿还进口押汇本息。保证金利率为 2%,进口押汇利率为 7.2%。

要求:列出 A 行该笔业务的全套会计分录。

4.某进出口公司于 3 月 10 日持纽约某联行承兑汇票 30 万美元来外汇银行 A 行申请贴现,出票日期是 3 月 1 日,承兑日期为 3 月 7 日,到期日为 4 月 5 日,贴现率为 7.2%。A 行审查后办理了贴现手续,结汇转入该公司人民币存款账户(0182508358)。4 月 5 日,纽约某联行发来已贷记报单 USD 30 万,A 行收回到期贴现款。

要求:列出外汇银行 A 行该笔业务的全套会计分录。

第十一章 年度决算

学习目的

通过本章的学习，学生应明确年度决算是运用一个会计年度的会计核算资料，来总结和分析全年业务状况和财务成果的一项重要工作；了解年度决算工作的基本内容和具体做法；掌握外汇银行年终主要财务报表的编制方法。

年度决算是运用一个会计年度的会计核算资料，来总结和分析全年业务状况和财务成果的一项重要工作。通过年度决算，可综合反映国民经济各部门的资金活动情况，如信贷资金的分布结构，货币投放与回笼外汇收支是否平衡，一定时期内的经济发展情况等。通过年度决算，可得到各项数据信息，在比较分析中找差距，总结经验与教训，制订措施，有利于提高外汇银行的经营管理水平；通过年度决算，可对会计核算资料进行全面的核查与整理，维护银行的财产完整、准确与安全，同时可发现和解决会计核算工作中的差错或问题，有利于提高会计核算质量。如何使外汇银行年度决算工作顺利进行，对于外汇银行而言是至关重要的。

第一节 年度决算概述

一、年度决算的概念

年度决算是银行根据会计核算资料，运用会计报表集中反映某一会计年度的财务状况与经营成果，并运用文字总结辅助说明有关重要数据的一项综合性工作。它是考核银行经营活动及其成果、对外公布财务会计信息的一项重要工作，是银行会计工作的重要组成部分。

根据《中华人民共和国会计法》，我国银行会计年度自公历1月1日起至12月31日止。每年12月31日为银行的年度结算日。根据我国银行体制特点，总行为对外报告的会计主体，银行系统内部凡独立会计核算单位（总行、分行、支行）都应进行年度决算，附属会计核算单位（分理处、营业所）则应当以总账或报表方式，由管辖行合并进行年度决算。

二、年度决算的意义

外汇银行年度决算是对全年会计核算资料进行归纳、整理、核实,办理结账,轧计损益,编制年度财务会计报告。认真、准确、及时地做好年度决算工作,对于银行提高经营管理水平,向管理当局、投资者、债权人等提供正确、完整、真实的财务会计信息,充分发挥银行的职能作用,具有重要的意义。

(1)通过年度决算,可综合反映国民经济各部门的资金活动情况。如信贷资金的分布结构,货币投放与回笼外汇收支是否平衡,一定时期的经济发展情况等。

(2)通过年度决算,得到各项数据信息,在比较分析中找差距,总结经验与教训,制订措施,有利于提高外汇银行的经营管理水平。

(3)通过年度决算,对会计核算资料进行全面的核查与整理,可维护外汇银行的财产完整、准确与安全,同时可发现和解决外汇会计核算工作中的差错或问题,有利于提高会计核算质量。

三、年度决算的要求

年度决算是金融机构的一项全局性的工作,是会计工作的全面总结,涉及面广,政策性强,工作量大,质量要求高。年度决算要求保证年度报告的质量,即报告内容的可靠性和相关性。可靠性要求报告能反映外汇银行资金营运的客观真相,各项收支能经得起复核,即可核性。相关性要求报告内容与经营决策相关,具有预测价值和反馈价值。具体要求有以下三方面:

(一)坚持统一领导、各部门密切配合的原则

金融机构的年度决算是一项综合性工作,涉及各个职能部门,必须密切配合。要成立年度决算领导小组,由主要领导负责,以会计部门为主,各职能部门密切配合,协调进行,保证年度决算有条不紊地进行。

(二)对会计资料真实性的要求

财务报告具有可靠性,会计资料就必须真实客观,会计核算的数字、资料必须真实、准确地反映金融业务和财务活动,决不能篡改会计数据,伪造会计资料,搞虚假的会计平衡。除日常会计工作要求遵守工作规范,建立银行外汇会计系统和内部控制系统,并合理地选择规范的会计程序和方法之外,在决算日前还要全面核实账务,做好财产资金的清查、账簿记录的核实,并在核实财务基础上,按照权责发生制原则,调整账务和正确结计损益。

(三)对决算报告编制的要求

财务会计报告是会计信息的主要载体,是年度决算的文字和数字说明,必须按照会计制度的规定进行披露、编报、汇总和报送。报告必须按国家统一会计制度的种类格式编制,使用的数字必须与报表一致,必须真实准确,内容完整,说明清楚。报告必须坚持完整性,不能任意取舍,不能漏填、漏报。必须坚持统一性,上下级保持一致性,按统一的种类、格式、内容进行编报、汇总,会计报表之间、报表各项目之间对应关系的数字必须相互一

致。报告编制必须坚持及时性,按规定的时间编制完成,及时报送,不能延误和拖后,以免影响整个金融机构的年度决算。最后公布或报送之前,应先委托注册会计师审计。

四、年度决算的基本步骤

(一)决算时间

《金融企业会计制度》规定我国银行会计年度为公历1月1日起至12月31日,年度终了办理决算,年度决算日为每年的12月31日,如遇12月31日为节假日,仍以该日为决算日。我国外汇银行的海外分行,既要遵循所在国的会计惯例,又要按国内的要求,分别编制不同间隔期的报表。

(二)基本步骤

(1)决算前的准备工作;
(2)决算日的工作;
(3)决算日后的工作。

各步骤之间紧密联系又相互依存,决算前的准备工作是年度决算工作的基础;决算日的工作是年度决算工作的关键;决算日后的工作是各级银行汇总会计报表并逐级上报,最终完成年度决算任务的工作。

第二节 年度决算的准备工作

决算前的准备工作是年度决算工作的基础,准备工作的好坏对最终编制年报的质量至关重要。外汇银行年度决算时间紧,任务重。为了保证年度决算工作顺利进行,决算的准备工作一般应在每年第四季度初就要着手进行。总行颁布办理当年决算的通知,提出当年决算中应注意的事项和相应的处理原则和要求;如果遇当年会计或财务制度发生变更的情况,则要提出详细的处理方法,以便各基层统一口径,贯彻执行。各行处则根据上级行通知精神,具体做好年度决算工作。银行年度决算准备工作主要有以下几项工作:

一、清理资金

(一)清理内部资金

内部资金主要指"应收及暂付款项""应付及暂收款项"科目下的账户余额。这些账户的余额,决算日前应逐户清理结清,将余额压到最低;确定无法结清的,应将原因和处理经过详细记录,并逐户列报明细表,以备日后查考和清理。

(二)清理贷款资金

对到期或逾期的贷款、本息、各托收款项,应组织催收,落实还款计划。确实有问题的贷款,经批准转入"逾期贷款"。对于确实无法收回的贷款呆账、应收利息坏账,应按规定审批处理,对符合贷款呆账核销条件的逾期贷款,经审批后,可从"贷款呆账准备"账户中核销,应收利息可在"坏账准备"中核销。

(三)清理存款资金

长期不发生收付的"活期存款"或往来账户,要查明原因。确实无法联系查找不到的存户的存款,按规定程序,转入久悬未取款项列账;长期未发生收付的账户,主动与有关存户联系,督促销户或并户。

(四)清理结算资金

托收、代收和应解汇款等各种结算资金余额,在所需邮程和合理工作日内未能转账的,应立即查询、促付、划款或解付。重点清理"汇入汇款""汇出汇款"等结算科目下的账户余额。该解付的款项应积极联系解付,无法解付的按规定办理退汇。如已超过2个月尚未解付的汇入汇款,应办理退汇。该汇出的要尽快汇出,无法汇出的按退汇或有关规定处理。

二、盘点财产

对本外币现钞、有价证券、重要空白凭证、固定资产、低值易耗品等应组织人员,对照账面记载,进行一次全面盘点,发现问题应及时处理,对各种质押品、契据、保管品及信托资产等进行清点,与账册数额核对相符。如果发现有多缺溢耗,要查明原因,按照有关规定处理。同时要检查库房管理制度的执行情况、安全措施和落实情况,若有问题,必须纠正。

1.清查实务库存

年度决算前,要与出纳部门配合,对库存现金(包括本、外币),金、银等贵金属,出售的有价单证和重要的空白凭证,进行一次全面清查,库存金额与实际库存要保持一致。若发现溢耗余缺等情况,应查明原因,按规定程序调整账面余额,做到账实相符。对于不符的,要查明原因,确定责任,按规定调整账务。

2.清理固定资产及低值易耗品

年度决算前对银行的房屋、器具、设备等固定资产以及各种低值易耗品,以及在建工程等,做到账面记载与实物相一致。对发生的财产盘盈、盘亏要查明原因,认真处理。按照审批权限和程序,调整账务。盘盈的做营业外收入,盘亏的做营业外支出。应配合有关部门进行清查。凡未入账的应登记入账,已入账设卡的要逐一核对清楚。若发现余缺情况,应按规定予以处理,以保证账、卡、实物三者相符。

三、核对账务

外汇银行年终决算前核对账务主要是账账、账证、内外账的核对。总账与分户账、卡片账相核对,账簿与会计凭证相核对,银行与客户相核对。对联行、代理行未达账项应采取措施加紧清理,不得拖延。具体核对账务包括以下几方面内容:

1.检查会计科目运用情况

会计科目是各项业务分类的依据,只有正确运用,才能通过会计记录,正确并真实地反映银行全年的业务活动和财务收支状况。因此,在年度决算前应根据会计科目的变动情况,检查会计科目的归属和运用情况,对发现使用不当的应及时调整科目,以便真实反映各项业务和财务活动情况。

2.全面核对内外账务

年度决算前,要对银行内部所有的账、簿、卡、据进行一次全面检查和核对。检查和核对的内容包括各科目总账与分户账的金额是否相符,金、银、外币等账面记载与库存实物是否相符,库存现金账面结存数与实际库存现金是否相符,银行内部账务与客户账是否相符等。若有不符或因会计政策变更、会计差错,要按照规定进行更正,达到账账、账款、账据、账实、账表、内外账户相符。

3.核对往来账项

金融机构之间往来项目较多,系统内联行往来、金融企业之间跨系统往来、金融机构与中央银行往来等都要认真清理和核对。如果有差错应及时更正,保证金融机构往来之间相互平衡。

4.检查外汇牌价的使用

外汇银行日常经办大量的外汇买卖业务,参照的外汇牌价有可能发生错误。为保证外汇买卖和外汇损益核算的准确,决算日前应对全年外汇买卖业务所参照使用的牌价进行查核,发生错误时应调整。

四、核实损益

全面核实全年的存贷款和汇差的利息计算、手续费计算,及外汇买卖汇兑折算是否正确,发现问题时要及时纠正,对不符合规定的费用开支要按规定处理。

1.核对业务收支

对各项利息收入和支出、金融机构往来收入和支出、营业外收入和支出等账户要进行复查。重点应复查利息收支的计算,包括复查计息的范围、利率使用、利息计算是否正确,如果发现差错,应及时纠正。

2.检查各项费用开支

对各项业务费用,应按照开支范围和费用标准进行复查。对超过范围和标准开支的,应查明情况,若发现差错或问题,应及时进行更正。

3.核查营业外收支账户是否存在以收抵支的情况。

五、上划外汇买卖余额

为了便于总行统一核算全年外汇买卖损益,各独立核算的国内分、支行在每年11月30日将各货币"外汇买卖"账户余额分列外币和人民币明细账,经"全国联行往来"报单划转总行,使总行能在决算日前进行汇总。

六、试算平衡

为了保证年度决算工作顺利进行,必须验证整个账务是否平衡。在资金、账务、财产、收支核实的基础上,各办理决算的基层行应根据 11 月底各科目总账的累计发生额和余额,编制试算平衡表进行试算平衡。试算平衡是将所有分类账中各账户余额按一定程序分别排列,编成试算平衡表,对账户数字进行验证。试算的原理是建立在"有借必有贷,借贷必相等"原则的基础上,以核对各账户余额是否正确。因而试算平衡表可近似地认为是资产负债表。如果试算平衡,说明账户记载基本正确;如果不平衡,说明账户记载肯定有差错,应查明原因,以求平衡,为年终正式编制年度决算报告奠定基础。

七、做好计算机处理年终决算的准备工作

计算机处理年终决算的准备工作包括:年终决算日的浮动余额入账时间设定是否正确;年终外汇结算牌价设定是否正确;涉及损益、年终结转利润等账务设定是否正确;新年度工作日历设定是否正确;新年度启用的贷款利率设定是否正确等。

第三节 年度决算工作

我国银行每年的 12 月 31 日为年度决算日,无论是否属于假日,均应办理年度决算。年度决算工作量大,时间紧,任务重,除要处理好当天的业务,轧平当天的账务外,还应根据情况做好调整当日账务、结算全年损益、办理新旧账户的结转、编制决算报表等工作。决算日当天,全行工作都要围绕年度决算进行。

一、决算日的工作

(一)处理当日账务、全面核对账务

决算日这天,金融机构照常营业,这一天发生的全部账务应于当日全部入账。应收应付利息、应交税金,按权责发生制要求的收入、费用全部列账,各种往来款项全部结清,不得跨年。全日账务处理完毕后,对全年账务进行一次全面核对,做到账账相符,为编制报表提供可靠、正确的数据。

(二)检查各项库存

决算日营业终了,应对库存现金、金银、外币、有价单证、有价实物进行一次全面核对,保证账款、账实相符。

(三)计算汇兑损益

因各级银行已将 11 月底外汇买卖科目余额上划总行,所以,外汇买卖的汇兑损益计算由总行统一办理。计算方法是:在决算日营业终了后,将"外汇买卖"科目各币种余额按

决算牌价折算为人民币,与原该种货币的"外汇买卖"科目的人民币余额进行比较,发生差额即为本年度该种货币的外汇买卖汇兑损益,此项差额应作为传票从"外汇买卖"科目的人民币余额中转入损益类账户。

(四)结转损益

1. 美元以外的其他外币损益类余额结转到美元项下。

借:利息收入　　　　　　　　　　　　　　　　其他外币××
　　金融企业往来收入　　　　　　　　　　　　其他外币××
　　手续费收入等收入类科目　　　　　　　　　其他外币××
　　贷:外汇买卖(其他外币决算牌价)　　　　　　其他外币××
借:外汇买卖(其他外币决算牌价)　　　　　　　人民币××
　　贷:外汇买卖(美元决算牌价)　　　　　　　　人民币××
　　　　外汇买卖价差　　　　　　　　　　　　人民币××
借:外汇买卖(美元决算牌价)　　　　　　　　　美元××
　　贷:利息收入　　　　　　　　　　　　　　　美元××
　　　　手续费收入　　　　　　　　　　　　　美元××
　　　　汇兑收益等收入类科目　　　　　　　　美元××
借:利息支出　　　　　　　　　　　　　　　　美元××
　　金融企业往来支出　　　　　　　　　　　　美元××
　　业务费用等损失类科目　　　　　　　　　　美元××
　　贷:外汇买卖(美元决算牌价)　　　　　　　　美元××
借:外汇买卖(美元决算牌价)　　　　　　　　　人民币××
　　贷:外汇买卖(其他外币决算牌价)　　　　　　人民币××
　　　　外汇买卖价差　　　　　　　　　　　　人民币××
借:外汇买卖(其他外币决算牌价)　　　　　　　其他外币××
　　贷:利息支出　　　　　　　　　　　　　　　其他外币××
　　　　金融企业往来支出　　　　　　　　　　其他外币××
　　　　业务费用等损失类科目　　　　　　　　其他外币××

2. 分美元、人民币将所有损益类账户余额结转到本年利润账户。

借:利息收入　　　　　　　　　　　　　　　　美元/人民币××
　　手续费收入　　　　　　　　　　　　　　　美元/人民币××
　　汇兑收益等收入类科目　　　　　　　　　　美元/人民币××
　　贷:本年利润　　　　　　　　　　　　　　　美元/人民币××
借:本年利润　　　　　　　　　　　　　　　　美元/人民币××
　　贷:利息支出　　　　　　　　　　　　　　　美元/人民币××
　　　　手续费支出　　　　　　　　　　　　　美元/人民币××
　　　　业务费用等损失类科目　　　　　　　　美元/人民币××

3. 结出全年人民币和美元纯益或纯损。本年利润在贷方余额,表示纯益;反之,表示纯损。

4.通过并表的方法,将美元决算表的损益折算为人民币余额,并入人民币决算表中,得出各货币折人民币的年终损益。

4.各行下年初上划全年利润。

借:本年利润　　　　　　　　　　　　　　　　美元/人民币××

　贷:辖内往来或全国联行往来　　　　　　　　　美元/人民币××

按照上述程序编好决算表后,根据上级要求和本年决算表中的一些特定情况,写好决算说明书。在做好这些工作的同时,要组织人员更换新的年度账页,装订整理决算年度账页。

(五)办理新旧账簿的结转

各独立会计单位在结转全年损益后,应办理新旧账簿的结转,结束旧账、建立新账,保证新年度业务活动的政策进行。

1.总账的结转

总账每年更换一次,年终结转时,新账页的日期应写新年度的1月1日,摘要栏加盖"上年结转"戳记,旧账余额过入新账的"上年余额"栏即可。

2.明细账的结转

银行的明细账可根据下年度是否可以继续使用而采取不同的结转办法。对于下年度继续使用的明细账,如对外营业客户的明细账,应在旧账页的最后一行余额下加盖"结转下年"戳记,将最后余额过入新账页,新账页日期应写明新年度1月1日,摘要栏则加盖"上年结转"戳记。对于余额已结清的账户,则在账页上加盖"结清"戳记。

3.登记簿的结转

银行的各种表外科目和其他登记簿,年终也可根据其是否可继续使用而采取不同的处理方式。若登记簿可继续使用,则不需要结转,下年度继续使用;若是按年设立的登记簿,则需要结转,其方法可比照明细账的结转。

(六)编制决算报表

银行对外的财务决算报表主要包括资产负债表、损益表及利润分配表、现金流量表。具体的格式及编制方法见下面对财务会计报告的阐述。

二、财务会计报告

(一)概述

1.定义及意义

财务会计报告是指企业对外提供的反映企业某一特定日期财务状况和某一会计期间经营成果、现金流量的文件。外汇银行必须定期编制财务会计报告,外汇银行的财务会计报告是根据日常会计核算资料,按照一定的格式和科学的指标体系定期编制,总括反映经营成果、财务状况和现金流量状况的文件,是外汇银行对外传递信息的主要手段,也是投资者、国家机关和相关人员进行决策的重要信息来源。

外汇银行需要按照规定定期对外报告经营成果、财务状况和现金流量信息,为外部信息的使用者提供决策所需要的信息。财务报告的核心是会计报表,包括资产负债表、利润表和利润分配表、现金流量表。会计报表是会计核算的最终成果,也是商业银行对外提供信息的主要手段。

2.编制要求

(1)数字真实客观、准确可靠。即会计报表的编制应坚持公允的会计原则,绝不弄虚作假,带有随意色彩。

(2)内容完整无误。完整的重要含义是指标的统一和规范,并保持其数字之间的整体相关无误,上报时数字要经过充分核对,做到绝对无差错。

(3)编报表种要齐全。主要报表和附列资料,都要做到不缺报、漏报,并具有完整的页码、印章及应附列的各种附表。

(4)报送要及时,不拖延滞后。会计报表的时效性很强,如果没有及时性,会计报表也就很难发挥作用。《金融企业会计制度》规定,月度会计报告应当在月度终了6天内提供,季度财务报告应当在季度终了15天内提供,半年度会计报告应当在年度中期结束后60天内提供,而年度财务会计报告应当于年度终了后4个月内提供。

财务会计报告按报送对象分类,可分为内部报表和外部报表。内部报表是指外汇银行为适应内部经营管理需要而编制的不对外公开的报表。内部报表的种类、格式、指标体系、编制要求根据内部管理的要求由银行自行规定。外部报表是指银行对投资人、债权人、管理当局及相关公众提供的,展示银行经营成果和财务状态的报表,需要运用统一的会计报表语言。因此,银行对外提供的财务会计报告的内容、指标体系,会计报表的种类和格式,会计报表附注的主要内容等,由金融企业会计制度规定。外汇银行对外的财务报表主要包括资产负债表、损益表及利润分配表、现金流量表。

(二)资产负债表

1.资产负债表概述

资产负债表是反映决算日外汇银行各项资产、负债和所有者权益的增减变动以及各项目之间的相互关系,检查资产、负债和所有者权益的构成是否合理,考核各项资金计划的执行结果的会计报表。表中的数字是年初与年末两个时点上的静态数据,它是静态报表。其所提供的银行在某一特定日期的财务情况主要包括:(1)银行所掌握的经济资源,包括银行所负担的债务以及投资者在银行里所持有的权益,它表明银行在资产、负债及所有者权益方面的实力状况,是银行经营活动的基础;(2)银行偿还债务能力等;(3)银行未来的财务趋向等。

资产负债表是根据"资产=负债+所有者权益"这一基本公式,依照一定的分类标准和一定的次序,把银行在一定日期的资产、负债和所有者权益项目予以适当排列编制而成。资产负债表反映的是商业银行在某一特定日期资产、负债、所有者权益的总体规模和结构。

资产负债表主体内容的编排方式一般有两种:账户式和报告式。账户式是按照会计等式的排列,把资产列在左方,负债和所有者权益列在右方;报告式即按资产、负债及所有者权益的顺序自上而下地垂直排列。我国行业会计制度规定格式为账户式结构。外汇银行资产负债表格式如表11-1。

表 11-1 资产负债表

编制单位　　　　　　　　　　年　月　日　　　　　　　　　　单位:元

资产	行次	期初数	期末数	负债及所有者权益	行次	期初数	期末数
流动资产:				流动负债:			
现金及银行存款	1			自营证券	24		
贵金属	2			代理证券	25		
存放中央银行款项	3			买入返售证券	26		
存放同业银行款项	4			待处理流动资产净损失	27		
存放联行款项	5			1年内到期的长期债券投资	28		
拆放同业	6			流动资产合计	29		
拆放金融性公司	7			长期资产:			
短期贷款	8			中长期贷款	30		
应收进出口押汇	9			逾期贷款	31		
应收账款	10			减:贷款呆账准备	32		
减:坏账准备	11			应收租赁款	33		
其他应付款	12			减:未收租赁收益	34		
贴现	13			应收转租赁款	35		
短期投资	14			租赁资产	36		
委托贷款及委托投资	15			减:待转租赁资产	37		
经营租赁资产	16			其他应收款	38		
减:经营租赁资产折旧	17			应付工资	39		
长期投资	18			应付职工福利费	40		
减:投资风险准备	19			应交税金	41		
固定资产原值	20			应付利润	42		
减:累计折旧	21			预提费用	43		
固定资产净值	22			发行短期债券	44		
固定资产清理	23			1年内到期的长期负债	45		
在建工程	46			其他流动负债	69		
待处理固定资产净损失	47			流动负债合计	70		
长期资产合计	48			长期负债:			
无形、递延及其他资产				长期存款	71		
无形资产	49			长期储蓄存款	72		

续表

资产	行次	期初数	期末数	负债及所有者权益	行次	期初数	期末数
递延资产	50			存入长期保证金	73		
其他资产	51			应付转租赁租金	74		
其他资产合计	52			发行长期债券	75		
资产总计	53			长期借款	76		
短期借款	54			长期应付款	77		
短期储蓄存款	55			其他长期负债	78		
财政性存款	56			其中:住房周转金	79		
向中央银行借款	57			长期负债合计	80		
同业存放款项	58			负债合计	81		
联行存放款项	59			所有者权益:			
同业拆入	60			实收资本	82		
金融性公司拆入	61			资本公积	83		
存入短期保证金	62			盈余公积	84		
应解汇款	63			其中:公益金	85		
汇出汇款	64			未分配利润	86		
委托存款	65			所有者权益合计	87		
应付代理证券款项	66						
卖出回购证券款	67						
应付账款	68			负债及所有者权益合计	88		

行长　　　　　　　会计　　　　　　　复核　　　　　　　制表

2.资产负债表的编制

资产负债表反映的是商业银行在某一特定时点财务状况的报表,它是一份静态报表,是以资产账户、负债账户和所有者权益账户的期末余额为主要依据,按月编制。其编报主要通过以下几种方式取得:

(1)根据总账账户余额直接填列。资产负债表各项目的数据来源,大多是根据总账账户期末余额直接填列,如"应收利息"项目,根据"应收利息"总账科目的期末余额直接填列;"短期借款"项目,根据"短期借款"总账科目的期末余额直接填列。

(2)根据总账账户余额计算填列。资产负债表的某些项目不能直接根据总账账户的期末余额填列,而要根据若干个总账账户的期末余额合并计算填列,如"现金及存放中央银行款项"项目,根据"库存现金""存放中央银行款项"账户的期末余额合计数计算填列。

(3)根据明细账户余额计算填列。资产负债表的某些项目不能根据总账账户的期末余额或若干个总账账户的期末余额计算填列,而需要根据有关账户所属的相关明细账户的期末余额分析计算填列。

(4)根据总账账户和明细账户余额分析计算填列。资产负债表的某些项目不能根据总账账户的期末余额或若干个总账账户的期末余额计算填列,也不能根据有关账户所属的相关明细账户的期末余额分析计算填列,而要根据总账账户和明细账户的期末余额计算填列。

(5)根据账户余额减去其备抵项目后的净额填列。资产负债表的某些项目应当反映其账面价值,应根据有关账户余额减去其备抵项目后的净额填列。如"固定资产"项目,根据"固定资产"账户的期末余额,减去"累计折旧"和"固定资产减值准备"备抵账户余额后的净额填列;又如"无形资产"项目,根据"无形资产"账户的期末余额,减去"累计摊销"和"无形资产减值准备"备抵账户余额后的净额填列。

(三)损益表

1.损益表概述

损益表是总括反映外汇银行一个会计年度内利润(亏损)实现情况的动态报表。它反映银行在一定会计期间内实现的营业收入以及与收入相配比的成本费用等情况并计算出银行的利润总额或亏损总额,根据"收入－费用＝损益"的会计方程式编制,用以考核银行利润计划的完成情况。在损益表上,反映出外汇银行一年来的营业收入、营业支出和营业税金及附加,最后计算出利润总额。利用损益表,可以评价与考核外汇银行的经营成果及利润计划的执行结果和投资效率,分析盈亏增减变化的原因和盈利能力。损益表的格式如表11-2。

表11-2 损益表

编报单位: 年 月 日 单位:元

项目	行次	本期数	本年累计数
一、营业收入	1		
利息收入	2		
金融企业往来收入	3		
手续费收入	4		
证券销售差价收入	5		
证券发行差价收入	6		
租赁收益	7		
汇兑收益	8		
其他营业收入	9		
二、营业支出	10		
利息支出	11		
金融企业往来支出	12		
手续费支出	13		

续表

项　目	行　次	本期数	本年累计数
营业费用	14		
汇兑损益	15		
其他营业支出	16		
三、营业税金及附加	17		
四、营业利润	18		
加：投资收益	19		
加：营业外收入	20		
减：营业外支出	21		
加：以前年度损益调整	22		
五、利润总额	23		
减：所得税	24		
六、净利润	25		

行长　　　　　　　会计　　　　　　　复核　　　　　　　制表

2.损益表的编制

（1）损益表中"本期数"和"本年累计数"的填列

在编制月报时，损益表中的"本期数"栏，反映各项目本月的实际发生额；"本年累计数"栏反映各项目自年初起至年底的累计实际发生额。在编制年报时，损益表中"本期数"栏应改成"上年数"，其中，"上年数"栏反映各项目的上半年累计实际发生数目。如果上年度损益表与本年度损益表的项目名称和内容一致，应对上年度报表项目的名称和数字按本年度的规定调整，填入本表"上年数"栏。

（2）损益表中各项目的填列

第一，根据总账或明细账科目发生额直接填列。损益表中项目和会计账簿的会计科目是相对应的，因此，可以根据总账和明细账结转利润前的损益类科目直接填列。如"利息收入""金融企业往来收入""手续费收入""企业营业收入""营业外收入""利息支出""金融企业往来支出""手续费支出""其他营业支出""营业外支出""营业税金及附加""投资收益"等。

第二，根据有关项目发生额汇总填列。损益表中的"营业收入""营业支出"项目，是按照所属的项目汇总加计填列。如"营业收入"项目是根据"利息收入""金融企业往来收入""手续费收入""其他营业收入"等汇总而成的。"营业支出"项目是根据"利息支出""金融企业往来支出""手续费支出""营业费用""汇兑损失""其他营业支出"等汇总而成的。

第三，根据有关项目发生额计算填列。损益表中"营业利润"项目根据"营业收入""营业支出""营业税金及附加"三个项目按公式计算填列；"利润总额"项目根据"投资收益""营业外收入""营业外支出""以前年度损益调整"四个项目按公式计算填列，若利润总额为亏损，用"—"号表示；"净利润"项目反映金融企业当期实现的净利润（或净亏损）总额，

"净利润"根据"利润总额""所得税"两个项目按公式计算填列。如果为净亏损,则以"—"号在该项目内填列。

(四)利润分配表

1.利润分配表概述

利润分配表是损益表的附表,反映的是外汇银行一定会计期间对实现利润的分配情况和年末未分配利润结余情况,本表按利润分配的去向设置项目反映。通过编制利润分配表,可以了解银行实现利润的分配情况或亏损的弥补情况,了解利润分配的构成,以及年末未分配利润的数额。利润分配表主要项目有净利润、可供分配利润和期末未分配利润。其基本格式如表 11-3 所示。

表 11-3 利润分配表

编制单位:　　　　　　　　　　　　年　月　日　　　　　　　　　　　　单位:元

项　目	行　次	本年实际	上年实际
一、净利润	1		
加:年初未分配利润	2		
上年利润调整	3		
减:上年所得税调整	4		
二、可供分配利润	5		
加:盈余公积补亏	6		
减:提取盈余公积	7		
应付利润	8		
三、期末未分配利润	9		

行长　　　　　　　会计　　　　　　　复核　　　　　　　制表

2.利润分配表的编制

利润分配表的编制基本上可按照"利润分配"科目的有关明细科目加以分析来完成。表中"本年实际"栏须根据"本年利润"和"利润分配"科目及其所属明细科目的记录分析填列;"上年实际"栏则可直接从上"利润分配表"抄录,但若上年度与本年度的利润分配表项目名称及内容不完全一致,则应先对上年度报表项目名称与金额按本年度的规定予以调整后再填入。

(五)现金流量表

1.现金流量表概述

现金流量表是综合反映一定期间内营运资金来源和运用,说明和分析外汇银行财务状况增减变化的动态报表。它起到沟通资产负债表与损益表的桥梁作用。为了能充分、恰当地披露企业有关现金流量方面的信息,目前我国商业银行的现金流量表包括正表和补充资料两部分。

(1)正表

正表是现金流量表的主体,企业一定会计期间现金流量的信息主要由正表提供。正表采用报告式的结构,按照现金流量的性质,依次分类反映经营活动产生的现金流量、投资活动产生的现金流量、筹资活动产生的现金流量,最后汇总反映企业现金及现金等价物净增加额。现金流量表的正表要求用直接法编制,在各项经济活动产生的现金流量下,分别按项目反映其现金流入、现金流出和现金流量净额。现金流量表的正表具体格式以及内容如表 11-4 所示。

表 11-4 现金流量表

编制单位: 年度 单位:元

项　目	行　次	金　额
一、经营活动产生的现金流量		
对外发放的贷款和收回的贷款本金	1	
吸收的存款和支付的存款本金	2	
同业存款及存放同业款项	3	
向其他金融企业拆借的资金	4	
利息收入和利息支出	5	
收回的已于前期核销的贷款	6	
经营证券业务的企业,买卖证券所收到或支出的现金	7	
融资租赁所收到的现金	8	
收到的租金	9	
收到的其他与经营活动有关的现金	10	
现金流入小计	11	
经营租赁所支付的现金	12	
支付给职工以及为职工支付的现金	13	
支付税款	14	
支付的其他与经营活动有关的现金	15	
现金流出小计	16	
经营活动产生的现金流量净额	17	
二、投资活动产生的现金流量		
收回投资所收到的现金	18	
分得股利或利润所收到的现金	19	
取得债券利息收入所收到的现金	20	
处置固定资产、无形资产和其他长期资产而收到的现金净额	21	

续表

项　目	行　次	金　额
收到的其他与投资活动有关的现金	22	
现金流入小计	23	
构建固定资产、无形资产和其他长期资产所支付的现金	24	
权益项投资所支付的现金	25	
债权性投资所支付的现金	26	
支付的其他与投资活动有关的现金	27	
现金流出小计	28	
投资活动产生的现金流量净额	29	
三、筹资活动产生的现金流量	30	
吸收权益性投资所收到的现金	31	
发行债券所收到的现金	32	
借款所收到的现金	33	
收到的其他与筹资活动有关的现金	34	
现金流入小计	35	
偿还债券所支付的现金	36	
发生筹资费用所支付的现金	37	
分配股利或利润所支付的现金	38	
偿付利息所支付的现金	39	
融资租赁所支付的现金	40	
减少注册资本所支付的现金	41	
支付的其他与筹资活动有关的现金	42	
现金流出小计	43	
筹资活动产生的现金流量净额	44	
四、汇率变动对现金的影响额	45	
五、现金及现金等价物净增加额	46	

行长　　　　　　　　会计　　　　　　　　复核　　　　　　　　制表

(2)补充资料

现金流量表补充资料是现金流量表的附表部分，主要列示银行应在报表附注中披露的内容。现金流量表的附表具体格式如表 11-5(补充资料部分)所示。

表 11-5 现金流量表附表

编制单位：　　　　　　　　　　　　　　　　　　　　　　　　　　　　　　　　单位：元

项　　目	金　　额
一、将净利润调节为经营活动的现金流量	
净利润	
加：资产减值准备	
固定资产折旧	
无形资产摊销	
长期待摊费用摊销	
处置固定资产、无形资产和其他长期资产损失（收益以"－"填列）	
固定资产报废损失（收益以"－"填列）	
公允价值变动损失（收益以"－"填列）	
财务费用	
投资损失（收益以"－"填列）	
递延所得税资产减少（收益以"－"填列）	
递延所得税资产增加（收益以"－"填列）	
经营性应收项目的减少（收益以"－"填列）	
经营性应付项目的增加（收益以"－"填列）	
其他	
经营活动产生的现金流量净额	
二、不涉及现金收支的投资和筹资活动	
债务转为资本	
一年内到期的可转换公司债券	
融资租入固定资产	
三、现金及现金等价物的净变动情况	
现金的期末余额	
减：现金的期初余额	
加：现金等价物的期末余额	
减：现金等价物的期初余额	
现金及现金等价物增加额	

行长　　　　　　　会计　　　　　　　复核　　　　　　　制表

2.现金流量表的编制

（1）现金流量表的编制方法

编制现金流量表时，对经营活动现金流量的列报方式有两种：直接法和间接法。这两种方法通常也称为现金流量表的编制方法。直接法是指通过现金收入和支出的主要类别来反映银行经营活动的现金流量,一般是以损益表中的营业收入为起点,调整与经营活动有关项目的增减变动,然后计算出经营活动的现金流量。根据我国现金流量表准则规定,银行应当采用直接法编报现金流量表,有关现金流量的信息可以通过银行会计记录,或者根据有关项目对损益表中的营业收入、费用、营业外收支以及有关项目的增减变动,计算出经营活动的现金流量。《企业会计准则——现金流量表》规定采用直接法,同时要求在现金流量表附注中披露净利润调节为经营活动现金流量的信息,也就是用间接法来计算经营活动的现金流量。

(2)现金流量表的编制程序

现金流量表的编制程序通常有工作底稿法和 T 形账户法。其中工作底稿法是指以工作底稿为手段,以损益表和资产负债表数据为基础,对每一项目进行分析并编制调整分录,从而编制出现金流量表。

在直接法中,整个工作底稿分成三段:第一段是资产负债表项目,其中又分为借方项目和贷方项目两部分;第二段是损益表项目;第三段是现金流量表项目。工作底稿横向分为五栏,在资产负债表部分,第一栏是项目栏,填列债务负债表各项目名称;第二栏是期初数栏,用来填列资产负债表的期初数;第三栏是调整分录借方栏;第四栏是调整分录贷方栏;第五栏是期末数栏,用来填列资产负债表项目的期末数。在损益表和现金流量表部分,第一栏也是项目栏,用来填列损益表和现金流量表项目的名称;第二栏空置不填;第三、第四栏分别是调整分录的借方、贷方;第五栏是本期数栏,损益表部分这一栏数字应和本期损益表数字核对相符,现金流量表部分这一栏的数字可直接用来编制正式的现金流量表。

采用工作底稿法编制现金流量表的程序如下:

第一步,将资产负债表的期初数和期末数过入工作底稿的期初数栏和期末数栏。

第二步,对当期业务进行分析并编制调整分录。调整分录大体有这样几类:第一类涉及损益表中的收入、成本和费用项目,以及资产负债表中的资产、负债及所有者权益项目,通过调整,将权责发生制下的收入费用转换为现金基础;第二类涉及资产负债表和现金流量表;第三类涉及损益表和现金流量表中的投资和筹资项目,目的是将损益表中有关投资和筹资方面的收入和费用列入现金流量表投资筹资现金流量中去。此外,还有一些调整分录并不涉及现金收支,只是为了核对资产负债表项目的期末期初变动情况。

在调整分录中,有关现金和现金等价物的事项,并不直接借记或贷记现金,而是分别计入"经营活动产生的现金流量""投资活动产生的现金流量""筹资活动产生的现金流量"有关项目,借记表明现金流入,贷记表明现金流出。

第三步,调整分录,如工作底稿中的相应部分。

第四步,核对调整分录,借贷合计应当相等,资产负债表项目期初数加减调整分录中的借贷金额后,应当等于期末数。

第五步,根据工作底稿中的现金流量表项目部分编制正式的现金流量表。

第四节　决算日后的工作

在次年开业后,一般要求外汇银行会计工作人员再次核对所经营账目的账账关系以及相互之间的关系,同时做好以下工作:

一、上划损益

为使总行及时了解上年度全行的财务成果,凡实行独立核算的基层银行,都要在规定的时间将上年底人民币和美元各损益账户结转"本年利润"前的余额,分别美元、人民币电报通知总行,然后把经过核实的损益逐级上划。

下级行将纯益上划管辖行时,分别填制美元和人民币联行报单,会计分录为:

借:本年利润　　　　　　　　　　　　　　　　　美元××
　　贷:全国联行往来或辖内往来——上级行　　　　　美元××
借:本年利润　　　　　　　　　　　　　　　　　人民币××
　　贷:全国联行往来或辖内往来——上级行　　　　　人民币××

如果是上划纯损,会计分录相反。

上级行收到上划纯益报单时,会计分录为:

借:全国联行往来或辖内往来——下级行　　　　　美元××
　　贷:本年利润　　　　　　　　　　　　　　　　美元××
借:全国联行往来或辖内往来——下级行　　　　　人民币××
　　贷:本年利润　　　　　　　　　　　　　　　　人民币××

如果是收到上划纯损报单,会计分录相反。

二、决算报表的汇总上报

基层行编制的决算报表只反映基层银行的经营状况和财务成果,因此,年度决算报表必须逐级汇总上报。基层行在上报决算报表前,应对报表的表内数据、表表数据进行认真审核,确认数字正确后再上报。

上级行收到辖内下级行的决算报表后,要经过认真审核表内外数字,核对是否符合年终决算有关具体规定,发现问题及时查询更正后,将所管辖各行的决算报表与本行决算报表同类项目的数字合并,编制成全辖汇总决算报表,同时将汇总无误的会计报表逐级上报,直至上报到总行。在报上级行的同时,抄报当地人民银行、税务、审计等单位。总行根据各二级分行上报的报表最后汇总编制全行汇总的决算报告。

本章练习

一、单项选择题

1.某年12月31日为周六,则该年的年度决算日安排在(　　)。
　　A.12月30日　　　B.12月31日　　　C.次年1月1日　　D.次年1月2日
2.对于确实无法收回的外汇贷款呆账、应收利息坏账,应按规定审批处理,对符合贷款呆账核销条件的逾期贷款,经审批后,可从(　　)账户中核销。
　　A.坏账准备　　　B.逾期贷款　　　C.贷款呆账准备　　D.短期外汇贷款
3.外汇银行年终要清理结算资金,已超过(　　)尚未解付的汇入汇款,应办理退汇。
　　A.1个月　　　　B.2个月　　　　C.3个月　　　　D.半年
4.外汇银行年终决算前要对固定资产盘点,如果发生盘盈,经批准可作为(　　)处理。
　　A.利息收入　　　B.手续费收入　　　C.业务收入　　　D.营业外收入
5.《金融企业会计制度》规定,月度会计报告应当在月度终了(　　)天内提供。
　　A.6天　　　　　B.10天　　　　　C.15天　　　　　D.1个月
6.下列(　　)报表属于静态报表。
　　A.资产负债表　　B.损益表　　　　C.现金流量表　　D.利润分配表
7.(　　)是反映决算日外汇银行各项资产、负债和所有者权益的增减变动以及各项目之间的相互关系的报表。
　　A.资产负债表　　B.损益表　　　　C.现金流量表　　D.利润分配表
8.利用(　　)可以评价与考核外汇银行的经营成果和利润计划的执行结果和投资效率,分析盈亏增减变化的原因和盈利能力。
　　A.资产负债表　　B.损益表　　　　C.现金流量表　　D.利润分配表
9.外汇银行利润分配表的主要项目不包括(　　)。
　　A.营业利润　　　B.净利润　　　　C.可供分配利润　　D.未分配利润
10.(　　)是综合反映一定期间内营运资金的来源和运用,说明和分析外汇银行财务状况增减变化的动态报表。
　　A.资产负债表　　B.损益表　　　　C.现金流量表　　D.利润分配表

二、多项选择题

1.对外汇银行年度决算的要求有(　　)。
　　A.各部门必须密切配合　　　　　B.会计资料必须真实客观
　　C.财务会计报告必须完整,报送及时　D.决算人员要认真负责
2.外汇银行年终清理内部资金主要是清理(　　)科目下的账户余额。
　　A.应收及暂付款项　　　　　　　B.汇出汇款
　　C.应付及暂收款项　　　　　　　D.汇入汇款
3.外汇银行年终清理结算资金重点是清理(　　)科目下的账户余额。
　　A.应收及暂付款项　　　　　　　B.汇出汇款
　　C.应付及暂收款项　　　　　　　D.汇入汇款

4.外汇银行年度决算前要核对账务,具体包括(　　)。
　A.检查会计科目运用情况　　　　B.全面核对内外账务
　C.核对往来账项　　　　　　　　D.检查外汇牌价的使用
5.外汇银行年终决算日前的准备工作包括(　　)。
　A.盘点财产　　B.清理资金　　C.核对账务　　D.结转各项损益
　E.办理试算　　F.编制决算报表
6.外汇银行年终清理资金主要包括(　　)。
　A.清理内部资金　B.清理存款资金　C.清理贷款资金　D.清理结算资金
7.外汇银行年度决算日工作主要包括(　　)。
　A.处理当日账务　　　　　　　　B.全面核对账务
　C.计算外汇买卖损益　　　　　　D.结转各项损益
　E.办理试算　　　　　　　　　　F.编制决算报表
8.外汇银行对外的财务决算报表主要包括(　　)。
　A.资产负债表　　　　　　　　　B.损益表及利润分配表
　C.业务状况变动表　　　　　　　D.现金流量表
9.资产负债表所提供的外汇银行在某一特定日期的财务情况,主要包括(　　)。
　A.银行所负担的债务以及投资者在银行里所持有的权益
　B.银行偿还债务能力
　C.银行利润计划的完成情况
　D.银行未来的财务趋向
10.根据有关项目发生额计算填列,外汇银行损益表中"营业利润"项目是根据(　　)项目按公式计算填列的。
　A.营业收入　　B.营业支出　　C.营业税金及附加　D.营业外收入
　E.营业外支出

三、判断题

1.银行系统内部凡独立会计核算单位(总行、分行、支行)都应进行年度决算,附属会计核算单位(分理处、营业所)则应当以总账或报表方式,由管辖行合并进行年度决算。(　　)

2.决算前的准备工作是外汇银行年度决算工作的基础,决算日的工作是年度决算工作的关键。(　　)

3.外汇银行年终决算前要对固定资产盘点,对发生的财产盘盈、盘亏要查明原因,认真处理。按照审批权限和程序,调整账务。盘盈的为营业收入,盘亏的为营业支出。(　　)

4.外汇银行年终决算前如果试算平衡,说明账户记载完全正确;如果不平衡,说明账户记载肯定有差错,应查明原因,以求平衡,为年终正式编制年度决算报告奠定基础。(　　)

5.《金融企业会计制度》规定,年度财务会计报告应当于年度终了后3个月内提供。(　　)

6.对连续一年未发生资金收付,经联系又查找不到存款户的,可按规定转作营业外收入。(　　)

7.损益表是总括反映外汇银行一个会计年度内利润(亏损)实现情况的静态报表。
(   )

8.通过编制利润分配表,可以了解外汇银行实现利润的分配情况或亏损的弥补情况,了解利润分配的构成,以及年末未分配利润的数额。(   )

9.现金流量表的正表要求用间接法编制,在各项经济活动产生的现金流量下,分别按项目反映其现金流入、现金流出和现金流量净额。(   )

10.基层行在上报决算报表前,应对报表的表内数据、表表数据进行认真审核,确认数字正确后再上报。(   )

四、简答题

1.什么是年度决算?年度决算有什么意义?

2.外汇银行年终决算前核对账务具体包括哪些方面的内容?

3.外汇银行年终决算日工作包括哪些?

4.外汇银行财务会计报告编制有什么要求?

5.外汇银行的资产负债表是如何编制的?

附录一 练习题参考答案

第一章 总论

一、单项选择题
1.A 2.D 3.B 4.C 5.A 6.C 7.D 8.B 9.B 10.B

二、多项选择题
1.ABCD 2.ABC 3.BD 4.ABCDEF 5.ABD
6.ABC 7.ABD 8.AC 9.ACD 10.ABCD

三、判断题
1.× 2.× 3.× 4.× 5.× 6.√ 7.× 8.√ 9.× 10.√
11.√ 12.× 13.× 14.√ 15.× 16.√ 17.× 18.√ 19.√ 20.√

四、简答题

1.外汇会计就是银行以货币为主要计量单位,对外汇银行资金的增减变化及其运动结果进行连续、系统、全面的反映、控制和监督,是外汇银行一切业务工作的基础。外汇会计的特点是:(1)记账方法采用借贷复式记账法;(2)记账方式采用外汇分账制;(3)记账基础采用权责发生制。

2.外汇会计核算的基本前提是:(1)会计主体。会计主体或称会计实体,是指会计工作为之服务的某一特定单位、部门或组织,外汇会计核算应当以企业发生的各项经济业务为对象,记录和反映企业本身的各项生产经营活动。(2)持续经营。持续经营又称继续经营,是指作为会计主体的企业,其经营活动将按照既定的目标持续下去,在可以预见的将来,不会面临破产与财产清算。(3)会计分期。会计分期是指为了定期反映企业的经营管理活动情况及其结果,需要将一个企业的持续经营活动划分为若干个均等的期间。(4)货币计量。货币计量,是指会计主体在会计核算过程中采用货币作为统一计量单位来记账、算账、报账。

外汇会计核算的一般原则是客观性原则、相关性原则、可比性原则、一贯性原则、及时性原则、明晰性原则、权责发生制原则、配比原则、谨慎性原则、历史成本原则、划分收益性支出和资本性支出的原则以及重要性原则。

3.外汇分账制又叫原币记账法,按业务发生时的货币记账,不折成本位币入账的一种记账方式。即平时对每一项经济业务,都要按业务的计价货币(原币)填制凭证、登记账簿、编制报表,各货币的账务要自成体系,自求平衡。主要内容包括以下三点:

(1)人民币与外币分账。外汇分账制下对有外汇牌价的各类外汇收支要求以原币记账,不折成本位币入账。以原币填制凭证,登记账簿,编制报表,每一种货币各自成立一套完整的账务系统。

(2)专门设置"外汇买卖"科目,起桥梁和平衡作用。当一项银行业务涉及两种或两种以上的货币时,必须通过有关外汇买卖科目核算。外汇买卖科目是外汇分账制的一个特定科目,在不同的货币之间,起平衡和联系作用。例如出口结汇、进口售汇、套汇业务核算,均需要通过"外汇买卖"科目核算。

(3)年终决算时,编制汇总的人民币报表。外汇会计年度自1月1日起至12月31日止,每年12月31日为决算日。年终决算时,各种外币除编制各自的报表外,美元以外的其他外币要按年终决算牌价折成美元报表,合并的美元报表按年终决算牌价折成人民币报表,同以人民币报表按会计科目归口合并,编制一张汇总的人民币报表。决算报表的折算牌价为年终决算日外汇牌价的中间价。

第二章 基本核算方法

一、单项选择题

1.A　　2.B　　3.C　　4.D　　5.A　　6.B　　7.D　　8.B　　9.C　　10.D
11.A　　12.B　　13.C　　14.B　　15.A

二、多项选择题

1.ABCD　　2.ABC　　3.ABD　　4.ABD　　5.CD
6.BD　　7.ABD　　8.ABCD　　9.AEFG/BCDH　　10.AC
11.ABD　　12.ACD　　13.ABCD　　14.ACD　　15.ABCD

三、判断题

1.√　　2.×　　3.√　　4.√　　5.√　　6.×　　7.√　　8.×　　9.√　　10.√
11.√　　12.×　　13.×　　14.×　　15.√

四、计算填空题

	A	B	C
上日余额	贷:20 000	借:65 000	贷:70 000
本日发生额	贷:15 000	贷:30 000	借:50 000
本日余额	贷:35 000	借:35 000	贷:20 000

港澳及国外联行往来总账

时间	发生额		余额	
	借方	贷方	借方	贷方
上日	略	略	65 000	90 000
本日	50 000	45 000	35 000	55 000

五、业务题

1. 借:现金　　　　　　　　　　　　　　　　　　　　USD 2 000
　　贷:活期外汇存款——周丽　　　　　　　　　　　　　　　　USD 2 000
2. 借:活期外汇存款——林华　　　　　　　　　　　　USD 3 000
　　贷:现金　　　　　　　　　　　　　　　　　　　　　　　USD 3 000
3. 借:单位活期存款(1482500351)　　　　　　　　　USD 50 000
　　贷:汇出汇款　　　　　　　　　　　　　　　　　　　　　USD 50 000
　借:单位活期存款(1482500351)　　　　　　　　　　USD 100
　　贷:手续费收入——结算手续费收入　　　　　　　　　　　　USD 100
4. 借:活期外汇存款——李佳　　　　　　　　　　　　USD 5 000
　　贷:定期外汇存款——李佳　　　　　　　　　　　　　　　USD 5 000

第三章　外汇存款业务的核算

一、单项选择题
1.B　　2.D　　3.C　　4.A　　5.A　　6.D

二、多项选择题
1.ABC　　2.CD　　3.BC　　4.AB　　5.CD

三、判断题
1.√　2.×　3.√　4.√　5.√　6.√　7.×　8.×　9.√　10.√

四、计算填空题

户名:华润贸易公司　　　　　账号:1482500162　　　　　利率:0.10%

2015年		摘要	借方	贷方	借或贷	余额	日数	积数
月	日							
3	21	结息		359.54	贷	770 000	4	3 080 000
3	25	转支	87 000		贷	683 000	20	13 660 000
4	14	汇兑汇入		42 000	贷	725 000	13	9 425 000
4	27	委托收款		26 000	贷	751 000	24	18 024 000
5	21	转支	173 000		贷	578 000	31	17 918 000
6	21	结息		621.07	贷	578 621.07		

利息计算过程:USD 62 107 000×0.10%÷360＝USD 172.52
银行付息会计分录:
　借:利息支出　　　　　　　　　　　　　　　　　　USD 172.52
　　贷:单位活期存款(1482500162)　　　　　　　　　　　　USD 172.52

五、业务题

1. 借:现金　　　　　　　　　　　　　　　　　　　　　　　USD 1 000
　　　贷:活期外汇存款——张平　　　　　　　　　　　　　　　　USD 1 000
2. 借:汇入汇款　　　　　　　　　　　　　　　　　　　　　USD 2 000
　　　贷:定期外汇存款——周明　　　　　　　　　　　　　　　　USD 2 000
3. 借:活期外汇存款——林榕　　　　　　　　　　　　　　　USD 500
　　　贷:现金　　　　　　　　　　　　　　　　　　　　　　　　USD 500
4. 借:单位活期存款　　　　　　　　　　　　　　　　　　　USD 100 000
　　　贷:汇出汇款　　　　　　　　　　　　　　　　　　　　　　USD 100 000

第四章　外汇买卖业务的核算

一、不定项选择题

1.C　2.C　3.D　4.C　5.B　6.A　7.B　8.A　9.CD　10.ABCD

二、判断题

1.×　2.√　3.×　4.×　5.×　6.×　7.×　8.×　9.×　10.√

三、业务题

(1)

借:现金　　　　　　　　　　　　　　　　　　　　　　　USD 500.00
　贷:外汇买卖(钞买价680.77‰)　　　　　　　　　　　　　　USD 500.00
借:外汇买卖(中间价687.79‰)　　　　　　　　　　　　　CNY 3 438.95
　　　　　　　　　　　　　　　　　　　　　　　　　　(USD 500×687.79‰)
　贷:现金　　　　　　　　　　　　　　　　　　　　　　　　CNY3 403.85
　　　　　　　　　　　　　　　　　　　　　　　　　　(USD 500×680.77‰)
　　　外汇买卖价差　　　　　　　　　　　　　　　　　　　　CNY 35.10

(2)

借:外汇买卖(卖出价689.16‰)　　　　　　　　　　　　　USD 2 000.00
　贷:现金　　　　　　　　　　　　　　　　　　　　　　　　USD 2 000.00
借:现金　　　　　　　　　　　　　　　　　　　　　　　CNY 13 783.20
　　　　　　　　　　　　　　　　　　　　　　　　　(USD 2 000×689.16‰)
　贷:外汇买卖(中间价687.79‰)　　　　　　　　　　　　　CNY 13 755.80
　　　　　　　　　　　　　　　　　　　　　　　　　(USD 2 000×687.79‰)
　　　外汇买卖价差　　　　　　　　　　　　　　　　　　　　CNY 27.40

(3) USD 3 000×680.77‰÷689.16‰＝USD 2 963.48

借:现金　　　　　　　　　　　　　　　　　　　　　　　USD 3 000
　贷:外汇买卖(钞买价680.77‰‰)　　　　　　　　　　　　　USD 3 000

借:外汇买卖(中间价 687.79%)　　　　　　　　　　CNY 20 633.70
　　　　　　　　　　　　　　　　　　　　　　（USD 3 000×687.79%）
　贷:外汇买卖(中间价 687.79%)　　　　　　　　　　CNY 20 382.52
　　　　　　　　　　　　　　　　　　　　　　（USD 2 963.48×687.79%）
　　　外汇买卖价差　　　　　　　　　　　　　　　　CNY 251.18
借:外汇买卖(卖出价 689.16%)　　　　　　　　　　　USD 2 963.48
　贷:单位活期存款　　　　　　　　　　　　　　　　USD 2 963.48
(4)80 000×736.83%÷686.41%＝85 876.37(美元)
借:单位活期存款　　　　　　　　　　　　　　　　　USD 85 876.37
　贷:外汇买卖(汇买价 686.41%)　　　　　　　　　　USD 85 876.37
借:外汇买卖(中间价 687.79%)　　　　　　　　　　　CNY 590 649.09
　　　　　　　　　　　　　　　　　　　　　　（USD 85 876.37×687.79%）
　贷:外汇买卖(中间价 734.26%)　　　　　　　　　　CNY 587 408
　　　　　　　　　　　　　　　　　　　　　　（EUR 80 000×734.26%）
　　　外汇买卖价差　　　　　　　　　　　　　　　　CNY 3 241.09
借:外汇买卖(卖出价 736.83%)　　　　　　　　　　　EUR 80 000
　贷:汇出汇款　　　　　　　　　　　　　　　　　　EUR 80 000

外汇买卖(USD)

借	贷
(2)2 000	(1)500
(3)2 963.48	(3)3 000
	(4)85 876.37
	84 412.89(多头)

平仓:
借:外汇买卖　USD 84 412.89
　贷:内部平仓往来　USD 84 412.89

外汇买卖(CNY)

借	贷
(1)3 438.95	(2)13 755.80
(3)20 633.70	(3)20 382.52
(4)590 649.09	
580 583.42	

借:内部平仓往来　　　　　　　　　　　　　　　　　CNY 580 583.42
　贷:外汇买卖　　　　　　　　　　　　　　　　　　CNY 580 583.42

第五章 联行外汇往来业务的核算

一、单项选择题
1.B　2.B　3.D　4.B　5.D　6.A　7.C　8.B　9.A　10.C

二、多项选择题
1.ACD　2.ABCD　3.ABDE　4.ABCD　5.ABD
6.ACE　7.AD　8.AC　9.BD　10.AC

三、判断题
1.√　2.√　3.√　4.×　5.√　6.×　7.×　8.×　9.×　10.√
11.√　12.×　13.√　14.√　15.×

四、业务题

(一)

1.填发以天津某联行为收报行的邮划贷方报单

借：单位活期存款　　　　　　　　　　　　　　　　　　USD 10 000
　　贷：全国联行往来——天津某联行　　　　　　　　　　USD 10 000

2.收到上海联行为发报行的邮划贷方报单

借：全国联行往来——上海某联行　　　　　　　　　　　USD 15 000
　　贷：单位活期存款　　　　　　　　　　　　　　　　USD 15 000

3.填制以广州某联行为收报行的电划贷方报单并凭以发电贷报

借：单位活期存款　　　　　　　　　　　　　　　　　　USD 20 000
　　贷：全国联行往来——广州某联行　　　　　　　　　　USD 20 000

4.收到海南某联行的电贷报并凭以填制电划贷方补充报单

借：全国联行往来——海南某联行　　　　　　　　　　　HKD 500 000
　　贷：单位活期存款　　　　　　　　　　　　　　　　HKD 500 000

(二)全国联行往来错账会计处理

1.S行填发以B行为收报行的邮划贷方报单,注名原因;连同附件一并寄B行,原报单留下;查询通知A行。其会计分录如下：

借：全国联行往来——A行　　　　　　　　　　　　　　USD 5 000
　　贷：全国联行往来——B行　　　　　　　　　　　　USD 5 000

B行会计分录如下：

借：全国联行往来——S行　　　　　　　　　　　　　　USD 5 000
　　贷：单位活期存款　　　　　　　　　　　　　　　　USD 5 000

2.西安行填发以西宁行为收报行的邮划借方报单,注明原因;连同原报单一并寄西宁行,附件留下;查询通知M行。其会计分录如下：

借：全国联行往来——西宁行　　　　　　　　　　　　　USD 20 000
　　贷：单位活期存款　　　　　　　　　　　　　　　　USD 20 000

西宁行收到两份报单,会计分录如下：

借:全国联行往来——M行　　　　　　　　　　　　　　　　USD 20 000
　　贷:全国联行往来——西安行　　　　　　　　　　　　　　USD 20 000

3.A行:
借:单位活期存款　　　　　　　　　　　　　　　　　　　HKD 5 200
　　贷:全国联行往来——B行　　　　　　　　　　　　　　　HKD 2 500
　　　　应付及暂付款项　　　　　　　　　　　　　　　　　HKD 2 700

发现有误,填发HKD 2500的邮划借方报单和HKD 5200的邮划贷方报单进行冲正。
借:应付及暂付款项　　　　　　　　　　　　　　　　　　HKD 2 700
　　全国联行往来——B行　　　　　　　　　　　　　　　HKD 2 500
　　贷:全国联行往来——B行　　　　　　　　　　　　　　　HKD 5 200

B行收到HKD 2500的邮划贷方报单,发现有误,查询A行。
借:全国联行往来——B行　　　　　　　　　　　　　　　HKD 2 500
　　贷:应付及暂付款项　　　　　　　　　　　　　　　　　HKD 2 500

收到HKD 2 500的邮划借方报单和HKD 5 200的邮划贷方报单
借:应付及暂付款项　　　　　　　　　　　　　　　　　　HKD 2 500
　　贷:全国联行往来——B行　　　　　　　　　　　　　　　HKD 2 500
借:全国联行往来——B行　　　　　　　　　　　　　　　HKD 5 200
　　贷:单位活期存款　　　　　　　　　　　　　　　　　　HKD 5 200

4.A行:
借:单位活期存款　　　　　　　　　　　　　　　　　　　HKD 2 500
　　应收及暂付款项　　　　　　　　　　　　　　　　　　HKD 2 700
　　贷:全国联行往来——B行　　　　　　　　　　　　　　　HKD 5 200

发现有误,填发HKD 5200的邮划借方报单和HKD 2500的邮划贷方报单进行冲正。
借:全国联行往来——B行　　　　　　　　　　　　　　　HKD 5 200
　　贷:全国联行往来——B行　　　　　　　　　　　　　　　HKD 2 500
　　　　应收及暂付款项　　　　　　　　　　　　　　　　　HKD 2 700

B行收到HKD 5 200的邮划贷方报单,发现有误,查询A行。
借:全国联行往来——A行　　　　　　　　　　　　　　　HKD 5 200
　　贷:应付及暂收款项　　　　　　　　　　　　　　　　　HKD 5 200

收到HKD 52 00的邮划借方报单和HKD 2 500的邮划贷方报单
借:应付及暂收款项　　　　　　　　　　　　　　　　　　HKD 5 200
　　贷:全国联行往来——A行　　　　　　　　　　　　　　　HKD 5 200
借:全国联行往来——A行　　　　　　　　　　　　　　　HKD 2 500
　　贷:单位活期存款　　　　　　　　　　　　　　　　　　HKD 2 500

(三)
1.收到已贷记报单
借:港澳及国外联行往来——香港中行　　　　　　　　　　HKD 50 000
　　贷:单位活期存款　　　　　　　　　　　　　　　　　　HKD 50 000

2.填发请贷记报单

借:港澳及国外联行往来——伦敦中行　　　　　　　　　GBP 6 000
　　贷:外汇买卖(汇买价937.62％)　　　　　　　　　　　GBP 6 000
借:外汇买卖(中间价940.91％)　　　　　　　　　　　　CNY 56 454.60
　　　　　　　　　　　　　　　　　　　　　　　　　　(6 000×940.91％)
　　贷:单位活期存款(018092578)　　　　　　　　　　　CN 56 257.20
　　　　　　　　　　　　　　　　　　　　　　　　　　(GBP 6 000×937.62％)
　　　　外汇买卖价差　　　　　　　　　　　　　　　　CNY 197.40

3.填发请借记报单

借:单位活期存款　　　　　　　　　　　　　　　　　　USD 38 000
　　贷:港澳及国外联行往来——纽约中行　　　　　　　USD 38 000

4.收到已借记报单

GBP5 000×944.20％÷619.66％＝USD 7 618.69

借:单位活期存款　　　　　　　　　　　　　　　　　　USD 7 618.69
　　贷:外汇买卖(汇买价619.66％)　　　　　　　　　　USD 7 618.69
借:外汇买卖(中间价620.90％)　　　　　　　　　　　　CNY 47 304.45
　　　　　　　　　　　　　　　　　　　　　　　　　　(USD 7 618.69×620.90％)
　　贷:外汇买卖(中间价940.91％)　　　　　　　　　　CNY 47 045.50
　　　　　　　　　　　　　　　　　　　　　　　　　　(GBP 5 000×940.91％)
　　　　外汇买卖价差　　　　　　　　　　　　　　　　CNY 258.95
借:外汇买卖(汇卖价944.20％)　　　　　　　　　　　　GBP 5 000
　　贷:港澳及国外联行往来——伦敦中行　　　　　　　GBP 5 000

5.

对账平衡表

货币:USD　　　　　　　　户名:纽约M联行　　　　　　　　某年8月

摘　　要	借　方	贷　方	摘　　要	借　方	贷　方
(1)你行对账单余额		30 000	(3)我行账上余额	36 800	
(2)我行已记账,你行尚未转账各笔		13 800	(4)你行已记账我行尚未转账各笔	12 000	5 000
本户实际存欠数		43 800	本户实际存欠数	43 800	

第六章　出口贸易结算业务的核算

一、单项选择题

1.A　2.C　3.A　4.C　5.D　6.C　7.A　8.B　9.A　10.C

二、多项选择题

1.ABD　　2.ABCD　　3.AC　　4.ABC　　5.ABCD

6.ABCD   7.BCD   8.ACD   9.AC   10.BD

三、判断题

1.√ 2.√ 3.× 4.× 5.√ 6.× 7.√ 8.× 9.√ 10.√
11.√ 12.× 13.√ 14.× 15.√

四、业务题

1.(1)9月5日受理信用证

收入:国外开来保证凭信　　　　　　　　　　　　　　USD 10 000

9月15日修改信用证,减少金额

收入:国外开来保证凭信　　　　　　　　　　　　　　USD 2 000

9月22日寄单索汇

借:应收即期信用证出口款项　　　　　　　　　　　　USD 8 600
　贷:代收即期信用证出口款项　　　　　　　　　　　　USD 8 600

付出:国外开来保证凭信　　　　　　　　　　　　　　USD 8 000

10月5日收妥结汇

借:港澳及国外联行往来——纽约联行　　　　　　　　USD 8 600
　贷:手续费收入　　　　　　　　　　　　　　　　　　USD 600
　　外汇买卖(汇买价675.42%)　　　　　　　　　　　USD 8 000
借:外汇买卖(中间价676.78%)　　　　　　　　　　　CNY 54 142.40
　　　　　　　　　　　　　　　　　　　　　　　　(USD 8 000×676.78%)
　贷:单位活期存款　　　　　　　　　　　　　　　　　CNY 54 033.60
　　　　　　　　　　　　　　　　　　　　　　　　(USD 8 000×675.42%)
　　外汇买卖价差　　　　　　　　　　　　　　　　　　CNY 108.80

借:代收即期信用证出口款项　　　　　　　　　　　　USD 8 600
　贷:应收即期信用证出口款项　　　　　　　　　　　　USD 8 600

(2)9月5日受理信用证

收入:国外开来保证凭信　　　　　　　　　　　　　　USD 10 000

9月15日修改信用证,减少金额

收入:国外开来保证凭信　　　　　　　　　　　　　　USD 2 000

9月22日办理出口押汇

USD 8 000×7.5%/360×12＝USD 20

借:出口押汇　　　　　　　　　　　　　　　　　　　USD 8 000
　贷:利息收入　　　　　　　　　　　　　　　　　　　USD 20
　　外汇买卖(汇买价675.42%)　　　　　　　　　　　USD 7 980
借:外汇买卖(中间价676.78%)　　　　　　　　　　　CNY 54 007.04
　　　　　　　　　　　　　　　　　　　　　　　　(USD 7 980×676.78%)
　贷:单位活期存款　　　　　　　　　　　　　　　　　CNY 53 898.52
　　　　　　　　　　　　　　　　　　　　　　　　(USD 7 980×675.42%)
　　外汇买卖价差　　　　　　　　　　　　　　　　　　CNY 108.52

借:应收即期信用证出口款项		USD 8 600
贷:代收即期信用证出口款项		USD 8 600
付出:国外开来保证凭信		USD 8 000

10月5日收到出口款项

借:港澳及国外联行往来——纽约联行		USD 8 600
贷:手续费收入		USD 600
出口押汇		USD 8 000
借:代收即期信用证出口款项		USD 8 600
贷:应收即期信用证出口款项		USD 8 600

2. 9月3日发出托收

借:应收出口托收款项		USD 10 020
贷:代收出口托收款项		USD 10 020

9月5日修改托收金额

借:应收出口托收款项		USD 500
贷:代收出口托收款项		USD 500

9月24日收妥托收款

借:港澳及国外联行往来——纽约联行		USD 10 500
贷:外汇买卖(汇买价675.42%)		USD 10 500
借:外汇买卖(中间价676.78%)		CNY 71 061.90
		(USD 10 500×676.78%)
贷:单位活期存款		CNY 70 919.10
		(USD 10 500×675.42%)
外汇买卖价差		CNY 142.80
		(CNY 67 026.75－66 828.30)
借:单位活期存款		CNY 88.65
		(USD 10 500×675.42%×1.25‰)
贷:手续费收入		CNY 88.65
借:代收出口托收款项		USD 10 520
贷:应收出口托收款项		USD 10 520

3. 3月1日收到发票副本

收入:外贸自寄出口单证		HKD 10 000

3月6日收到出口款项

付出:外贸自寄出口单证		HKD 10 000
借:港澳及国外联行往来——香港某联行		HKD 9 800
贷:汇入汇款		HKD 9 800
借:汇入汇款		HKD 9 800
贷:外汇买卖(汇买价79.93%)		HKD 9 800

借:外汇买卖(中间价80.08％)   CNY 7 847.84
                                                     (HKD 9 800×80.08％)
    贷:单位活期存款   CNY 7 833.14
                                                    (HKD 9 800×79.93％)
      外汇买卖价差   CNY 14.7

第七章   进口贸易结算业务的核算

一、单项选择题

1.A   2.B   3.A   4.A   5.D

二、多项选择题

1.AC   2.ACD   3.ABD   4.BD   5.ABCD
6.AC   7.ABCD   8.ABD   9.ABCD   10.ABC

三、判断题

1.√   2.√   3.×   4.√   5.×   6.√   7.√   8.×   9.×   10.√
11.√   12.×   13.×   14.√   15.√

四、业务题

1.8月2日收到保证金

借:单位活期存款   USD 82 000
    贷:存入保证金   USD 82 000

收取手续费

借:单位活期存款   CNY 845
    贷:手续费收入——担保费收入   CNY 845

8月3日开证

借:应收开出信用证款项   USD 82 000
    贷:应付开出信用证款项   USD 82 000

9月10日对外付款

借:存入保证金   USD82 000
    贷:港澳及国外联行往来——美国某联行   USD 81 700
      单位活期存款   USD 300

借:应付开出信用证款项   USD 82 000
    贷:应收开出信用证款项   USD 82 000

2.11月12日开证

借:应收开出信用款项   USD 262 000
    贷:应付开出信用证款项   USD 262 000

借:单位活期存款(0180900126)   CNY 900 000
    贷:存入保证金   CNY 900 000

262 000×689.16‰×1.5‰＝2 708.40(元)

借:单位活期存款(0180900126)   CNY 2 708.40
  贷:手续费收入——担保费收入   CNY 2 708.40
11月15日修改信用证
借:应付开出信用证款项   USD 2 000
  贷:应收开出信用证款项   USD 2 000
11月25日对外付款
262 500×689.16‰－900 000＝909 045(元)
借:存入保证金   CNY 900 000
  单位活期存款(0180900126)   CNY 909 045
  贷:外汇买卖(中间价687.79‰)   CNY 1 805 448.75
    （USD 262 500×687.79‰）
   外汇买卖价差   CNY 3 596.25
借:外汇买卖(卖出价689.16‰)   USD 262 500
  贷:港澳及国外联行往来——纽约某联行   USD 262 500
借:应付开出信用证款项   USD 260 000
  贷:应收开出信用证款项   USD 260 000

3.7月5日开出信用证
借:应收开出信用证款项   USD 86 500
  贷:应付开出信用证款项   USD 86 500
借:单位活期存款(1482500350)   USD 69 200
    （USD 86 500×80%）
  贷:存入保证金   USD 69 200
86 500×689.16‰×1.5‰＝894.19(元)
借:单位活期存款(018250027)   CNY 894.19
  贷:手续费收入——担保费收入   CNY 894.19
7月8日修改信用证
借:应收开出信用证款项   USD 500
  贷:应付开出信用证款项   USD 500
7月30日对外付款
垫款利息＝USD 87 260×5‰×12＝USD 523.56
保证金账户利息＝USD 69 200×2%/360×25＝USD 96.11
借:存入保证金   USD 69 200
  单位活期存款(1482500350)   USD 18 583.56
    （USD 87260＋523.56－69200）
  贷:利息收入——其他利息收入   USD 523.56
   港澳及国外联行往来——纽约某联行   USD 87 260
借:利息支出   USD 96.11
  贷:单位活期存款(1482500350)   USD 96.11

借：应付开出信用证款项　　　　　　　　　　　　　　USD 87 000
　　贷：应收开出信用证款项　　　　　　　　　　　　　　　USD 87 000
4. 8月5日开证
借：应收开出信用证款项　　　　　　　　　　　　　　USD 30 500
　　贷：应付开出信用证款项　　　　　　　　　　　　　　　USD 30 500
8月8日修改信用证
借：应付开出信用证款项　　　　　　　　　　　　　　USD 500
　　贷：应收开出信用证款项　　　　　　　　　　　　　　　USD 500
8月31日承兑
借：应收承兑汇票款　　　　　　　　　　　　　　　　USD 30 000
　　贷：承兑汇票　　　　　　　　　　　　　　　　　　　　USD 30 000
借：应付开出信用证款项　　　　　　　　　　　　　　USD 30 000
　　贷：应收开出信用证款项　　　　　　　　　　　　　　　USD 30 000
9月30日对外付款
借：单位活期存款　　　　　　　　　　　　　　　　　CNY 206 748
　　　　　　　　　　　　　　　　　　　　　　　　（USD 30 000×689.16‰）
　　贷：外汇买卖（中间价 687.79‰）　　　　　　　　　　CNY 206 337
　　　　　　　　　　　　　　　　　　　　　　　　（USD 30 000×687.79‰）
　　　　外汇买卖价差　　　　　　　　　　　　　　　　　　CNY 411
借：外汇买卖（卖出价 689.16‰）　　　　　　　　　　USD 30 000
　　贷：港澳及国外联行往来——香港某联行　　　　　　　　USD 30 000
借：承兑汇票　　　　　　　　　　　　　　　　　　　USD 30 000
　　贷：应收承兑汇票款　　　　　　　　　　　　　　　　　USD 30 000
5. 8月10日收到进口代收单据
借：应收进口代收款项　　　　　　　　　　　　　　　USD 20 000
　　贷：进口代收款项　　　　　　　　　　　　　　　　　　USD 20 000
8月12日对外付款
借：单位活期存款　　　　　　　　　　　　　　　　　USD 20 000
　　贷：手续费收入　　　　　　　　　　　　　　　　　　　USD 25
　　　　存放国外同业——美国某代理行　　　　　　　　　　USD 19 975
借：进口代收款项　　　　　　　　　　　　　　　　　USD 20 000
　　贷：应收进口代收款项　　　　　　　　　　　　　　　　USD 20 000

第八章　国际汇兑业务的核算

一、单项选择题

1. B　　2. D　　3. A　　4. B　　5. D　　6. B　　7. C　　8. B　　9. C　　10. C

二、多项选择题

1. ACD 2. AD 3. ABCD 4. ABD 5. ACD
6. ACD 7. BCD 8. AB 9. ABCD 10. ABC

三、判断题

1. √ 2. √ 3. × 4. √ 5. × 6. × 7. × 8. √ 9. × 10. √
11. √ 12. √ 13. √ 14. × 15. ×

四、业务题

1. 8月12日对外汇出

80 000×789.71‰÷675.42‰＝93 537.06（美元）

借：单位活期存款(148250068)		USD 93 537.06
贷：外汇买卖（汇买价675.42‰）		USD 93 537.06
借：外汇买卖（中间价676.78‰）		CNY 633 040.12
		(USD 93 537.06×676.78‰)
贷：外汇买卖（中间价786.96‰）		CNY 629 568
		(EUR 80 000×786.96‰)
外汇买卖价差		CNY 3 472.12
借：外汇买卖（卖出价789.71‰）		EUR 80 000
贷：汇出汇款		EUR 80 000

收取手续费

借：单位活期存款	CNY 650
贷：手续费收入	CNY 650

8月18日结清汇款

借：汇出汇款	EUR 80 000
贷：港澳及国外联行往来——德国某联行	EUR 80 000

2. 3月16日收到汇款

借：港澳及国外联行往来——美国某联行	USD 200 000
贷：汇入汇款	USD 200 000

3月18日解付汇款

200 000×675.42‰÷880.59‰＝153 401.70（英镑）

借：汇入汇款		USD 200 000
贷：外汇买卖（汇买价675.42‰）		USD 200 000
借：外汇买卖（中间价676.78‰）		CNY 1 353 560
		(USD 200 000×676.78‰)
贷：外汇买卖（中间价877.52‰）		CNY 1 346 130.60
		(GBP 153 401.70×877.52‰)
外汇买卖价差		CNY 7 429.40
借：外汇买卖（卖出价880.59‰）		GBP 153 401.70
贷：单位活期存款(128250361327)		GBP 153 401.70

3. 9月5日收到汇款
　　借:港澳及国外联行往来——香港某联行　　　　　　HKD 1 500
　　　贷:汇入汇款　　　　　　　　　　　　　　　　　HKD 1 500
解付汇款
　　借:汇入汇款　　　　　　　　　　　　　　　　　　HKD 1 500
　　　贷:定期外汇存款(1年)　　　　　　　　　　　　HKD 1 500
4. 10月5日 M行
　　借:辖内往来——S行　　　　　　　　　　　　　　HKD 2 000
　　　贷:汇入汇款　　　　　　　　　　　　　　　　　HKD 2 000
　　借:汇入汇款　　　　　　　　　　　　　　　　　　HKD 2 000
　　　贷:定期外汇存款(3个月)　　　　　　　　　　　HKD 2 000
(1) 10月8日,S行接到M行的邮划借方报单和总清单副本。
　　借:港澳及国外联行往——香港某联行(未达户)　　HKD 2 000
　　　贷:辖内往来——M行　　　　　　　　　　　　　HKD 2 000
10月9日,S行接到汇出行香港某联行总清单第四联和已贷记报单。
　　借:港澳及国外联行往来——香港某联行　　　　　　HKD 2 000
　　　贷:汇入汇款　　　　　　　　　　　　　　　　　HKD 2 000
　　借:汇入汇款　　　　　　　　　　　　　　　　　　HKD 2 000
　　　贷:港澳及国外联行往来——香港某联行(未达户)　HKD 2 000
(2) 10月8日,S行接到汇出行香港某联行总清单第四联和已贷记报单
　　借:港澳及国外联行往来——香港某联行　　　　　　HKD 2 000
　　　贷:汇入汇款　　　　　　　　　　　　　　　　　HKD 2 000
10月9日,S行接到M行的邮划借方报单和总清单副本。
　　借:汇入汇款　　　　　　　　　　　　　　　　　　HKD 2 000
　　　贷:辖内往来——M行　　　　　　　　　　　　　HKD 2 000
5. (1) M行将信汇委托书和转汇通知书寄A行,A行解付后划付S行,M行收到A行的划付报单后核销"汇入汇款"科目。
　　借:港澳及国外联行往来——香港某联行　　　　　　HKD 1 000
　　　贷:汇入汇款　　　　　　　　　　　　　　　　　HKD 1 000
(2) A行
　　借:全国联行往来——M行　　　　　　　　　　　　HKD 1 000
　　　贷:汇入汇款　　　　　　　　　　　　　　　　　HKD 1 000
　　借:汇入汇款　　　　　　　　　　　　　　　　　　HKD 1 000
　　　贷:定期外汇存款(1年)　　　　　　　　　　　　HKD 1 000
(3) M行
　　借:汇入汇款　　　　　　　　　　　　　　　　　　HKD 1 000
　　　贷:全国联行往来——A行　　　　　　　　　　　HKD 1 000

第九章　非贸易外汇业务的核算

一、单项选择题
1.A　　2.D　　3.A　　4.C　　5.B

二、多项选择题
1.ABCD　　2.ABD　　3.ABCD　　4.ACD　　5.ABCD
6.BDE　　7.ABCD　　8.ABCD　　9.ABCD　　10.ABD

三、判断题
1.√　　2.×　　3.√　　4.×　　5.×　　6.×　　7.×　　8.√　　9.√　　10.×
11.×　　12.√　　13.√　　14.×　　15.√

四、业务题

1.USD 600×7.5‰＝USD 4.5

垫款买入

借:买入外币票据　　　　　　　　　　　　　　　　　　　　　　　USD 600
　贷:利息收入　　　　　　　　　　　　　　　　　　　　　　　　　USD 4.5
　　　　　　　　　　　　　　　　　　　　　　　　　　　（USD 600×7.5‰）
　　　定期外汇存款　　　　　　　　　　　　　　　　　　　　　　USD 595.5

发出托收

借:应收非贸易托收款项　　　　　　　　　　　　　　　　　　　　USD 600
　贷:代收非贸易托收款项　　　　　　　　　　　　　　　　　　　USD 600

收到托收款

借:全国联行往来——总行　　　　　　　　　　　　　　　　　　　USD 600
　贷:买入外币票据　　　　　　　　　　　　　　　　　　　　　　USD 600
借:代收非贸易托收款项　　　　　　　　　　　　　　　　　　　　USD 600
　贷:应收非贸易托收款项　　　　　　　　　　　　　　　　　　　USD 600

2.5月12日,买入外币票据

借:买入外币票据　　　　　　　　　　　　　　　　　　　　　USD 30 000
　贷:利息收入　　　　　　　　　　　　　　　　　　　　　　　　USD 225
　　　　　　　　　　　　　　　　　　　　　　　　　　（USD 30 000×7.5‰）
　　　外汇买卖(汇买价652.51%)　　　　　　　　　　　　　　USD 29 775

借:外汇买卖(中间价653.82%)　　　　　　　　　　　　　　CNY 194 674.91
　　　　　　　　　　　　　　　　　　　　　　　　　（USD 29 775×653.82%）
　贷:现金　　　　　　　　　　　　　　　　　　　　　　　CNY 194 284.85
　　　　　　　　　　　　　　　　　　　　　　　　　（USD 29 775×652.51%）
　　　外汇买卖价差　　　　　　　　　　　　　　　　　　　　　CNY 390.06

5月13日发出托收

借:应收非贸易托收款项 USD 30 000
　　贷:代收非贸易托收款项 USD 30 000
5月20日收到票据款
借:代收非贸易托收款项 USD 30 000
　　贷:应收非贸易托收款项 USD 30 000
借:港澳及国外联行往来——纽约某联行 USD 30 000
　　贷:买入外币票据 USD 30 000
5月30日客户兑回美元
借:现金 CNY 5 000
　　贷:外汇买卖(中间价653.82‰) CNY 4 990.02
　　　　　　　　　　　　　　(USD 763.21×653.82‰)
　　　　外汇买卖价差 CNY 9.98
借:外汇买卖(卖出价655.13‰) USD 763.21
　　　　　　　　　　　　　　(CNY 5 000÷655.13‰)
　　贷:现金 USD 763.21

3.9月10日发出托收
借:应收非贸易托收款项 USD 2 000
　　贷:代收非贸易托收款项 USD 2 000
9月15日收到托收款
借:港澳及国外联行往来——纽约某联行 USD 2 000
　　贷:应付及暂收款项 USD 2 000
借:代收非贸易托收款项 USD 2 000
　　贷:应收非贸易托收款项 USD 2 000
9月17日委托人前来取款
借:应付及暂收款项 USD 2 000
　　贷:外汇买卖(汇买价652.51‰) USD 2 000
借:外汇买卖(中间价653.82‰) CNY 13 076.40
　　　　　　　　　　　　　　(USD 2 000×653.82‰)
　　贷:手续费收入 CNY 13.05
　　　　　　　　　　　　　　(USD 2 000×652.51‰×1‰)
　　　　现金 CNY 13 037.15
　　　　　　　　　　　　　　(CNY 13 050.20－13.05)
　　　　外汇买卖价差 CNY 26.20

第十章　外汇贷款业务的核算

一、单项选择题

1.B　2.A　3.C　4.B　5.B　6.A　7.C　8.A　9.C　10.D

二、多项选择题

1. ABCD 2. CD 3. ABCD 4. AB 5. ACD
6. ABCD 7. ABCD 8. ABCD 9. BC 10. ABC

三、判断题

1. √ 2. × 3. √ 4. × 5. × 6. × 7. √ 8. × 9. × 10. √
11. √ 12. × 13. √ 14. √ 15. ×

四、业务题

1. 2月22日开出信用证

借：应收开出信用证款项　　　　　　　　　　　　　　　　　USD 402 000
　　贷：应付开出信用证款项　　　　　　　　　　　　　　　USD 402 000

收取保证金

借：单位活期存款（148250026）　　　　　　　　　　　　　USD 200 000
　　贷：存入保证金　　　　　　　　　　　　　　　　　　　USD 200 000

收取开证费

402 000×678.13‰×1.5‰＝4 089.12（元）

借：单位活期存款（018250012）　　　　　　　　　　　　　CNY 4 089.12
　　贷：手续费收入——担保费收入　　　　　　　　　　　　CNY 4 089.12

2月25日修改信用证

借：应付开出信用证款项　　　　　　　　　　　　　　　　　USD 2 000
　　贷：应收开出信用证款项　　　　　　　　　　　　　　　USD 2 000

3月26日对外支付

借：短期外汇贷款　　　　　　　　　　　　　　　　　　　　USD 201 000
　　　存入保证金　　　　　　　　　　　　　　　　　　　　USD 200 000
　　贷：港澳及国外联行往来——美国某联行　　　　　　　　USD 401 000

借：应付开出信用证款项　　　　　　　　　　　　　　　　　USD 400 000
　　贷：应收开出信用证款项　　　　　　　　　　　　　　　USD 400 000

6月20日第一次计息

3月26日—6月25日　4.26％
6月26日—9月26日　4.17％
3月26日—6月20日　4.26％　87天
USD 201 000×4.26％÷360×87＝USD 2 069.30

借：短期外汇贷款　　　　　　　　　　　　　　　　　　　　USD 2 069.30
　　贷：利息收入——短期外汇贷款利息收入　　　　　　　　USD 2 069.30

9月20日第二次计息

6月21日—6月25日 4.26％　5天
6月26日—9月20日 4.17％　87天
USD（201 000＋2 069.30）×（4.26％÷360×5＋4.17％÷360×87）＝USD 2 166.57

借：短期外汇贷款 USD 2 166.57
　　贷：利息收入——短期外汇贷款利息收入 USD 2 166.57
9月26日借款人偿还本息
9月21日—9月26日　4.17％　5天
USD 205 235.87×4.17％÷360×5＝USD 118.87
借：单位活期存款(148250026) USD 205 354.74
　　贷：利息收入——短期外汇贷款利息收入 USD 118.87
　　　　短期外汇贷款 USD 205 235.87
2.9月10日叙做出口押汇,寄单议付索汇
押汇利息：USD 50 000×18×7.2％÷360＝USD 180
借：出口押汇 USD 50 000
　　贷：利息收入 USD 180
　　　　外汇买卖(汇买价675.42％) USD 49 820
借：外汇买卖(中间价676.78％) CNY 337 171.80
(USD 49 820×676.78％)
　　贷：单位活期存款 CNY 336 494.24
(USD 49 820×675.42％)
　　　　外汇买卖价差 CNY 677.56
借：应收即期信用证出口款项 USD 50 300
　　贷：代收即期信用证出口款项 USD 50 300
付出：国外开来保证凭信 USD50 000
9月28日收到出口款项
借：港澳及国外联行往来——纽约联行 USD 50 300
　　贷：手续费收入——国外银行费用收入 USD 300
　　　　出口押汇 USD 50 000
借：代收即期信用证出口款项 USD 50 300
　　贷：应收即期信用证出口款项 USD 50 300
3.8月23日承做进口押汇
保证金利息＝USD 160 000×21×2％÷360＝USD 186.67
进口押汇＝USD 202 000—USD(160 000＋186.67)＝USD 41 813.33
借：存入保证金 USD 160 000
　　利息支出 USD 186.67
　　进口押汇 USD 41 813.33
　　贷：港澳及国外联行往来——纽约联行 USD 202 000
借：应付开出信用证款项 USD 200 000
　　贷：应收开出信用证款项 USD 200 000
9月10日公司偿还进口押汇本息
进口押汇利息＝USD 41 813.33×18×7.2％÷360＝USD 150.53

借:单位活期存款　　　　　　　　　　　　　　　　　　USD 41 963.86
　　贷:进口押汇　　　　　　　　　　　　　　　　　　　USD 41 813.33
　　　　利息收入——进口押汇利息收入　　　　　　　　USD 150.53
4.3月10日M行办理票据贴现
贴现利息＝USD 300 000×26×7.2％÷360＝USD 1 560
实付贴现金额＝USD(300 000－1 560)＝USD 298 440
借:贴现　　　　　　　　　　　　　　　　　　　　　　USD 300 000
　　贷:利息收入——贴现利息收入　　　　　　　　　　USD 1 560
　　　　外汇买卖(汇买价675.42％)　　　　　　　　　USD 298 4400
借:外汇买卖(中间价676.78％)　　　　　　　　　　　CNY 2 019 782.23
　　　　　　　　　　　　　　　　　　　　　　　　(USD 298 440×676.78％)
　　贷:单位活期存款(0182508358)　　　　　　　　　CNY 2 015 723.45
　　　　　　　　　　　　　　　　　　　　　　　　(USD 298 440×675.42％)
　　　　外汇买卖价差　　　　　　　　　　　　　　　　CNY 4 058.78
4月5日收回到期贴现款
借:港澳及国外联行往来——纽约某联行　　　　　　　　USD 300 000
　　贷:贴现　　　　　　　　　　　　　　　　　　　　USD 300 000

第十一章　年度决算

一、单项选择题

1.B　　2.C　　3.B　　4.D　　5.A　　6.A　　7.A　　8.B　　9.A　　10.C

二、多项选择题

1.ABC　　2.AC　　3.BD　　4.ABCD　　5.ABCE
6.ABCD　　7.ABCDF　　8.ABD　　9.ABD　　10.ABC

三、判断题

1.√　　2.√　　3.×　　4.×　　5.×　　6.×　　7.×　　8.√　　9.×　　10.√

四、简答题

1.年度决算是银行根据会计核算资料,运用会计报表集中反映某一会计年度的财务状况与经营成果,并运用文字总结辅助说明有关重要数据的一项综合性工作。它是考核银行经营活动及其成果、对外公布财务会计信息的一项重要工作,是银行会计工作的重要组成部分。

外汇银行年度决算是对全年会计核算资料进行归纳、整理、核实,办理结账、轧计损益,编制年度财务会计报告。认真、准确、及时地做好年度决算工作,对于银行提高经营管理水平,向管理当局、投资者、债权人等提供正确、完整、真实的财务会计信息,充分发挥银行的职能作用,具有重要的意义。

(1)通过年度决算,可综合反映国民经济各部门的资金活动情况。如信贷资金的分布结构,货币投放与回笼外汇收支是否平衡,一定时期的经济发展情况等。

(2)通过年度决算,可得到各项数据信息,在比较分析中找差距,总结经验与教训,制订措施,有利于提高外汇银行的经营管理水平。

(3)通过年度决算,对会计核算资料进行全面核查与整理,可维护外汇银行的财产完整、准确与安全,同时可发现和解决外汇会计核算工作中的差错或问题,有利于提高会计核算质量。

2.外汇银行年终决算前核对账务主要是账账、账证、内外账的核对。总账与分户账、卡片账相核对,账簿与会计凭证相核对,银行与客户相核对。对联行、代理行未达账项应采取措施加紧清理,不得拖延。具体核对账务包括以下几方面内容:

(1)检查会计科目运用情况

会计科目是各项业务分类的依据,只有正确运用,才能通过会计记录,正确并真实地反映银行全年的业务活动和财务收支状况。因此,在年度决算前应根据会计科目的变动情况,检查会计科目的归属和运用情况,对发现使用不当的应及时调整科目,以便真实反映各项业务和财务活动情况。

(2)全面核对内外账务

年度决算前,要对银行内部所有的账、簿、卡、据进行一次全面检查和核对。检查和核对的内容包括各科目总账与分户账的金额是否相符,金银、外币等账面记载与库存实物是否相符,库存现金账面结存数与实际库存现金是否相符,银行内部账务与客户账是否相符等。若有不符或因会计政策变更、会计差错,要按照规定进行更正,达到账账、账款、账据、账实、账表、内外账户相符。

(3)核对往来账项

金融机构之间往来项目较多,系统内联行往来、金融企业之间跨系统往来、金融机构与中央银行往来等都要认真清理和核对。如果有差错要及时更正,保证金融机构往来之间相互平衡。

(4)检查外汇牌价的使用

外汇银行日常经办大量的外汇买卖业务,参照的外汇牌价有可能发生错误。为保证外汇买卖和外汇损益核算的准确,决算日前应对全年外汇买卖业务所参照使用的牌价进行查核,发生错误时应调整。

3.外汇银行年终决算日工作包括:

(1)处理当日账务,全面核对账务;

(2)检查各项库存;

(3)计算汇兑损益;

(4)结转损益;

(5)办理新旧账簿的结转;

(6)编制决算报表。

4.外汇银行财务会计报告编制要求有:

(1)数字真实客观、准确可靠。即会计报表的编制应坚持公允的会计原则,绝不弄虚作假,带有随意色彩。

(2)内容完整无误。完整的重要含义是指标的统一和规范,并保持其数字之间的整体

相关无误,上报时数字要经过充分核对,做到绝对无差错;

(3)编报表种要齐全。主要报表和附列资料,都要做到不缺报、漏报,并具有完整的页码、印章及应附列的各种附表。

(4)报送要及时,不拖延滞后。会计报表的时效性很强,如果没有及时性,会计报表也就很难发挥作用。《金融企业会计制度》规定,月度会计报告应当在月度终了6天内提供,季度财务报告应当在季度终了15天内提供,半年度会计报告应当在年度中期结束后60天内提供,而年度财务会计报告应当于年度终了后4个月内提供。

5.资产负债表是以资产账户、负债账户和所有者权益账户的期末余额为主要依据,按月编制。其编报主要是通过以下几种方式取得:

(1)根据总账账户余额直接填列。资产负债表各项目的数据来源,大多是根据总账账户期末余额直接填列,如"应收利息"项目,根据"应收利息"总账科目的期末余额直接填列;"短期借款"项目,根据"短期借款"总账科目的期末余额直接填列。

(2)根据总账账户余额计算填列。资产负债表的某些项目不能直接根据总账账户的期末余额填列,而是要根据若干个总账账户的期末余额合并计算填列,如"现金及存放中央银行款项"项目,根据"库存现金""存放中央银行款项"账户的期末余额合计数计算填列。

(3)根据明细账户余额计算填列。资产负债表的某些项目不能根据总账账户的期末余额或若干个总账账户的期末余额计算填列,而是需要根据有关账户所属的相关明细账户的期末余额分析计算填列。

(4)根据总账账户和明细账户余额分析计算填列。资产负债表的某些项目不能根据总账账户的期末余额或若干个总账账户的期末余额计算填列,也不能根据有关账户所属的相关明细账户的期末余额分析计算填列,而要根据总账账户和明细账户的期末余额计算填列。

(5)根据账户余额减去其备抵项目后的净额填列。资产负债表的某些项目应当反映其账面价值,应根据有关账户余额减去其备抵项目后的净额填列。如"固定资产"项目,根据"固定资产"账户的期末余额,减去"累计折旧"和"固定资产减值准备"备抵账户余额后的净额填列;又如"无形资产"项目,根据"无形资产"账户的期末余额,减去"累计摊销"和"无形资产减值准备"备抵账户余额后的净额填列。

附录二 新会计准则会计科目

顺序号	编号	会计科目名称	顺序号	编号	会计科目名称
		一、资产类	24	1311	代理兑付证券
1	1001	库存现金	25	1321	代理业务资产
2	1002	银行存款	26	1401	材料采购
3	1003	存放中央银行款项	27	1402	在途物资
4	1011	存放同业	28	1403	原材料
5	1012	其他货币资金	29	1404	材料成本差异
6	1021	结算备付金	30	1405	库存商品
7	1031	存出保证金	31	1406	发出商品
8	1101	交易性金融资产	32	1407	商品进销差价
9	1111	买入返售金融资产	33	1408	委托加工物资
10	1121	应收票据	34	1411	周转材料
11	1122	应收账款	35	1421	消耗性生物资产
12	1123	预付账款	36	1431	贵金属
13	1131	应收股利	37	1441	抵债资产
14	1132	应收利息	38	1451	损余物资
15	1201	应收代位追偿款	39	1461	融资租赁资产
16	1211	应收分保账款	40	1471	存货跌价准备
17	1212	应收分保合同准备金	41	1501	持有至到期投资
18	1221	其他应收款	42	1502	持有至到期投资减值准备
19	1231	坏账准备	43	1503	可供出售金融资产
20	1301	贴现资产	44	1511	长期股权投资
21	1302	拆出资金	45	1512	长期股权投资减值准备
22	1303	贷款	46	1521	投资性房地产
23	1304	贷款损失准备	47	1531	长期应收款

续表

顺序号	编号	会计科目名称	顺序号	编号	会计科目名称
48	1532	未实现融资收益	78	2111	卖出回购金融资产款
49	1541	存出资本保证金	79	2201	应付票据
50	1601	固定资产	80	2202	应付账款
51	1602	累计折旧	81	2203	预收账款
52	1603	固定资产减值准备	82	2211	应付职工薪酬
53	1604	在建工程	83	2221	应交税费
54	1605	工程物资	84	2231	应付利息
55	1606	固定资产清理	85	2232	应付股利
56	1611	未担保余值	86	2241	其他应付款
57	1621	生产性生物资产	87	2251	应付保单红利
58	1622	生产性生物资产累计折旧	88	2261	应付分保账款
59	1623	公益性生物资产	89	2311	代理买卖证券款
60	1631	油气资产	90	2312	代理承销证券款
61	1632	累计折耗	91	2313	代理兑付证券款
62	1701	无形资产	92	2314	代理业务负债
63	1702	累计摊销	93	2401	递延收益
64	1703	无形资产减值准备	94	2501	长期借款
65	1711	商誉	95	2502	应付债券
66	1801	长期待摊费用	96	2601	未到期责任准备金
67	1811	递延所得税资产	97	2602	保险责任准备金
68	1821	独立账户资产	98	2611	保户储金
69	1901	待处理财产损溢	99	2621	独立账户负债
		二、负债类	100	2701	长期应付款
70	2001	短期借款	101	2702	未确认融资费用
71	2002	存入保证金	102	2711	专项应付款
72	2003	拆入资金	103	2801	预计负债
73	2004	向中央银行借款	104	2901	递延所得税负债
74	2011	吸收存款			三、共同类
75	2012	同业存放	105	3001	清算资金往来
76	2021	贴现负债	106	3002	货币兑换
77	2101	交易性金融负债	107	3101	衍生工具

续表

顺序号	编号	会计科目名称	顺序号	编号	会计科目名称
108	3201	套期工具	136	6301	营业外收入
109	3202	被套期项目	137	6401	主营业务成本
		四、所有者权益类	138	6402	其他业务成本
110	4001	实收资本	139	6403	营业税金及附加
111	4002	资本公积	140	6411	利息支出
112	4101	盈余公积	141	6421	手续费及佣金支出
113	4102	一般风险准备	142	6501	提取未到期责任准备金
114	4103	本年利润	143	6502	提取保险责任准备金
115	4104	利润分配	144	6511	赔付支出
116	4201	库存股	145	6521	保单红利支出
		五、成本类	146	6531	退保金
117	5001	生产成本	147	6541	分出保费
118	5101	制造费用	148	6542	分保费用
119	5201	劳务成本	149	6601	销售费用
120	5301	研发支出	150	6602	管理费用
121	5401	工程施工	151	6603	财务费用
122	5402	工程结算	152	6604	勘探费用
123	5403	机械作业	153	6701	资产减值损失
		六、损益类	154	6711	营业外支出
124	6001	主营业务收入	155	6801	所得税费用
125	6011	利息收入	156	6901	以前年度损益调整
126	6021	手续费及佣金收入			
127	6031	保费收入			
128	6041	租赁收入			
129	6051	其他业务收入			
130	6061	汇兑损益			
131	6101	公允价值变动损益			
132	6111	投资收益			
133	6201	摊回保险责任准备金			
134	6202	摊回赔付支出			
135	6203	摊回分保费用			

附录三 中华人民共和国外汇管理条例

(1996年1月29日中华人民共和国国务院令第193号发布 根据1997年1月14日《国务院关于修改〈中华人民共和国外汇管理条例〉的决定》修订 2008年8月1日国务院第20次常务会议修订通过)

第一章 总 则

第一条 为了加强外汇管理，促进国际收支平衡，促进国民经济健康发展，制定本条例。

第二条 国务院外汇管理部门及其分支机构(以下统称外汇管理机关)依法履行外汇管理职责，负责本条例的实施。

第三条 本条例所称外汇，是指下列以外币表示的可以用作国际清偿的支付手段和资产：

（一）外币现钞，包括纸币、铸币；

（二）外币支付凭证或者支付工具，包括票据、银行存款凭证、银行卡等；

（三）外币有价证券，包括债券、股票等；

（四）特别提款权；

（五）其他外汇资产。

第四条 境内机构、境内个人的外汇收支或者外汇经营活动，以及境外机构、境外个人在境内的外汇收支或者外汇经营活动，适用本条例。

第五条 国家对经常性国际支付和转移不予限制。

第六条 国家实行国际收支统计申报制度。

国务院外汇管理部门应当对国际收支进行统计、监测，定期公布国际收支状况。

第七条 经营外汇业务的金融机构应当按照国务院外汇管理部门的规定为客户开立外汇账户，并通过外汇账户办理外汇业务。

经营外汇业务的金融机构应当依法向外汇管理机关报送客户的外汇收支及账户变动情况。

第八条 中华人民共和国境内禁止外币流通，并不得以外币计价结算，但国家另有规定的除外。

第九条 境内机构、境内个人的外汇收入可以调回境内或者存放境外；调回境内或者

存放境外的条件、期限等,由国务院外汇管理部门根据国际收支状况和外汇管理的需要作出规定。

第十条 国务院外汇管理部门依法持有、管理、经营国家外汇储备,遵循安全、流动、增值的原则。

第十一条 国际收支出现或者可能出现严重失衡,以及国民经济出现或者可能出现严重危机时,国家可以对国际收支采取必要的保障、控制等措施。

第二章 经常项目外汇管理

第十二条 经常项目外汇收支应当具有真实、合法的交易基础。经营结汇、售汇业务的金融机构应当按照国务院外汇管理部门的规定,对交易单证的真实性及其与外汇收支的一致性进行合理审查。

外汇管理机关有权对前款规定事项进行监督检查。

第十三条 经常项目外汇收入,可以按照国家有关规定保留或者卖给经营结汇、售汇业务的金融机构。

第十四条 经常项目外汇支出,应当按照国务院外汇管理部门关于付汇与购汇的管理规定,凭有效单证以自有外汇支付或者向经营结汇、售汇业务的金融机构购汇支付。

第十五条 携带、申报外币现钞出入境的限额,由国务院外汇管理部门规定。

第三章 资本项目外汇管理

第十六条 境外机构、境外个人在境内直接投资,经有关主管部门批准后,应当到外汇管理机关办理登记。

境外机构、境外个人在境内从事有价证券或者衍生产品发行、交易,应当遵守国家关于市场准入的规定,并按照国务院外汇管理部门的规定办理登记。

第十七条 境内机构、境内个人向境外直接投资或者从事境外有价证券、衍生产品发行、交易,应当按照国务院外汇管理部门的规定办理登记。国家规定需要事先经有关主管部门批准或者备案的,应当在外汇登记前办理批准或者备案手续。

第十八条 国家对外债实行规模管理。借用外债应当按照国家有关规定办理,并到外汇管理机关办理外债登记。

国务院外汇管理部门负责全国的外债统计与监测,并定期公布外债情况。

第十九条 提供对外担保,应当向外汇管理机关提出申请,由外汇管理机关根据申请人的资产负债等情况作出批准或者不批准的决定;国家规定其经营范围需经有关主管部门批准的,应当在向外汇管理机关提出申请前办理批准手续。申请人签订对外担保合同后,应当到外汇管理机关办理对外担保登记。

经国务院批准为使用外国政府或者国际金融组织贷款进行转贷提供对外担保的,不适用前款规定。

第二十条 银行业金融机构在经批准的经营范围内可以直接向境外提供商业贷款。

其他境内机构向境外提供商业贷款,应当向外汇管理机关提出申请,外汇管理机关根据申请人的资产负债等情况作出批准或者不批准的决定;国家规定其经营范围需经有关主管部门批准的,应当在向外汇管理机关提出申请前办理批准手续。

向境外提供商业贷款,应当按照国务院外汇管理部门的规定办理登记。

第二十一条 资本项目外汇收入保留或者卖给经营结汇、售汇业务的金融机构,应当经外汇管理机关批准,但国家规定无需批准的除外。

第二十二条 资本项目外汇支出,应当按照国务院外汇管理部门关于付汇与购汇的管理规定,凭有效单证以自有外汇支付或者向经营结汇、售汇业务的金融机构购汇支付。国家规定应当经外汇管理机关批准的,应当在外汇支付前办理批准手续。

依法终止的外商投资企业,按照国家有关规定进行清算、纳税后,属于外方投资者所有的人民币,可以向经营结汇、售汇业务的金融机构购汇汇出。

第二十三条 资本项目外汇及结汇资金,应当按照有关主管部门及外汇管理机关批准的用途使用。外汇管理机关有权对资本项目外汇及结汇资金使用和账户变动情况进行监督检查。

第四章 金融机构外汇业务管理

第二十四条 金融机构经营或者终止经营结汇、售汇业务,应当经外汇管理机关批准;经营或者终止经营其他外汇业务,应当按照职责分工经外汇管理机关或者金融业监督管理机构批准。

第二十五条 外汇管理机关对金融机构外汇业务实行综合头寸管理,具体办法由国务院外汇管理部门制定。

第二十六条 金融机构的资本金、利润以及因本外币资产不匹配需要进行人民币与外币间转换的,应当经外汇管理机关批准。

第五章 人民币汇率和外汇市场管理

第二十七条 人民币汇率实行以市场供求为基础的、有管理的浮动汇率制度。

第二十八条 经营结汇、售汇业务的金融机构和符合国务院外汇管理部门规定条件的其他机构,可以按照国务院外汇管理部门的规定在银行间外汇市场进行外汇交易。

第二十九条 外汇市场交易应当遵循公开、公平、公正和诚实信用的原则。

第三十条 外汇市场交易的币种和形式由国务院外汇管理部门规定。

第三十一条 国务院外汇管理部门依法监督管理全国的外汇市场。

第三十二条 国务院外汇管理部门可以根据外汇市场的变化和货币政策的要求,依法对外汇市场进行调节。

第六章　监督管理

第三十三条　外汇管理机关依法履行职责,有权采取下列措施:
(一)对经营外汇业务的金融机构进行现场检查;
(二)进入涉嫌外汇违法行为发生场所调查取证;
(三)询问有外汇收支或者外汇经营活动的机构和个人,要求其对与被调查外汇违法事件直接有关的事项作出说明;
(四)查阅、复制与被调查外汇违法事件直接有关的交易单证等资料;
(五)查阅、复制被调查外汇违法事件的当事人和直接有关的单位、个人的财务会计资料及相关文件,对可能被转移、隐匿或者毁损的文件和资料,可以予以封存;
(六)经国务院外汇管理部门或者省级外汇管理机关负责人批准,查询被调查外汇违法事件的当事人和直接有关的单位、个人的账户,但个人储蓄存款账户除外;
(七)对有证据证明已经或者可能转移、隐匿违法资金等涉案财产或者隐匿、伪造、毁损重要证据的,可以申请人民法院冻结或者查封。
有关单位和个人应当配合外汇管理机关的监督检查,如实说明有关情况并提供有关文件、资料,不得拒绝、阻碍和隐瞒。

第三十四条　外汇管理机关依法进行监督检查或者调查,监督检查或者调查的人员不得少于2人,并应当出示证件。监督检查、调查的人员少于2人或者未出示证件的,被监督检查、调查的单位和个人有权拒绝。

第三十五条　有外汇经营活动的境内机构,应当按照国务院外汇管理部门的规定报送财务会计报告、统计报表等资料。

第三十六条　经营外汇业务的金融机构发现客户有外汇违法行为的,应当及时向外汇管理机关报告。

第三十七条　国务院外汇管理部门为履行外汇管理职责,可以从国务院有关部门、机构获取所必需的信息,国务院有关部门、机构应当提供。
国务院外汇管理部门应当向国务院有关部门、机构通报外汇管理工作情况。

第三十八条　任何单位和个人都有权举报外汇违法行为。
外汇管理机关应当为举报人保密,并按照规定对举报人或者协助查处外汇违法行为有功的单位和个人给予奖励。

第七章　法律责任

第三十九条　有违反规定将境内外汇转移境外,或者以欺骗手段将境内资本转移境外等逃汇行为的,由外汇管理机关责令限期调回外汇,处逃汇金额30%以下的罚款;情节严重的,处逃汇金额30%以上等值以下的罚款;构成犯罪的,依法追究刑事责任。

第四十条　有违反规定以外汇收付应当以人民币收付的款项,或者以虚假、无效的交易单证等向经营结汇、售汇业务的金融机构骗购外汇等非法套汇行为的,由外汇管理机关责令对非法套汇资金予以回兑,处非法套汇金额30%以下的罚款;情节严重的,处非法套汇金额30%以上等值以下的罚款;构成犯罪的,依法追究刑事责任。

第四十一条 违反规定将外汇汇入境内的,由外汇管理机关责令改正,处违法金额30%以下的罚款;情节严重的,处违法金额30%以上等值以下的罚款。

非法结汇的,由外汇管理机关责令对非法结汇资金予以回兑,处违法金额30%以下的罚款。

第四十二条 违反规定携带外汇出入境的,由外汇管理机关给予警告,可以处违法金额20%以下的罚款。法律、行政法规规定由海关予以处罚的,从其规定。

第四十三条 有擅自对外借款、在境外发行债券或者提供对外担保等违反外债管理行为的,由外汇管理机关给予警告,处违法金额30%以下的罚款。

第四十四条 违反规定,擅自改变外汇或者结汇资金用途的,由外汇管理机关责令改正,没收违法所得,处违法金额30%以下的罚款;情节严重的,处违法金额30%以上等值以下的罚款。

有违反规定以外币在境内计价结算或者划转外汇等非法使用外汇行为的,由外汇管理机关责令改正,给予警告,可以处违法金额30%以下的罚款。

第四十五条 私自买卖外汇、变相买卖外汇、倒买倒卖外汇或者非法介绍买卖外汇数额较大的,由外汇管理机关给予警告,没收违法所得,处违法金额30%以下的罚款;情节严重的,处违法金额30%以上等值以下的罚款;构成犯罪的,依法追究刑事责任。

第四十六条 未经批准擅自经营结汇、售汇业务的,由外汇管理机关责令改正,有违法所得的,没收违法所得,违法所得50万元以上的,并处违法所得1倍以上5倍以下的罚款;没有违法所得或者违法所得不足50万元的,处50万元以上200万元以下的罚款;情节严重的,由有关主管部门责令停业整顿或者吊销业务许可证;构成犯罪的,依法追究刑事责任。

未经批准经营结汇、售汇业务以外的其他外汇业务的,由外汇管理机关或者金融业监督管理机构依照前款规定予以处罚。

第四十七条 金融机构有下列情形之一的,由外汇管理机关责令限期改正,没收违法所得,并处20万元以上100万元以下的罚款;情节严重或者逾期不改正的,由外汇管理机关责令停止经营相关业务:

(一)办理经常项目资金收付,未对交易单证的真实性及其与外汇收支的一致性进行合理审查的;

(二)违反规定办理资本项目资金收付的;

(三)违反规定办理结汇、售汇业务的;

(四)违反外汇业务综合头寸管理的;

(五)违反外汇市场交易管理的。

第四十八条 有下列情形之一的,由外汇管理机关责令改正,给予警告,对机构可以处30万元以下的罚款,对个人可以处5万元以下的罚款:

(一)未按照规定进行国际收支统计申报的;

(二)未按照规定报送财务会计报告、统计报表等资料的;

(三)未按照规定提交有效单证或者提交的单证不真实的;

(四)违反外汇账户管理规定的;

(五)违反外汇登记管理规定的;

(六)拒绝、阻碍外汇管理机关依法进行监督检查或者调查的。

第四十九条 境内机构违反外汇管理规定的,除依照本条例给予处罚外,对直接负责的主管人员和其他直接责任人员,应当给予处分;对金融机构负有直接责任的董事、监事、高级管理人员和其他直接责任人员给予警告,处5万元以上50万元以下的罚款;构成犯罪的,依法追究刑事责任。

第五十条 外汇管理机关工作人员徇私舞弊、滥用职权、玩忽职守,构成犯罪的,依法追究刑事责任;尚不构成犯罪的,依法给予处分。

第五十一条 当事人对外汇管理机关作出的具体行政行为不服的,可以依法申请行政复议;对行政复议决定仍不服的,可以依法向人民法院提起行政诉讼。

第八章 附 则

第五十二条 本条例下列用语的含义:

(一)境内机构,是指中华人民共和国境内的国家机关、企业、事业单位、社会团体、部队等,外国驻华外交领事机构和国际组织驻华代表机构除外。

(二)境内个人,是指中国公民和在中华人民共和国境内连续居住满1年的外国人,外国驻华外交人员和国际组织驻华代表除外。

(三)经常项目,是指国际收支中涉及货物、服务、收益及经常转移的交易项目等。

(四)资本项目,是指国际收支中引起对外资产和负债水平发生变化的交易项目,包括资本转移、直接投资、证券投资、衍生产品及贷款等。

第五十三条 非金融机构经营结汇、售汇业务,应当由国务院外汇管理部门批准,具体管理办法由国务院外汇管理部门另行制定。

第五十四条 本条例自公布之日起施行。

附录四　个人外汇管理办法实施细则

第一章　总　则

第一条　为规范和便利银行及个人的外汇业务操作,根据《个人外汇管理办法》,制定本细则。

第二条　对个人结汇和境内个人购汇实行年度总额管理。年度总额分别为每人每年等值5万美元。国家外汇管理局可根据国际收支状况,对年度总额进行调整。

个人年度总额内的结汇和购汇,凭本人有效身份证件在银行办理;超过年度总额的,经常项目项下按本细则第十条、第十一条、第十二条办理,资本项目项下按本细则"资本项目个人外汇管理"有关规定办理。

第三条　个人所购外汇,可以汇出境外、存入本人外汇储蓄账户,或按照有关规定携带出境。

第四条　个人年度总额内购汇、结汇,可以委托其直系亲属代为办理;超过年度总额的购汇、结汇以及境外个人购汇,可以按本细则规定,凭相关证明材料委托他人办理。

第五条　个人携带外币现钞出入境,应当遵守国家有关管理规定。

第六条　各外汇指定银行(以下简称银行)应按照本细则规定对个人外汇业务进行真实性审核,不得伪造、变造交易。银行应通过个人结售汇管理信息系统(以下简称个人结售汇系统)办理个人购汇和结汇业务,真实、准确、完整录入相关信息。

第七条　国家外汇管理局及其分支机构(以下简称外汇管理局)负责对个人外汇业务进行统计、监测、管理和检查。

第二章　经常项目个人外汇管理

第八条　个人经常项目项下外汇收支分为经营性外汇收支和非经营性外汇收支。

第九条　个人经常项目项下经营性外汇收支按以下规定办理:

(一)个人对外贸易经营者办理对外贸易购付汇、收结汇应通过本人的外汇结算账户进行;其外汇收支、进出口核销、国际收支申报按机构管理。个人对外贸易经营者指依法办理工商登记或者其他执业手续,取得个人工商营业执照或者其他执业证明,并按照国务院商务主管部门的规定,办理备案登记,取得对外贸易经营权,从事对外贸易经营活动的个人。

（二）个体工商户委托有对外贸易经营权的企业办理进口的，本人凭其与代理企业签定的进口代理合同或协议购汇，所购外汇通过本人的外汇结算账户直接划转至代理企业经常项目外汇账户。

个体工商户委托有对外贸易经营权的企业办理出口的，可通过本人的外汇结算账户收汇、结汇。结汇凭与代理企业签订的出口代理合同或协议、代理企业的出口货物报关单办理。代理企业将个体工商户名称、账号以及核销规定的其他材料向所在地外汇管理局报备后，可以将个体工商户的收账通知作为核销凭证。

（三）境外个人旅游购物贸易方式项下的结汇，凭本人有效身份证件及个人旅游购物报关单办理。

第十条 境内个人经常项目项下非经营性结汇超过年度总额的，凭本人有效身份证件及以下证明材料在银行办理：

（一）捐赠：经公证的捐赠协议或合同。捐赠须符合国家规定；

（二）赡家款：直系亲属关系证明或经公证的赡养关系证明、境外给付人相关收入证明，如银行存款证明、个人收入纳税凭证等；

（三）遗产继承收入：遗产继承法律文书或公证书；

（四）保险外汇收入：保险合同及保险经营机构的付款证明。投保外汇保险须符合国家规定；

（五）专有权利使用和特许收入：付款证明、协议或合同；

（六）法律、会计、咨询和公共关系服务收入：付款证明、协议或合同；

（七）职工报酬：雇佣合同及收入证明；

（八）境外投资收益：境外投资外汇登记证明文件、利润分配决议或红利支付书或其他收益证明；

（九）其它：相关证明及支付凭证。

第十一条 境外个人经常项目项下非经营性结汇超过年度总额的，凭本人有效身份证件及以下证明材料在银行办理：

（一）房租类支出：房屋管理部门登记的房屋租赁合同、发票或支付通知；

（二）生活消费类支出：合同或发票；

（三）就医、学习等支出：境内医院（学校）收费证明；

（四）其它：相关证明及支付凭证。

上述结汇单笔等值5万美元以上的，应将结汇所得人民币资金直接划转至交易对方的境内人民币账户。

第十二条 境内个人经常项目项下非经营性购汇超过年度总额的，凭本人有效身份证件和有交易额的相关证明材料在银行办理。

第十三条 境外个人经常项目合法人民币收入购汇及未用完的人民币兑回，按以下规定办理：

（一）在境内取得的经常项目合法人民币收入，凭本人有效身份证件和有交易额的相关证明材料（含税务凭证）办理购汇。

（二）原兑换未用完的人民币兑回外汇，凭本人有效身份证件和原兑换水单办理，原兑换水单的兑回有效期为自兑换日起24个月；对于当日累计兑换不超过等值500美元（含）以及离境前在境内关外场所当日累计不超过等值1000美元（含）的兑换，可凭本人有效身份证件办理。

第十四条 境内个人外汇汇出境外用于经常项目支出，按以下规定办理：

外汇储蓄账户内外汇汇出境外当日累计等值5万美元以下（含）的，凭本人有效身份证件在银行办理；超过上述金额的，凭经常项目项下有交易额的真实性凭证办理。

手持外币现钞汇出当日累计等值1万美元以下（含）的，凭本人有效身份证件在银行办理；超过上述金额的，凭经常项目项下有交易额的真实性凭证、经海关签章的《中华人民共和国海关进境旅客行李物品申报单》或本人原存款银行外币现钞提取单据办理。

第十五条 境外个人经常项目外汇汇出境外，按以下规定在银行办理：

（一）外汇储蓄账户内外汇汇出，凭本人有效身份证件办理；

（二）手持外币现钞汇出，当日累计等值1万美元以下（含）的，凭本人有效身份证件办理；超过上述金额的，还应提供经海关签章的《中华人民共和国海关进境旅客行李物品申报单》或本人原存款银行外币现钞提取单据办理。

第三章 资本项目个人外汇管理

第十六条 境内个人对外直接投资应按国家有关规定办理。所需外汇经所在地外汇管理局核准后可以购汇或以自有外汇汇出，并办理相应的境外投资外汇登记手续。

境内个人及因经济利益关系在中国境内习惯性居住的境外个人，在境外设立或控制特殊目的公司并返程投资的，所涉外汇收支按《国家外汇管理局关于境内居民通过境外特殊目的公司融资及返程投资外汇管理有关问题的通知》等有关规定办理。

第十七条 境内个人可以使用外汇或人民币，并通过银行、基金管理公司等合格境内机构投资者进行境外固定收益类、权益类等金融投资。

第十八条 境内个人参与境外上市公司员工持股计划、认股期权计划等所涉外汇业务，应通过所属公司或境内代理机构统一向外汇管理局申请获准后办理。

境内个人出售员工持股计划、认股期权计划等项下股票以及分红所得外汇收入，汇回所属公司或境内代理机构开立的境内专用外汇账户后，可以结汇，也可以划入员工个人的外汇储蓄账户。

第十九条 境内个人向境内经批准经营外汇保险业务的保险经营机构支付外汇保费，应持保险合同、保险经营机构付款通知书办理购付汇手续。

境内个人作为保险受益人所获外汇保险项下赔偿或给付的保险金，可以存入本人外汇储蓄账户，也可以结汇。

第二十条 移居境外的境内个人将其取得合法移民身份前境内财产对外转移以及外国公民依法继承境内遗产的对外转移，按《个人财产对外转移售付汇管理暂行办法》等有关规定办理。

第二十一条 境外个人在境内买卖商品房及通过股权转让等并购境内房地产企业所

涉外汇管理，按《国家外汇管理局 建设部关于规范房地产市场外汇管理有关问题的通知》等有关规定办理。

第二十二条 境外个人可按相关规定投资境内B股；投资其他境内发行和流通的各类金融产品，应通过合格境外机构投资者办理。

第二十三条 根据人民币资本项目可兑换的进程，逐步放开对境内个人向境外提供贷款、借用外债、提供对外担保以及直接参与境外商品期货和金融衍生产品交易的管理，具体办法另行制定。

第四章 个人外汇账户及外币现钞管理

第二十四条 外汇管理局按账户主体类别和交易性质对个人外汇账户进行管理。银行为个人开立外汇账户，应区分境内个人和境外个人。账户按交易性质分为外汇结算账户、外汇储蓄账户、资本项目账户。

第二十五条 外汇结算账户是指个人对外贸易经营者、个体工商户按照规定开立的用以办理经常项目项下经营性外汇收支的账户。其开立、使用和关闭按机构账户进行管理。

第二十六条 个人在银行开立外汇储蓄账户应当出具本人有效身份证件，所开立账户户名应与本人有效身份证件记载的姓名一致。

第二十七条 个人开立外国投资者投资专用账户、特殊目的公司专用账户及投资并购专用账户等资本项目外汇账户及账户内资金的境内划转、汇出境外应经外汇管理局核准。

第二十八条 个人外汇储蓄账户资金境内划转，按以下规定办理：

（一）本人账户间的资金划转，凭有效身份证件办理；

（二）个人与其直系亲属账户间的资金划转，凭双方有效身份证件、直系亲属关系证明办理；

（三）境内个人和境外个人账户间的资金划转按跨境交易进行管理。

第二十九条 本人外汇结算账户与外汇储蓄账户间资金可以划转，但外汇储蓄账户向外汇结算账户的划款限于划款当日的对外支付，不得划转后结汇。

第三十条 个人提取外币现钞当日累计等值1万美元以下（含）的，可以在银行直接办理；超过上述金额的，凭本人有效身份证件、提钞用途证明等材料向银行所在地外汇管理局事前报备。银行凭本人有效身份证件和经外汇管理局签章的《提取外币现钞备案表》（附1）为个人办理提取外币现钞手续。

第三十一条 个人向外汇储蓄账户存入外币现钞，当日累计等值5000美元以下（含）的，可以在银行直接办理；超过上述金额的，凭本人有效身份证件、经海关签章的《中华人民共和国海关进境旅客行李物品申报单》或本人原存款银行外币现钞提取单据在银行办理。银行应在相关单据上标注存款银行名称、存款金额及存款日期。

第五章 个人结售汇管理信息系统

第三十二条 具有结售汇业务经营资格并已接入和使用个人结售汇系统的银行,直接通过个人结售汇系统办理个人结售汇业务。

第三十三条 各银行总行及分支机构申请接入个人结售汇系统,应满足个人结售汇管理信息系统技术接入条件(附2),具备经培训的技术人员和业务操作人员,并能维护系统的正常运行。

第三十四条 银行应按规定填写个人结售汇系统银行网点信息登记表,向外汇管理局提出系统接入申请。外汇管理局在对银行申请验收合格后,予以准入。

第三十五条 除以下情况外,银行办理个人结售汇业务都应纳入个人结售汇系统:
(一)通过外币代兑点发生的结售汇;
(二)通过银行柜台尾零结汇、转利息结汇等小于等值100美元(含100美元)的结汇;
(三)外币卡境内消费结汇;
(四)境外卡通过自助银行设备提取人民币现钞;
(五)境内卡境外使用购汇还款。

第三十六条 银行为个人办理结售汇业务时,应当按照下列流程办理:
(一)通过个人结售汇系统查询个人结售汇情况;
(二)按规定审核个人提供的证明材料;
(三)在个人结售汇系统上逐笔录入结售汇业务数据;
(四)通过个人结售汇系统打印"结汇/购汇通知单",作为会计凭证留存备查。

第三十七条 外汇管理局负责对辖内银行业务操作的规范性、业务数据录入的完整性和准确性等进行考核和检查。

第六章 附 则

第三十八条 个人委托其直系亲属代为办理年度总额内的购汇、结汇,应分别提供委托人和受托人的有效身份证件、委托人的授权书、直系亲属关系证明;其他情况代办的,除需提供双方有效身份证件、授权书外,还应提供本细则规定的相关证明材料。

直系亲属指父母、子女、配偶。直系亲属关系证明指能证明直系亲属关系的户口簿、结婚证或街道办事处等政府基层组织或公安部门、公证部门出具的有效亲属关系证明。

第三十九条 违反《个人外汇管理办法》及本细则规定的,外汇管理局将依据《中华人民共和国外汇管理条例》及其他相关规定予以处罚;对于《中华人民共和国外汇管理条例》及其他相关规定没有明确规定的,对银行和个人应分别处以人民币3万元和1000元以下的罚款。

第四十条 本细则由国家外汇管理局负责解释。

第四十一条 本细则自2007年2月1日起施行。

附录五 银行办理结售汇业务管理办法

第一章 总 则

第一条 为了规范银行办理结售汇业务,保障外汇市场平稳运行,根据《中华人民共和国中国人民银行法》、《中华人民共和国外汇管理条例》(以下简称《外汇管理条例》),制定本办法。

第二条 中国人民银行及其分支机构、国家外汇管理局及其分局(以下简称外汇管理局)是银行结售汇业务的监督管理机关。

第三条 本办法下列用语的含义:

(一)银行是指在中华人民共和国境内依法设立的商业银行、城市信用合作社、农村信用合作社等吸收公众存款的金融机构以及政策性银行;

(二)结售汇业务是指银行为客户或因自身经营活动需求办理的人民币与外汇之间兑换的业务,包括即期结售汇业务和人民币与外汇衍生产品业务;

(三)即期结售汇业务是指在交易订立日之后两个工作日内完成清算,且清算价格为交易订立日当日汇价的结售汇交易;

(四)人民币与外汇衍生产品业务是指远期结售汇、人民币与外汇期货、人民币与外汇掉期、人民币与外汇期权等业务及其组合;

(五)结售汇综合头寸是指银行持有的,因银行办理对客和自身结售汇业务、参与银行间外汇市场交易等人民币与外汇间交易而形成的外汇头寸。

第四条 银行办理结售汇业务,应当经外汇管理局批准。

第五条 银行办理结售汇业务,应当遵守本办法和其他有关结售汇业务的管理规定。

第二章 市场准入与退出

第六条 银行申请办理即期结售汇业务,应当具备下列条件:

(一)具有金融业务资格;

(二)具备完善的业务管理制度;

(三)具备办理业务所必需的软硬件设备;

(四)拥有具备相应业务工作经验的高级管理人员和业务人员。

第七条 银行申请办理人民币与外汇衍生产品业务,应当具备下列条件:

(一)具有即期结售汇业务资格;

(二)具备完善的业务管理制度;

(三)拥有具备相应业务工作经验的高级管理人员和业务人员;

(四)符合银行业监督管理机构对从事金融衍生产品交易的有关规定。

第八条 银行可以根据经营需要一并申请即期结售汇业务和人民币与外汇衍生产品业务资格。

第九条 银行申请即期结售汇业务或人民币与外汇衍生产品业务资格,应当由其总行统一提出申请,外国银行分行除外。

政策性银行、全国性商业银行申请即期结售汇业务或人民币与外汇衍生产品业务资格,由国家外汇管理局审批;其他银行由所在地国家外汇管理局分局、外汇管理部审批。

第十条 银行分支机构办理即期结售汇业务或人民币与外汇衍生产品业务,应当取得已具备相应业务资格的上级机构授权,并报所在地国家外汇管理局分支局备案。

第十一条 银行办理结售汇业务期间,发生合并或者分立的,新设立的银行应当向外汇管理局重新申请结售汇业务资格;发生变更名称、变更营业地址、经营结售汇业务的分支机构合并或者分立等情况的,应当自变更之日起 30 日内报外汇管理局备案。

第十二条 银行停止办理即期结售汇业务或人民币与外汇衍生产品业务的,应当自停办业务之日起 30 日内报外汇管理局备案。

第十三条 银行被依法撤销或者宣告破产的,其结售汇业务资格自动丧失。

第三章 监督管理

第十四条 银行应当建立、健全本行结售汇业务风险管理制度,并建立结售汇业务经营和风险管理定期评估机制。

外汇管理局对银行办理结售汇业务中执行外汇管理规定的情况实行定期评估。

第十五条 银行应当指定专门部门作为结售汇业务的牵头管理部门,负责督导、协调本行及其分支机构的外汇管理规定执行工作。

第十六条 银行应当加强对结售汇业务管理人员、经办人员、销售人员、交易员以及其他相关业务人员的外汇管理政策培训,确保其具备必要的政策法规知识。

第十七条 银行应当建立结售汇会计科目,区分即期结售汇和人民币与外汇衍生产品,分别核算对客结售汇、自身结售汇和银行间市场交易业务。

第十八条 银行办理结售汇业务时,应当按照"了解业务、了解客户、尽职审查"的原则对相关凭证或商业单据进行审核。国家外汇管理局有明确规定的,从其规定。

第十九条 银行办理人民币与外汇衍生产品业务时,应当与有真实需求背景的客户进行与其风险能力相适应的衍生产品交易,并遵守国家外汇管理局关于客户、产品、交易头寸等方面的规定。

第二十条 银行应当遵守结售汇综合头寸管理规定,在规定时限内将结售汇综合头寸保持在核定限额以内。

银行结售汇综合头寸限额根据国际收支状况、银行外汇业务经营情况以及宏观审慎管理等因素,按照法人监管原则统一核定,外国银行分行视同法人管理。

第二十一条 尚未取得人民币业务资格的外资银行,在取得即期结售汇业务资格以后,应当向中国人民银行当地分支机构申请开立结售汇人民币专用账户,专门用于结售汇业务的人民币往来,不适用本办法第二十条结售汇综合头寸管理规定。

第二十二条 银行办理结售汇业务时,可以根据经营需要自行决定挂牌货币,并应当执行中国人民银行和国家外汇管理局关于银行汇价管理的相关规定。

第二十三条 银行应当及时、准确、完整地向外汇管理局报送结售汇、综合头寸等数据以及国家外汇管理局规定的其他相关报表和资料,并按要求定期核对和及时纠错。

第二十四条 银行应当建立结售汇单证保存制度,区分业务类型分别保存有关单证,保存期限不得少于5年。

第二十五条 银行应当配合外汇管理局的监督检查,如实说明有关情况,提供有关文件、资料,不得拒绝、阻碍和隐瞒。

第二十六条 外汇管理局通过非现场监管和现场检查等方式,加强对银行结售汇业务的监督管理,建立健全银行结售汇业务监管信息档案。

第四章 罚 则

第二十七条 银行未经批准擅自办理结售汇业务的,由外汇管理局或者有关主管部门依照《外汇管理条例》第四十六条第一款予以处罚。

第二十八条 银行有下列情形之一的,由外汇管理局依照《外汇管理条例》第四十七条予以处罚:

(一)办理结售汇业务,未按规定审核相关凭证或商业单据的;

(二)未按规定将结售汇综合头寸保持在核定限额内的;

(三)未按规定执行中国人民银行和国家外汇管理局汇价管理规定的。

第二十九条 银行未按规定向外汇管理局报送结售汇、综合头寸等数据以及国家外汇管理局规定的其他相关报表和资料的,由外汇管理局依照《外汇管理条例》第四十八条予以处罚。

第五章 附 则

第三十条 未取得结售汇业务资格的银行因自身需要进行结售汇的,应当通过具有结售汇业务资格的银行办理。

第三十一条 非银行金融机构办理结售汇业务,参照本办法执行,国家外汇管理局另有规定的除外。

第三十二条 本办法由中国人民银行负责解释。

第三十三条 本办法自2014年8月1日起施行。此前规定与本办法不一致的,以本办法为准。《外汇指定银行办理结汇、售汇业务管理暂行办法》(中国人民银行令〔2002〕4号发布)、《中国人民银行关于结售汇业务管理工作的通知》(银发〔2004〕62号)同时废止。

参考文献

1. 中国人民银行.新版票据与结算凭证使用手册[M].北京:中国金融出版社,2004.
2. 中华人民共和国财政部.企业会计准则——应用指南[M].北京:中国财政经济出版社,2006.
3. 陈振婷,朱红军.银行外汇业务会计[M].上海:复旦大学出版社,2016.
4. 周江银.银行会计[M].厦门:厦门大学出版社,2014.
5. 施晓春,周江银.商业银行会计[M].北京:中国财政经济出版社,2014.
6. 林发东,周江银.银行会计实务[M].厦门:厦门大学出版社,2010.
7. 康国彬.商业银行会计学[M].北京:高等教育出版社,2010.
8. 贺瑛,钱红华.银行会计[M].上海:复旦大学出版社,2010.
9. 关新红,李晓梅.金融企业会计[M].北京:中国人民大学出版社,2012.
10. 吴胜.商业银行会计[M].2版.北京:高等教育出版社,2014.